| 生活技能 309 |

開始在紐西蘭自助旅行

作者◎**老包、舞菇、Jeff Chen**

U0004836

太雅

「遊紐西蘭鐵則」

☑12月的夏天，紐西蘭！

理由：位於南半球的紐西蘭，12～2月是全年最溫暖的季節，平均最高溫度為15～24℃；不過，提醒長年居住在亞熱帶地區的讀者，可別誤以為短袖就足以應付紐西蘭的夏季——紐西蘭的夏天一天有三季，日落後溫差大，出門別忘了帶件薄長袖防風禦寒，如去山區拜訪需帶更厚的衣物。

☑紐西蘭、澳洲大不同

理由：當朋友對你說，請幫忙從紐西蘭買個「迴力鏢」，可別答應他們。因為迴力鏢是澳洲原住民使用的武器；紐西蘭的原住民是毛利人，他們以傳統舞蹈「戰舞」聞名於世；紐西蘭橄欖球國家代表隊「全黑隊」在比賽前，都會表演一段戰舞以提升士氣。此外，奇異鳥(Kiwi)和啄羊鸚鵡(Kea)是紐西蘭特有的鳥類；澳洲的特有生物則是袋鼠和無尾熊。

▲亞瑟隘口國家公園步道附近的奇異鳥和啄羊鸚鵡告示牌

☑右駕靠左走

理由：紐西蘭的汽車駕駛方向盤在右座，行車方向也和臺灣相反。打算開車旅遊的駕駛們，除了備好國際駕照及臺灣正本駕照以外，更要提早做好心理準備。

☑Kiwi是鳥，是水果，也是人

理由：奇異鳥(kiwi)是一種翅膀已經完全退化的無翼鳥，因為瀕臨絕種而受到保護。紐西蘭人非常珍惜這種只有紐西蘭才有的鳥類，並引以為傲，所以紐西蘭人稱呼自己為「Kiwi」；國際上也習慣稱呼紐西蘭人為「Kiwis」。至於奇異果，原產地在中國，被紐西蘭人引進種植，改名為「kiwi fruit」後大受歡迎，成為代表紐西蘭、熱銷全球的水果。

▲皇后鎮碼頭附近的kiwi雕像

☑注意商店打烊休息時間

理由：一般商店營業日是週一～日，商家大多會依法在17:00左右關門休息。超市營業時間為07:00～23:00，但是有些城鎮只到20:00。請特別注意12月25日那一天，紐西蘭商店會依法休息一整天；復活節前的星期五(Good Friday)以及復活節後的星期一(Easter Monday)很多商店都關門。只有少數的印度或亞洲商店開門，但可能只營業到中午；有些商店甚至會放年假到隔年1月上旬才開始營業。

☑自來水可生飲

理由：紐西蘭的水質純淨，除了特別標示「不可生飲」的供水設施外，幾乎所有水龍頭的水都可以生飲。但近年來部分偏鄉城鎮有水源受畜牧業汙染或汙水溢流等問題存在，對於飲用生水的可信度也有質疑的聲音出現，值得關注。

☑ 銀蕨是國寶，請抬頭望

理由： 銀蕨的學名是白桫欏，高度可達20公尺。葉子背面是白色的，受到陽光和月色的照耀會閃閃發光。在毛利民俗傳說中，銀蕨原本生長在海裡，受到毛利人祖先請求而轉移到陸地為族人指路，每當毛利人趁著夜晚外出打獵時，都會將銀蕨葉反折，作為回家的指路記號，因此被毛利

人視為「聖物」。銀蕨也是紐西蘭的象徵，是紐西蘭國徽的組成圖案之一，紐航機身亦以銀蕨為商標。

▲銀蕨葉面(圖／Jeff)

☑ 嚴格的海關生物檢查

理由： 紐西蘭以農、畜產業為主，非常重視動、植物檢疫問題，行李入境前一律要接受嚴格的生物檢查。以下兩類物品，請勿攜帶入境。如有特殊用途，請務必申報：動物或動物製品(肉類、乳製品、魚類、蜂蜜製品、蛋類、羽毛、貝殼、粗羊毛、皮毛、骨骼或昆蟲)；植物或植物製品(水果、蔬菜、堅果、植物的任何部位、真菌類、竹子、藤條、木材或稻草)。其他醃製、烘乾、真空包裝食品；野炊露營用品或自行車等戶外器材；以及用於動植物或水，不能確認是否含有微生物或細菌、可否攜帶入境的食物或物品，也一定要主動申報。

行前 Q&A
旅行紐西蘭最想知道的問題……

Q1 需要安排多少假期來遊紐西蘭？

紐西蘭南北島全長超過1,500公里，遊南島每日拉車5～7小時，北島每日拉車3～5小時是旅遊常態；此外城鎮與城鎮間，也都充斥了景物及各式各樣的活動，在在吸引觀光客駐足參與；即使以走馬看花的方式，走半個北島可能就需要6～8天，至於南島即或花個12天，也只能算倉促地走完半個南島罷了。

Q2 什麼季節去紐西蘭最好？

最適合來紐西蘭的季節，可謂「四季皆宜」，各季均有其特色，也都美得無法以筆墨來形容；只是紐西蘭冬季每日的日照時間，比夏季平均短了3～5小時，可利用賞景的時間也相對減少，需要較多的假期來完成希望的紐西蘭之旅。

Q3 到底應優先選擇南島？還是北島？

原則上紐西蘭的南島以自然風光取勝，北島則以人文景觀及動、植物生態著稱，各有千秋，缺一即嫌不足，是以來紐西蘭最好是魚與熊掌兼顧，方不至有遺珠之憾，但在假期天數及深度的考量下，先考慮純南島亦是一個不錯的選擇。

Q4 為何要編排完整的行程表？

紐西蘭大部分的公路只有臺灣鄉鎮道路或以下的水準，很多都是起伏崎嶇、彎多狹窄、路貼山壁、緊鄰斷崖、無照明設施；而且城鎮間的距離頗長，中間人煙稀少，也無適當的住宿點，加以比比皆是的景致、可參與的活動又極為頻仍，如無完整的行程規畫，是無法順利的完成旅程的。

自駕旅行者注意事項

習慣右駕後，在紐西蘭開車其實並不難。但是，放鬆心情之餘還是要熟讀交通規則，紐西蘭交通規則請參考交通部網頁，有特別以繁體中文編列的線上版小冊子。

http goo.gl/CoHejx

交通規則

1. 行人優先。
2. 黃線禁止超車。
3. 凡事靠左；但是駕駛者仍須盡量靠中線行駛。
4. 盡量不要超車(緊急的對向會車狀況下最容易錯打方向盤)。
5. 注意每個路段不同的最高限速(紐西蘭最高限速大多為100公里，部分路段為110公里)。
6. 大轉彎要禮讓小轉彎——永遠必須禮讓你右手邊的車先行、直到沒車為止，進出圓環一律要打方向燈。
7. 除市鎮中心及其周遭地區，夜間道路無照明設施：盡可能避免在夜間駕車，尤其冬季早晚路面常因雪、霜及暗冰(black ice)，易造成車輛打滑，夜間道路救援困難，均請列入行程規畫考量。
8. 紐西蘭市鎮區外，山路處處可見「髮夾彎」：山路彎曲度大的道路有時連綿不絕，長途距離的車速可能不如預期般快，且少有可暫停休息的路段，因此容易因低估駕車時間而造成疲勞駕駛。請駕駛們注意自身體能狀況，做好每日行車計畫再上路！

▲ 即使是蜿蜒起伏的濱海公路，也沒有設置照明路燈。在黑暗中行駛在海岸公路上，車燈將顯得微不足道。在艷麗暮靄籠罩下的連續彎道中開車，對於駕駛來說，是危險的誘惑，也是辛苦的折磨吧！

奧克蘭市中心區、南下北上高速公路及往返機場等
道路，經常出現壅塞的狀態

但尼丁和威靈頓均有沿著地勢斜坡而建的街道，是
這兩個城市的特色之一

鄉間隧道幾乎都是單向通車

馬路上白色斜線方格是待轉(右轉)車道，雙向來車
均可使用(圖／Jeff)

行人有優先通行權，經過學校請減速

「當心動物」的交通標誌經常出現在城區

紐西蘭部分公路的髮夾彎又急又多，要避免疲勞
駕駛

中、大城鎮才有兩線道以上的馬路

遊紐西蘭必識交通標誌

紐西蘭開車靠左行駛，郊區道路大多是兩線道(一個方向一道)，每隔一段路程會設置超車車道。高速公路少，道路的最高限速為100～110公里。

高乘載管制

尖峰時間高乘載率專用車道，乘載3人及以上的小汽車，於指定時間才可以使用本車道，其他時間不受限制(圖／Jeff)

限速

❶城市地區速限通常為50公里／時，學校附近的限速會更低一些。請記住：校車、行人一律有優先通行權

❷黃色建議速限標示為警告駕駛者即將進入狹窄的轉彎處或彎曲路段，並建議駕駛者以標示的速度行車較為舒適安全。箭頭指示說明彎道的方向

❸此路段駕駛可依實際狀況調整限速，但是最高限速仍然為100公里

讓道

❶來到STOP停止標誌前，必須完全停車，讓路給所有其他車輛

❷看到GIVE WAY讓道標誌，必須讓路給十字路口或圓環右側的所有來車。如果要轉彎，則必須等所有直行車輛走完後，才能前進

單線狹窄路段誰先行

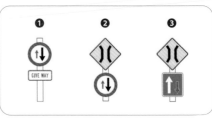

❶GIVE WAY對向車優先通行
❷狹橋單線橋梁紅圈，禮讓對方先行
❸狹橋藍色長框號誌，我方車優先通行

So Easy 309

開始在紐西蘭自助旅行

2024～2025年新第四版

作　　者　老包・舞菇・Jeff Chen
攝　　影　老包・舞菇・Jeff Chen

總 編 輯　張芳玲
發 想 企 劃　taiya旅遊研究室
編輯部主任　張焙宜
企 劃 編 輯　詹湘伃
主 責 編 輯　詹湘伃
修 訂 主 編　鄧鈺澐
封 面 設 計　林惠群
美 術 設 計　林惠群
地 圖 繪 製　林惠群

開始在紐西蘭自助旅行
(2024～2025年新第四版)

https://goo.gl/13ps5n

太雅出版社
TEL：(02)2368-7911　FAX：(02)2368-1531
E-mail：taiya@morningstar.com.tw
太雅網址：http://taiya.morningstar.com.tw
購書網址：http://www.morningstar.com.tw
讀者專線：(02)2367-2044、(02)2367-2047

出版者：太雅出版有限公司
　　　　106020臺北市辛亥路一段30號9樓
　　　　行政院新聞局局版台業字第五○○四號

讀者服務專線：(02)2367-2044／(04)2359-5819#230
讀者傳真專線：(02)2363-5741／(04)2359-5493
讀者專用信箱：service@morningstar.com.tw
網路書店：http://www.morningstar.com.tw
郵政劃撥：15060393(知己圖書股份有限公司)

法律顧問　陳思成律師
印　　刷　上好印刷股份有限公司　TEL：(04)2315-0280
裝　　訂　大和精緻製訂股份有限公司　TEL：(04)2311-0221

四　　版　西元2024年03月01日
定　　價　500元

ISBN　978-986-336-493-1
Published by TAIYA Publishing Co.,Ltd.
Printed in Taiwan

國家圖書館出版品預行編目(CIP)資料

開始在紐西蘭自助旅行 / 老包, 舞菇,
Jeff Chen作. -- 四版. -- 臺北市：太雅,
2024.03
　　面；　公分. -- (So easy；309)
　　ISBN 978-986-336-493-1(平裝)

　　1.自助旅行　2.紐西蘭

　　772.9　　　　　　　112022297

臺灣太雅出版編輯室提醒

太雅旅遊書提供地圖讓旅行更便利

　　地圖採兩種形式：紙本地圖或電子地圖，若是提供紙本地圖，會直接繪製在書上，並無另附電子地圖；若採用電子地圖，則將書中介紹的景點、店家、餐廳、飯店，標示於Google Map，並提供地圖QR code供讀者快速掃描、確認位置，還可結合手機上路線規畫、導航功能，安心前往目的地。

　　提醒您，若使用本書提供的電子地圖，出發前請先下載成離線地圖，或事先印出，避免旅途中發生網路不穩定或無網路狀態。

出發前，請記得利用書上提供的通訊方式再一次確認

　　每一個城市都是有生命的，會隨著時間不斷成長，「改變」於是成為不可避免的常態，雖然本書的作者與編輯已經盡力，讓書中呈現最新的資訊，但是，仍請讀者利用作者提供的通訊方式，再次確認相關訊息。因應流行性傳染病疫情，商家可能歇業或調整營業時間，出發前請先行確認。

資訊不代表對服務品質的背書

　　本書作者所提供的飯店、餐廳、商店等等資訊，是作者個人經歷或採訪獲得的資訊，本書作者盡力介紹有特色與價值的旅遊資訊，但是過去有讀者因為店家或機構服務態度不佳，而產生對作者的誤解。敝社申明，「服務」是一種「人為」，作者無法為所有服務生或任何機構的職員背書他們的品行，甚或是費用與服務內容也會隨時間調動，所以，因時因地因人，可能會與作者的體會不同，這也是旅行的特質。

新版與舊版

　　太雅旅遊書中銷售穩定的書籍，會不斷修訂再版，修訂時，還區隔紙本與網路資訊的特性，在知識性、消費性、實用性、體驗性做不同比例的調整，太雅編輯部會不斷更新我們的策略，並在此園地說明。您也可以追蹤太雅IG跟上我們改變的腳步。

taiya.travel.club

票價震盪現象

　　越受歡迎的觀光城市，參觀門票和交通票券的價格，越容易調漲，特別Covid-19疫情後全球通膨影響，若出現跟書中的價格有落差，請以平常心接受。

謝謝眾多讀者的來信

　　過去太雅旅遊書，透過非常多讀者的來信，得知更多的資訊，甚至幫忙修訂，非常感謝你們幫忙的熱心與愛好旅遊的熱情。歡迎讀者將你所知道的變動後訊息，善用我們提供的「線上回函」或是直接寫信來taiya@morningstar.com.tw，讓華文旅遊者在世界成為彼此的幫助。

太雅旅遊編輯部

作者序

擺脫傳統遊記式的窠臼，改採以路線為主軸的編排原則，將完整的紐西蘭介紹給大家，不論是對首遊者或擬再次深入拜訪者，都能更臻助益！

居紐超過20年的期間，因緣際會歷經移民及旅遊業務，廣泛且深入地造訪過全紐各地；更因經營部落格及回應網友的提問中，體會其在編排行程時，困擾的是行程路線編排要如何才會合理可行？目的地或沿途還有哪些景點(尤其是私房景點／美食)及活動？而非僅以人云亦云的大眾景點為滿足。

近年來因希望擴大視野，二度重遊紐西蘭的遊客日益增多，而坊間旅遊書籍，咸採遊記方式，只介紹作者曾經拜訪過的少數幾個城鎮，致使內容常淪為千篇一律，除枉顧了其他甚多的美景，更侷限了旅遊者深入道地紐西蘭的機會。是以本書改採以路線為編排主軸，盡可能將各城鎮及沿途景點／活動循序導出，讓讀者輕易上手，並可依個人的喜好，量身訂造一份合宜的私房行程。

本書系與「舞菇」應「太雅出版社」的邀約，並特情商在紐西蘭居住也超過20年，且是超級旅遊達人兼老友的Jeff Chen(陳清源)出馬，共襄盛舉完成。本次四版再刷，除對原12條旅遊路線增加一些新的景點外，也應讀者的反應，推薦了些較富盛名的美食餐廳，還增納一些私房景點，並且因應疫情影響，將一些已休業或更名的旅遊點、餐廳及住宿點等，逐一更正調整，以便讀者掌握最新的變化。除再次謝謝張總編輯及主編湘伃、鈺澐等的鼎力相助，更希望讀者會喜歡。

老包

關於作者

老包

擁有企管碩士學位，曾於世華銀行擔任經理職位，41歲即舉家移民紐西蘭，於奧克蘭居住超過20年。

居紐期間曾經手紐西蘭、澳洲的移民及旅遊業務，足跡遍及紐西蘭、澳洲各大小城鎮及景點，尤其曾拜訪部分著名的紐西蘭景區達百次甚至千次以上。因其對紐西蘭旅遊的深入了解，曾受邀於紐西蘭「AM936華語電台」及紐西蘭「中華電視台」長達數月的帶狀旅遊節目中，接受專訪。此外，以「老包」名義設立的部落格，拜訪人數目前已超過111萬人次，且老包一向熱心於網路上回應來自臺灣、大陸、香港、新加坡及馬來西亞華人的提問，所發布有關紐澳旅遊的文章已超過8千篇之多，是網路上著名的紐西蘭旅遊達人。

老包的部落格：jt4127.pixnet.net/blog

作者序

有幸獲得資深紐西蘭玩家老包、Jeff指導，共同撰寫本書，猶如獲得一甲子遊紐功力。細讀本書，你也可以辦到！

舞菇在著作《紐西蘭旅行家》(太雅出版)序文中說過：「別想一次玩透紐西蘭、一生只去一次紐西蘭是不夠的……」這話絕對「真心不騙」！

紐西蘭好玩的地方太多，更難能可貴的是，這裡的政府與人民有遠見和共識，盡其所能的尊重、珍愛著國土和自然資源。因此紐西蘭的山光水色才得以在「觀光發展」、「生態環境保育」並重的均衡比例之下，大步向前邁進。

紐西蘭每日晨昏陰晴的光影變化令人目眩神迷。與舞菇同行的夥伴，原本打定主意「一輩子只來一次紐西蘭就好」……結果只不過玩到第三天，就紛紛改口：「下次我要帶著家人一起來！」

紐西蘭是個充滿活力的年輕國家，是個百玩不厭、神奇而美麗的好地方！

舞菇

關於作者

舞菇

畢業於臺灣大學中文系，曾任童書出版社總編輯、電子繪本出版社總監等職務，約有二十餘本以本名宋慧芹發表或出版的紙本童書，以各種筆名發表的作品亦不在少數。目前為自由工作者。著有《紐西蘭旅行家》。

一再探訪紐西蘭，除了因為這裡景致優美、好玩之處玩不完之外，還有目前在紐西蘭就業，從小在紐西蘭生活的姪兒、姪女擔任舞菇的最佳顧問。因此舞菇總能以旅客的觀點，用專家的玩法帶領大家暢遊紐西蘭！

舞菇也擔任荒野保護協會親子團的志工，培養出關注生態環境變化的敏感度。紐西蘭的Kiwi們熱愛、保護他們擁有的大自然環境，生活中處處可見實踐環境保育的習慣，是個值得大自然愛好者尊敬與學習的國家，這也是舞菇深深愛上紐西蘭的原因。

舞菇的部落格：5-gu.blogspot.com

作者序

旅行、登山、攝影，紐西蘭留給你一個完美的夢。

　　從小在鄉野山林中成長，造就了我熱愛鄉野山林的個性。及長，雖然忙碌工作創業，仍不減當年奔馳鄉野的熱忱，到世界各地旅行、登山、攝影更成為充實生命的動力。

　　舉家移民紐西蘭後，長期居住在奧克蘭已二十餘年。除了每週多次在奧克蘭近郊或鄰近小鎮進行當日或隔夜的短程旅遊、徒步健行或登山外；每年亦數次在北島、南島及史督華島等，自行規畫行程、自行駕車，做長天期的觀光旅行或徒步登山，並隨時用相機記錄各地景點美麗山水，足跡已遍及紐西蘭的各角落。期間積累了數十萬張的美景照片，除供自己欣賞、與朋友分享外，更期望一日能選輯成冊，與廣大的讀者共享紐西蘭的美景及旅行經驗。

　　老包兄是與我同樣在紐西蘭居住超過二十餘年的老友，他從事移民及旅遊業務亦有十多年之經驗，廣泛深入造訪過紐西蘭各城鎮及景點。本次應老友的邀約，協同編輯本書，將南、北及史督華三島等所有行程，進行最完整的景點及活動資訊蒐集，以及最流暢的行程動線規畫與銜接。尤其本書納入近年來紐西蘭相當熱門的兩項活動──「賞秋季黃葉特輯」和「觀光與健行：精華步道特輯」，並輔以珍貴美麗的風光照片，更突顯本書的專業與多元。

　　在「太雅出版社」總編、主編、編輯群的精心策畫，以及作者們累積二十餘年在紐西蘭持續居住及自助旅遊的經歷下，共同編輯本書，提供你最完整的旅遊資訊，留給你一個完美的紐西蘭回憶。

Jeff Chen

關於作者

Jeff Chen（陳清源）

　　本名陳清源，現居奧克蘭。在紐西蘭居住至今超過20年，曾擔任奧克蘭華人登山隊隊長，常組團在紐西蘭各地自助旅遊及登山，或在旅遊、登山團體中舉辦專題演講；其旅遊及登山文章常見於紐西蘭中文媒體，亦常接受電台及電視台的旅遊登山專訪。

　　從小在臺中的鄉下長大，對原野山林有特殊的情懷，更醉心於旅行、登山及攝影。於臺大及研究所求學階段，全力投入校內登山社、攝影社的活動，足跡遍及全臺。在臺工作期間，曾任高考補教業專任教師，後自行成立土木結構技師事務所及科建國際顧問公司，參與國內外的大型工程建設，並遊歷世界。

Jeff Chen的部落格：jeffchennz.blogspot.com

目 錄

(圖／Jeff)

22 認識紐西蘭

50 機場篇

88 住宿篇

30 行前準備

64 交通篇

98 飲食篇

(圖／Jeff)

玩樂篇各路線首頁中，
皆附該行程路線圖！

(圖／Jeff)

(圖／Jeff)

(圖／老包)

如何使用本書

本書是針對旅行紐西蘭而設計的實用旅遊專書，設身處地為讀者著想可能會面臨的問題，將旅人需要知道與注意的事情通盤整理。

12 條路線規畫搭配特殊體驗活動： 12 條路線與各種特殊體驗活動，只要按圖索驥，就能南北島玩透透！

專治旅行疑難雜症： 行李打包、預訂行程、機捷預辦登機、出入境手續、搭乘交通工具、選擇住宿、行程安排、使用網路與電話，本書全都錄。

提供實用資訊： 必買必吃、必訪景點、私房推薦、行程建議，讓相關連絡資料與查詢管道不再眼花撩亂。

▼ 行家祕技
內行人才知道的各種撇步、旅遊攻略。

出境紐西蘭步驟Step by Step

Step 進入出境大廳
到機場後找到「Departure」，進入出境大廳

▲
Step by Step圖文解說
上網預訂行程、出入境、自助加油等旅程中必知訊息，都有文字及圖片搭配，全程步驟化說明，按部就班不出錯。

▲
貼心小提醒
作者的重要提醒、玩樂提示，叮囑你記得旅程中的細節。

◀ 自駕必備知識
在紐西蘭，自駕是最經濟、方便的旅遊方式。各種租車、駕駛注意事項，上路前必讀！

必嘗美食 ▶
推薦來到紐西蘭一定要嘗的美食、有哪些特色餐廳、吃什麼最划算……

必吃特色飲食
海洋環繞的豐盛大餐．海鮮、羊牛排、咖啡、美酒，嚐完後絕想再來味！

小龍蝦Rock Crayfish
到紐澤拉坎風景，不一定所有漁場都為螢，即使在到海邊的餐廳，也一樣可以讓滿味大蝦這些棲地的鮮艷大蝦，但即位的「驚訝裸新得現蒸嘗得」是最精氣很高的五道美食。

冰酒
釀甜甜的白酒叫冰酒(ice wine)。那是根據出產的葡萄酒，白蘇維翁(Sauvignon Blanc)和賽美容(Semillon)根據白葡萄品種讓出來自適，每年結束種能的香，體溫較純灰涼，涼有粉紅色、粉紅氣泡酒(Rosé)、四點清甜泡，口味溫都為廣受歡迎。

▼
豆知識
延伸閱讀，在旅途中可增加趣味性的小常識。

私房推薦

摩拉基石頭咖啡屋(Moeraki Boulders Café)
位於摩拉基石景區停車場邊上的咖啡廳，可眺覽180度海景。

卡蒂基角燈塔(Katiki Point Lighthouse)
位於摩拉基石東南約10分鐘車程的海邊，有機會見到棲留末下海的黃眼企鵝。

濱鷸(Shag Point)
……拉基圓石南方約15分鐘車程……海邊的(沿小道的……)

▲
私房推薦
分享久居當地才知道的美景祕境、道地美食店家。

沿途主要景點

夜間城鎮的主題活動

南極光(Aurora Australis)
一般而言，在緯越高越多天才會有機會看到「南極光」，且相率高越低。建議當越高緯度的紐西蘭作為主要，偶爾才有機會，適當在秋炎冬季的午夜十二點左右至隔天。

行程規畫小提醒
■行程: Cook→Lake Pukaki→Twizel→Omaramu→Oamaru車程2小時40分鐘→3小時(綜延道路平坦、省段為鄉道路線，部分路段有彎會、起伏)。
■Oamaru→Moeraki Boulders車程45分鐘，一般會在Moeraki Boulders停留享1～2小時、和停留的時間最近久、留覽美景(綜延道路平坦)。
■Moeraki Boulders→Dunedin車程1小時10分鐘→1小時20分鐘(綜延道路平坦)。

行程規畫小提醒
■Nelson→Motueka車程為40分鐘(鄉村道但易行)。
■Motueka→Abel Tasman National Park車程為30分鐘～2小時(國家公園範圍內，視拜訪之點來決定車程時間，全線均為鄉村道路，部分路段狹且起伏；絕分路線遠身行子路面，請注意保險公司的理賠規定)。
■Motueka當地在夏季有一些專配合季的的活動，需花費約半天～1天，排……公園區域約半天

▲
行程規畫小提醒
提供每天的自駕路況、車程、行程串連、住宿地點等資訊，讀者應在行前仔細閱讀，確保旅途順暢安全。

南島西北端四大國家公園4～5天之旅

「亞伯塔斯曼」、「卡胡朗吉」、「尼爾森湖」與「帕帕羅阿」，四大國家公園與風還地圖

玩樂範圍 ▶
與路線地圖
每個主題行程首頁皆附有玩樂範圍與該區路線圖，幫助讀者了解方位、各城鎮、景點等位置。

Day 1
Nelson → Motueka → Abel Tasman National Park → Motueka

目的地主要熱門景點活動

行程規畫小提醒
■Nelson→Motueka車程為40分鐘(鄉村道但易行)。
■Motueka→Abel Tasman National Park車程為30分鐘～2小時(國家公園範圍內，視拜訪之點來決定車程時間，全線均為鄉村道路，部分路段狹且起伏；絕分路線遠身行子路面，請注意保險公司的理賠規定)。

開麥拉！紐西蘭12個特色地點，等你入鏡！

壯麗唯美的奇岩怪石、冰河峽灣；奇幻電影場景的發源地；趣味
十足的冒險活動；自拍、合影都不能錯過的紐西蘭廣袤風光……
12個特色地點搶先看，等你來入鏡！

(圖／Jeff)

北島　*火山・地熱・溫泉鄉*

http goo.gl/maps/fNAaFzHz7gD2

教堂拱門灣、熱泉海灘
Cathedral Cove、
Hot Water Beach

奧克蘭
Auckland ⑦

③

科羅曼多半島
Coromandel
Peninsula

(圖／舞菇)

懷托摩洞穴 ●
Waitomo Caves

羅托魯阿 ●
Rotorua

② 天際線纜車和溜溜車
Skyline Gondola & Luge

陶波湖
Lake Taupo

北島
North Island

① 東佳里諾國家公園
Tongariro National Park

⑧ 威靈頓
Wellington

1

東佳里諾國家公園

位於東佳里諾國家公園內的「懷唐佳瀑布步道」，是一條老少咸宜的健行步道。前往懷唐佳瀑布步道途中的高山濕地區木棧道，可遠眺紐西蘭最大的活火山魯阿佩胡火山。

2

天際線纜車和溜溜車

到羅托魯阿要享受地熱溫泉間歇泉的盛宴，搭乘天際線纜車上山玩溜溜車也不可少。溜溜車有三種不同路線，可以選擇漫遊或者衝刺的速度感。

3

(圖／Jeff)

(圖／Jeff)

教堂拱門灣、熱泉海灘

教堂拱門灣是電影《納尼亞傳奇2》進入納尼亞王國的入口。想穿越岩石拱門、拍到電影中的夢幻場景，請事先確認當日退潮時間前往。

普納凱基(千餅岩)
Punakaiki
(Pancake Rocks)
4

(圖／鄧錦城)

格雷茅斯
Greymouth

西海岸
West Coast

基督城
Christchurch
12

塔斯曼冰河湖
Tasman Glacier Lake
5

庫克山國家公園
Aoraki / Mount Cook National Park

蒂卡波
Tekapo
11

米佛峽灣
Milford Sound
6

9

南島
South Island

皇后鎮
Queenstown

峽灣國家公園
Fiordland National Park

但尼丁
Dunedin
10

(圖／Jeff)

(圖／Jeff)

4

普納凱基(千餅岩)

普納凱基的千餅岩約形成於3,000萬年前,層層堆積的沉積岩,就像千層派餅堆疊在一起般奇特而有趣。

5

塔斯曼冰河湖

紐西蘭有三大冰河區(塔斯曼冰河、福克斯冰河、法蘭士約瑟夫冰河);塔斯曼冰河湖位於庫克山國家公園,天氣晴朗時可搭船遊冰河湖。

6

米佛峽灣

米佛峽灣長達18公里,教冠峰因為山形像主教的法冠而得名,是世界上由海底拔伸出海平面最高的臨海山脈。

7

奧克蘭

奧克蘭擁有「風帆之都」讚譽。漫步皇后街周邊，一定會看見奧克蘭的地標雲霄塔；奧克蘭歌劇院建築造型典雅，在鬧區裡靜靜散發著獨特的魅力。

8

威靈頓

威塔工作室的團隊設計了許多知名魔幻電影人物模型，這裡是眾多電影特效的發源地，更是《魔戒》迷不會錯過的朝聖地點。

9

皇后鎮

在皇后鎮碼頭欣賞群山環抱的瓦卡蒂普湖；到市中心吃冰淇淋、購物……皇后鎮是全紐第一大觀光城，素有「世界冒險之都」的別稱。

10

但尼丁

但尼丁火車站以黑色玄武岩和白色石灰岩兩種石材砌成，壯麗細緻猶如歐洲童話城堡。有人說它像個巨大華麗的薑餅屋，你覺得呢？

11

蒂卡波

被陽光照耀的蒂卡波湖，水色如調和了土耳其藍與奶白的顏料般。春末夏初來到好牧羊人教堂，觀賞魯冰花盛開，景致令人難忘。

12

基督城

基督城有「城市花園」美稱，愛芬河畔的基督城植物園，可觀賞到世界各國的奇花異草。搭乘撐篙船遊園、散步健行都是不錯的選擇。

認識紐西蘭
About New Zealand

紐西蘭，是個什麼樣的國家？

年輕熱情、思想有見地的紐西蘭，是全世界第一個賦予婦女投票權的國家。紐西蘭的橄欖球國家代表隊全黑隊(All Blacks)，是世界橄欖球賽的常勝軍，而全黑隊賽前必演出的「戰舞(Haka)」更讓球迷熱血沸騰。人人都說「地靈人傑」，有著奇岩怪石、冰河峽灣……的紐西蘭，能夠培養出愛惜大自然、重視固有毛利文化的Kiwis(紐西蘭人)，一點也不奇怪。邀請你一起來閱讀紐西蘭，認識這個被毛利人稱為「長白雲之鄉(Aotearoa)」的美麗國家。

(圖╱Jeff)

(圖╱Jeff)

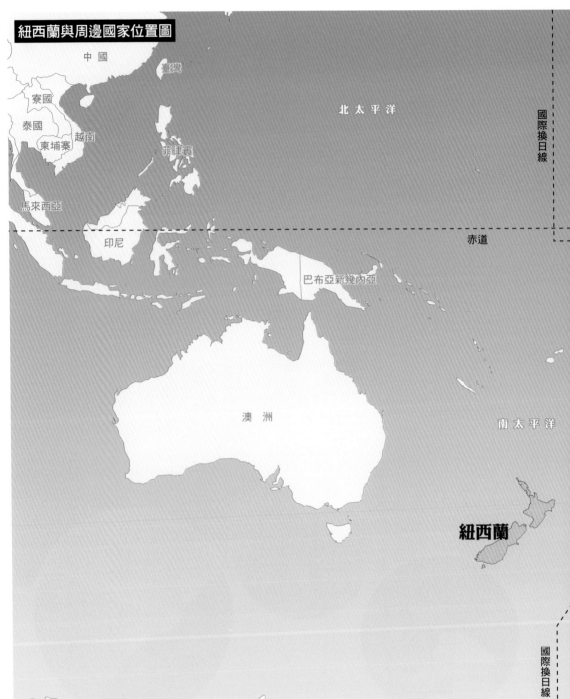

紐西蘭與周邊國家位置圖

中國

臺灣

寮國

北太平洋

泰國　越南

柬埔寨

國際換日線

菲律賓

馬來西亞

印尼

赤道

巴布亞新幾內亞

澳　洲

南太平洋

紐西蘭

國際換日線

南　極　洲

紐西蘭南北島全圖

雷恩加角
Cape Reinga

九十哩海灘
Ninety Mile Beach

Kerikeri

岩洞石
Hole in the Rock

派希亞
Paihia

北島
North Island

庫緲
Kumeu

科羅曼多半島
Coromandel
Peninsula

繆雷瓦海灘
Muriwai Beach

奧克蘭
Auckland

泰晤士
Thames

漢密爾頓
Hamilton

陶朗加
Tauranga

羅托魯阿
Rotorua

尤瑞瓦拉國家公園
Te Urewera

吉斯本
Gisborne

旺格努伊國家公園
Whanganui National Park

陶波湖
Lake Taupo

新普利茅斯
New Plymouth

東佳里諾國家公園
Tongariro National Park

艾格蒙國家公園
Egmont National Park

旺格努伊
Whanganui

內皮爾
Napier

塔斯曼海
Tasman Sea

金灣 Golden Bay

塔斯曼灣 Tasman Bay

北帕瑪斯頓
Palmerston North

亞伯塔斯曼國家公園
Abel Tasman National Park

皮克頓
Picton

威靈頓
Wellington

卡胡朗吉國家公園
Kahurangi National Park

莫圖伊卡
Motueka

尼爾森
Nelson

庫克海峽 Cook Strait

西港
Westport

布蘭尼姆
Blenheim

千餅岩 Pancake Rocks
(普納凱基Punakaiki)

尼爾森湖國家公園
Nelson Lakes National Park

格雷茅斯 Greymouth

霍基蒂卡 Hokitika

凱庫拉
Kaikoura

亞瑟隘口國家公園
Arthur's Pass National Park

南太平洋
South Pacific

法蘭士約瑟天冰河 Franz Josef Glacier

福克斯冰河 Fox Glacier

城堡丘
Castle Hill

基督城
Christchurch

Aoraki / Mount Cook National Park
庫克山國家公園

蒂卡波湖
Lake Tekapo

阿卡羅阿
Akaroa

哈斯特隘口 Haast Pass

阿斯匹林山國家公園
Mount Aspiring National Park

特威澤爾
Twizel

蒂瑪魯
Timaru

米佛峽灣
Milford Sound

瓦那卡
Wanaka

皇后鎮
Queenstown

奧瑪魯
Oamaru

南島
South Island

峽灣國家公園
Fiordland
National Park

蒂阿瑙
Te Anau

但尼丁
Dunedin

因弗卡哥
Invercargill

史督華島
Steward Island / Rakiura

各景點車程時數參考表網址：www.newzealand.com/travel/library/r93561_6.pdf

紐西蘭速覽

越往南走氣溫越低，是全世界最早見到新年曙光的國家。

紐西蘭小檔案 01

航程 | 直航約11～11.5個小時

2018年11月起，紐西蘭航空恢復臺灣直飛奧克蘭的班機，直航所需時間約為11～11.5個小時。其他從臺灣桃園機場轉機前往紐西蘭的時數，得依航線與待機時數計算時間。

紐西蘭小檔案 02

時差日照 | 最早見到新年第一道曙光的國家

紐西蘭冬季比臺灣早4小時，邁入夏季後因為夏令日光節約時間調快1小時，時差5小時，直到夏令時間結束就恢復到當地原來的標準時間。夏令時間每年開始於9月的最後一個週日上午02:00，結束於次年4月的第一個週日上午03:00。

此外，紐西蘭每天每地的日出及日落時間都不完全相同，尤以夏、冬兩季差異極大，當地的景區、商家都會配合冬季日落，不到17:00就打烊休息。

▲紐西蘭夏季夕陽西下的時間最晚約為21:30

紐西蘭小檔案 03

氣候 | 越南越冷，一日四季

紐西蘭只有奧克蘭以北一帶屬於亞熱帶氣候，以南的大部分地區為溫帶氣候；往南到南島內陸的高山地區，冬季氣溫可低至-10℃。紐西蘭是個四周環海的島嶼型國家，所以氣候較為溫和。越往南走，平均氣溫越低。一年中最溫暖的月分是1、2月，平均最高溫度約15～24℃；6月是全年中最寒冷的月分，白天溫度約為7～16℃(但早晚部分地區可達0℃以下)，山區及西海岸雨林區氣候變幻莫測，徒步或進行戶外活動時，需做好應對天氣與溫度驟變的準備，洋蔥式的穿著方式最合適。

紐西蘭小檔案 04

語言 | 英語系國家，從歐洲殖民地到華人移民的理想國

紐西蘭以英語、毛利語、紐西蘭手語並列為三種官方語言。英語為主要溝通語言，雖然紐西蘭英語口音較英國和澳洲更接近美式英文，但仍有很多地域性的用詞或發音，如果真的聽不懂，可以要求別人說慢一點。不過因為華人移民人口眾多，部分觀光區的商店會安排能說華語的服務人員協助，不妨主動開口詢問。

認識紐西蘭

營業時間 | 超市07:00～23:00，博物館10:00～17:00

　　紐西蘭商店的營業時間普遍為週一～日，商家大多會依法在17:00左右關門(旅遊業、餐飲業及民生相關行業如超市等例外)。展覽場所、博物館只有耶誕節當天休息，每日開放時間大多為10:00～17:00，有的餐廳會從耶誕節開始放年假到1月上旬才恢復營業。另有復活節等國定假日，建議出發前上官網確認預定拜訪的地點是否休假。

紐西蘭基本情報

國家：紐西蘭(New Zeland)，中國譯名為新西蘭，毛利語稱為奧特亞羅瓦(Aotearoa)

面積：270,500平方公里，大約是臺灣的7倍大

地理：位於南半球太平洋西南部

版圖：分為南、北兩大島嶼，以庫克海峽分隔相對；南島南端有史督華島(英語：Stewart Island，毛利語：Rakiura)，是紐西蘭的第三大島，南島面積是它的43倍

語言：英語、毛利語並列

宗教：歐洲移民後裔信仰以基督教為主；原住民族毛利人的宗教信仰是多神，相信「萬物有靈」

國際電話代碼：+64

人口比例：約520萬居民，北島奧克蘭地區居民最多，擁有全國1/3的人口數，後4個人口較多的城市依序為基督城、威靈頓、漢密爾頓和陶朗加

原住民族：毛利人(Maorl)，屬於南島語族波里尼西亞人

官方網站：www.newzealand.com(紐西蘭旅遊局)

▲ 奧克蘭聖三一教堂內側面的彩色玻璃鑲嵌了毛利文化與圖騰，非常特別

神話開講 | 魔法魚鉤是半人神毛伊釣起北島的工具

　　「毛伊」是海上民族——波里尼西亞神話故事裡的半人神，也是毛利人心目中的民族英雄。在毛利神話中，毛伊使用具有魔法的魚鉤鉤起了紐西蘭北島。因此，無論是公共空間的裝置藝術，或是商店的飾品，經常會使用石材、木頭、綠玉石、鮑魚殼等材料製作成這款具有民族特色魚鉤造型作品。

❶

❸

❶Te Papa博物館販售的精美木雕魚鉤❷羅托魯阿街道上的魚鉤木雕❸格雷茅斯玉器店門口的魚鉤造型招牌

紐西蘭小檔案 07

原住民 | 毛利人與臺灣原住民 一家親

　　毛利人是最早移民至紐西蘭的族群，大約在700年前，他們的祖先來自一個叫做「哈瓦基」的地方，而「哈瓦基」很有可能就是臺灣的花東縱谷。

　　來自紐西蘭的語言學家到訪花蓮時，看到阿美族太巴塱部落的祖靈屋建築形式，與毛利人聚會場所幾乎完全相同；語言、傳說都很類似。科學研究更證實臺灣原住民的DNA與毛利人的DNA頗為接近！紐西蘭與臺灣相隔九千公里遠，卻是如此神似，不得不令人嘖嘖稱奇。

▲毛利人放置食物的穀倉是高腳屋

▲威靈頓國家博物館Te Papa博物館展示毛利人的會所

紐西蘭小檔案 08

貨幣 | 紐幣1元≒新臺幣20～22元

　　因匯率的變化，1元紐幣可兌換20～22元臺幣不等，流通的硬幣有2元、1元、50分(cent)、20分和10分。

　　2元和1元流通量較大，兩種硬幣的厚度相同，1元面積稍小，一面是奇異鳥和銀蕨的圖案，側面周邊刻著凹槽細線，搭配等間距的刻線共4組為一周；2元硬幣的一面是展翅飛翔的白鷺，側面的中間有一道凹槽，還留有一些突狀點，觸感和1元硬幣不同，很容易辨認。硬幣刻線的不同設計，對於觸覺細膩的盲人而言，是非常貼心的服務。

2元　1元

▲2元硬幣和1元硬幣

▲常用的紙(膠)幣是5元、10元、20元、50元。若消費金額太小，有的店家會拒收100元

找零概念大不同

　　紐幣最小發行單位是10分，但坊間商品標價常出現10分以下的數字。付款時商家會把所購商品價格加總後，將總價尾數的分以四捨五入的方式收款。但收據仍以實際總結的方式呈現(例如NZD\$10.52)。請不要捧了一手的零錢讓店員自己挑錢，避免產生不必要的誤會。

認
識
紐
西
蘭

電壓及插座 | 插座為/ \形，插頭選小不選大

紐西蘭電壓為230V，臺灣帶過去的電器要帶變壓器轉換電壓，否則電器會立刻燒壞。3C產品電壓通常為100～240V，可以直接使用。

紐西蘭插座為/ \形，和臺灣的不同，要記得去買紐西蘭用的轉換插頭。大部分的插座旁邊有一個按鈕，是電源的開關(開啟後插座才會通電)；因此如果帶去的轉換插頭太大，可能會壓到電源開關而導

致充電不便，購買轉接插頭時，最好選擇底部面積較小的插頭。

▲青年旅館的個人櫃裡會有一個插座和一個USB插座，不妨善加利用

獨特的生態體系 | 島上生物幾乎都是鳥類，原生哺乳類動物極少

紐西蘭是個汪洋大海中的世外桃源，已有紀錄的原生鳥類就有340種，其中67種是只生長在紐西蘭的特有種，最有名的就是無翼鳥科的奇異鳥(kiwi)。全國境內除了三種蝙蝠(其中一種已經滅絕)是哺乳類外，沒有其他的原生哺乳類動物，也沒有蛇。這種「無鳥類天敵」的特殊生態體系，造就許多鳥類都在地面上築巢孵蛋。

因此，當人類在西元800～1300年間到達紐西蘭後，島上的鳥類除了被人類獵殺捕捉外，隨著人類船隻遷移到這個島上的老鼠、貓、狗等哺乳類動物，更讓這個獨特的生態系統遭遇浩劫。尤其是在地面築巢的無翼鳥科幾乎滅絕，僅剩下三種奇異鳥殘存下來，成為保育類動物。

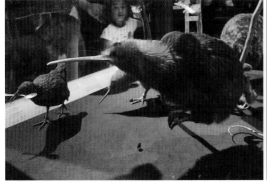

▲奇異鳥和其他鳥類標本，拍攝自威靈頓Te Papa博物館

▲基督城Canterbury博物館裡不同品種的奇異鳥的標本

Mount Tasman　　　Mount Cook

www.lakematheson.com

行前準備
Preparation

行前停看聽，做好準備再出遊！

旅行前要多做功課、了解當地風俗民情與景點特色，知道更多，你會覺得更好玩。

如果在網路上查閱到特別喜歡的精采照片或資訊，更要多方查證，確認地點和描述內容一致、

描述的景色是哪個季節(甚至是幾點鐘)……算準時間前往，才有機會如願以償。

(圖／Jeff)

(圖／陳玫玲)

準備證件

國際駕駛執照
International Driving Permit

出國前務必準備好在有效期限內的護照與相關證件。

護照

有效期限必須在6個月以上。首次申請護照需要親自到外交部領事事務局，或到各分區辦事處辦理；不便親自前往的話，則須先至戶政事務所辦理人別確認，才能夠委託代理人向外交部代為申請護照。辦理前可先上網下載列印「普通護照申請書」，預先填寫可以加速辦理的時間。

★小提醒：年滿14歲、身高140公分以上的本國籍民眾，可以帶雙證件到桃園機場第一航廈申請快速通關(E-Gate)服務。

http 外交部領事事務局：www.boca.gov.tw/mp-1.html

簽證──電子旅行簽證、保育旅遊捐

自2019年10月1日起，紐西蘭政府對原可以免簽入／過境(轉機而不入境)紐西蘭的國家或地區(包含台灣、香港、馬來西亞等)的護照持有者，推出新的電子旅行簽證辦法(New Zealand Electronic Travel Authority；簡稱NZeTA)。原免簽證入境及過境等待轉機的旅客，包括工作假期、學生簽證及短期工作簽證者，一律必須事先辦理「電子旅行簽證」(NZeTA)、並支付「國際旅客保育及旅遊捐」(IVL)。沒有獲取核發電子簽證者，將無法登機前往紐西蘭。

該作業系統自2019年7月起上線，NZeTA可透過手機APP申請，費用為紐幣9元；亦可上網申請，費用為紐幣12元。IVL的費用為紐幣35元。NZeTA和IVL從申請到核發最長需要72小時，授權為多次入境簽證，有效期間為2年。也可親自到簽證中心辦理或以郵寄申請。

http 紐西蘭電子旅遊局：www.etanewzealand.com
http NZeTA在線申請表：application.etanewzealand.com/application
http 紐西蘭簽證申請中心：www.vfsglobal.com/newzealand/taiwan/Chinese/index.html

線上申請NZeTA步驟
Step by Step

花幾分鐘即可完成，無需到大使館或領事館。

註冊前請事先準備好以下資料：

· 英文全名   · 住址
· 出生日期   · 護照詳情
· 聯絡資訊(E-mail)
· 旅行目的和犯罪史(Declarations around intention of travel and criminal history)
· 護照照片電子檔

Step 1 登入網址，選擇語言

進入紐西蘭電子簽證申請網址(建議使用Google chrome瀏覽器)，點選「翻譯」可顯示中文。

http nzeta.immigration.govt.nz

Step 2 填寫表格

每填寫完成一部分，才會顯示後續的欄目。

Step 3 檢查並確認，繼續填寫

點選「檢查並確認」，會顯示所填寫的內容。按下確認後，繼續填寫，並點選「檢查並確認」。

Step 4 付款及提交

費用總計為紐幣47元(含網路申請費用紐幣12元)，點選「付款及提交」填寫付費資訊，可用信用卡或現金卡(debit card)支付。

Step 5 確認電子信箱

約10分鐘～72小時內，就可從E-mail收到NZeTA。

★小提醒：IVL將透過NZeTA申請系統一併徵收。

行家密技 用手機APP申辦NZeTA，價格更優惠

手機版NZeTA APPS更方便且較便宜，申請費用為紐幣9元(電腦版申請費用為12元)，填寫內容與電腦版類似，下載應用程式後，只要依照指示輸入相關資料即可。

貼心 小提醒

從澳洲轉機紐西蘭宜預先申辦ETA

凡持有台灣護照，在澳洲機場內待轉機不超過8小時、擁有目的地國合法入境許可，且全程不離開過境室，可以不申請轉機簽證(Transit Visa)。但為預防轉機班機延遲，造成待機超過8小時；或部分廉航規定必須先提領行李入境澳洲後，再辦理出境，則要辦理觀光簽證(Visit Visa)。建議預先透過澳洲辦事處指定的旅行社(居住台灣的民眾無法自行申辦)，辦理The Electronic Travel Authority(ETA) 601號(subclass 601)。

國際駕照及本國駕照

紐西蘭視「國際駕照」為翻譯本，所以駕車全程都要隨身攜帶本國駕照正本和國際駕照。申請國際駕照可親自或委託申辦，如委託他人代辦，代辦人應攜帶身分證正本以備查驗。申請國際駕照地點，請查詢監理服務網。

申請中華民國國際駕照應準備：

❶ 身分證或居留證
❷ 汽車駕駛執照正本
❸ 本人最近6個月內拍攝之光面、素色背景、脫帽、五官清晰正面半身2吋同樣式照片2張
❹ 護照影本(查核英文姓名及出生地)
❺ 辦理國際駕照費用250元
🌐 www.mvdis.gov.tw/m3-emv/news/office

役男短期出境申請這裡辦

19歲(含)以上、未滿37歲役男每次出國，都必須在出境前3～30日之間提出「役男短期出境」申請，每次出境停留最長不得逾4個月。
🌐 www.ris.gov.tw/departure/app/

享有好康優惠的國際證件

青年旅館卡(YH Card)

可入住全世界60個國家，4千多家品質穩定且經濟實惠的青年旅館；也能享有搭乘巴士纜車遊船或租車等交通優惠、參觀美術館博物館門票等優惠。有效期限為發卡日起1年。

🌐 www.yh.org.tw
✉ 台北市大安區忠孝東路四段148號5樓之一
🕐 週一、二、日10:00～16:30
💲 個人會員年費600元，申辦核卡後不接受退卡退費
⁉ 1.急件可至官方LINE告知@104gxtse。2.持舊卡換新卡、4人以上同行辦卡可享優惠

BBH俱樂部卡(BBH Club Card)

紐西蘭獨有的青年旅館系統，是非常經濟實惠的住宿選擇；卡友可享有Interislander和Bluebridge兩家跨海渡輪的的船票優惠。有效期限為購買日期起1年。

BBH俱樂部卡只能從 BBH網站購買，申辦成功後會收到郵電會員資格證明的PDF檔案，請先行下載到手機內，避免住宿處沒有網路覆蓋而打不開文件。

🌐 www.bbh.co.nz
💲 35美元。申辦核卡後不能轉讓他人或退款
⁉ 16歲以上一人一卡，15歲及以下兒童與持卡人同遊可同享優惠

貼心 小提醒

YHA和BBH選哪個？

有些城市只有YHA，有些城市只有BBH。YHA的住宿品質比BBH穩定，但是紐西蘭的BBH數量比YHA多得多，更容易訂到房間。

行前準備

旅遊資訊

行前提早蒐集好各項資訊，才不會慌了手腳。

行前準備進度檢查表

步驟	完成日	完成後打勾
步驟1：多看多聽多比較		
部落客文章、旅遊書、朋友口碑是自助旅行的基本功。上紐西蘭旅遊資訊官網可以獲得旅遊地點的最新即時訊息。	出發前6～12個月	
步驟2：規畫行程、撰寫旅行計畫書		
參考「玩樂篇」，並根據預算和喜好，規畫最適合自己的旅行計畫書。遇到需要預約、訂購的活動行程，尤須提早規畫行車距離、沿途景點停留時間等問題。	出發前6個月	
步驟3：估算旅費		
完成旅行計畫書之後「盡早」預約早鳥機票、住宿旅館、套裝行程、租車，善加運用優惠家庭套票、盡量使用旅館附加廚房設備準備三餐……可有效節省經費。	出發前6個月	
步驟4：申請護照與電子簽證(ETA)		
舊護照的有效期限是6個月(從入境日算起)，不足或已過期的人要提早申辦。注意轉機國家是否要需要申請電子簽證。	出發前3個月	
步驟5：預訂機票		
多比較各機票銷售網站的價格及航程，下訂單之前一定要詳讀票務規則，優惠的機票能不能改期、是否要負擔加掛行李、機場稅等額外的費用……。	出發前3個月	
步驟6：預訂旅館		
考量交通路線、住房等級、區域安全性。每個旅館規定的允許退訂期限不同，可選擇退訂期限寬容度較高的旅館。	出發前3個月	
步驟7：保險及健康		
購買意外險、醫療險以及旅遊不便險，並且保持身體健康。	出發前1個月	
步驟8：匯兌、信用卡額度調整		
可注意匯率差決定何時兌換紐幣，也可以出發當天到機場內的銀行櫃檯匯兌。申請增加信用額度時，也可以申請國際提款的專用密碼。	出發前2週	
步驟9：打包行李、網路漫遊設定		
考量季節因素和旅行地點準備衣物，必備藥品須隨身攜帶，攜帶食品須符合紐西蘭生物檢查制度的規範。紐西蘭機場有售只提供外國旅客的優惠網路卡。	出發前3～5天	
步驟10：注意飛航資訊		
確認航班即時訊息，是否有停飛、延遲等訊息通知，查詢紐西蘭的天氣預報，可留一件較厚的外套隨身攜帶。	出發前1天	

蒐集旅遊資訊的管道

部落格文章

參考旅遊達人提供的新資訊，多爬文作筆記，但需留意資訊的po網年分，尤其是與物價、交通時刻表相關訊息，建議搜尋官網進行最後確認。

旅遊書

挑選分類和寫作重點適合自己需求的書籍，有事半功倍之效。

朋友口碑

多請教剛遊覽過當地的人，詢問景點的體驗。

紐西蘭旅遊資訊官網

從各大官方網站了解旅遊地點最新訊息及重要公告。

http 紐西蘭旅遊局：www.newzealand.com/int
（查詢觀光旅遊景點）

http 紐西蘭保育部：www.doc.govt.nz
（查詢生態步道保護區山屋露營地）

了解氣候資訊

紐西蘭地處南半球，季節與北半球相反，12～2月是夏季，夏季日照時間可至晚上9點半。全年降雨量充沛但無明顯雨季，夏季雨量較少；此外因為空氣清新、少霧霾，紫外線強度也高，切記避免長時間曝曬在陽光下，可能會發生皮膚發燙被灼傷的情形！「一日四季」是常見的天氣型態，對於長年生活在亞熱帶的遊客來說，一旦沒有接受到陽光的照拂，可能就會感覺「微帶寒意」。所以，怕冷的人即使是夏天來到紐西蘭，建議還是

隨身帶一件薄外套，避免受涼。

國家氣象局網頁MetService會預報48小時內的天氣，並提供過去一年溫度顯示圖供參考。網站

▲12月的夏天，看衣著就知道，紐西蘭住民與臺灣觀光客的體感溫度大不同

很貼心的提供衣著建議，可以參考要穿幾件衣服才足夠應付當下的溫度。不過畢竟每個人對溫度耐受性不同，所以僅供參考囉！

http 紐西蘭國家氣象局氣象預報：www.metservice.com/national/home

耶誕到新年連續假日攻略

12/24 耶誕夜

超市、商店及餐廳16:00前、甚至中午過後就關門放假了，計畫採買要趁早。大城市的餐廳可能會營業並推出固定的耶誕套餐，但是餐費公定漲幅為1.5倍，即便如此還是一位難求，得及早訂位。

12/25 耶誕節

博物館與各式旅遊參觀行程、加油站、超市、商家幾乎都依法休息；不過大城市的大眾交通運輸、計程車，以及部分餐飲業還是有營業的。強烈建議事前自備餐點、確認交通運輸安排、與住宿處的主人聯繫妥當、車子加滿油……這一天只有大自然不放假。

▲奧克蘭的耶誕櫥窗

12/26 BOXING DAY(購物節)

BOXING DAY商品折扣從12/26開始到2月截止，12/26是折扣最多的一天。大件物品採買可以透過網購寄送到府；但是對於觀光客而言，到實體商場、店面感受購物人潮與採買樂趣，才是最好玩的一件事，不是嗎？

▲BOXING DAY 櫥窗海報

BOXING DAY採購要在大城市如奧克蘭、皇后鎮等人口眾多、店家密集的地點進行，其他人口少的小城鎮，店主通常會選擇關門度長假，就算有折扣商品，也是在網站上、或者等年假結束之後才開始販售。

12/27～12/30 連續假日連假中段

連續假期中段的時間，無論是博物館、超商、遊樂場所都開放服務；市區裡只要是大眾運輸工具可抵達的地方(如奧克蘭、威靈頓)，建議盡量不開車、避免找停車位浪費時間。趁早出門是避開意想不到的人潮、車潮之不二法門。

也可以趁這幾天安排長途移動的車程。不過，連續假期時，許多餐廳和商店還是停業休息的，郊區或鄉下小鎮更是如此，因此長途移動要謹記：

■加滿油，或者預先確認路途上有哪幾個加油站(有些地方只有自助加油站，刷信用卡付費)。
■自備移動糧食，以免一路上找不到營業中的餐廳，或者有開門的餐廳都客滿了。

▲耶誕假期，有考慮過搭火車到購物商城逛逛嗎？

12/31～1/1除夕到元旦跨年

因為時區的關係，在紐西蘭跨年，你就會成為全世界最早跨進新年度的人群之一！北島奧克蘭天空塔周遭及港口、威靈頓港口，南島瓦那卡、皇后鎮等地都有精采的煙火秀演出，還有音樂節、跨年演唱會等活動等你參與。

除夕當天，超市、商店及餐廳可能會提早關門；但也有PUB和咖啡廳會提供跨年的服務；有的餐廳會提供除夕特餐，不過就和耶誕夜一樣，用餐價格也是以倍數翻漲，而且不容易訂位。

1/1許多餐飲店會停止營業到1/3才恢復營業；博物館等參觀點、遊樂場所則不受影響，可以放心前往。

▲來自世界各國的人們齊聚威靈頓港口邊，欣賞水上舞台的樂團表演、等待跨年倒數計時

規畫行程

事先規畫行程及旅遊方式,整理一份最適合自己的旅行計畫書吧!

紐西蘭幅員廣大,有時因為兩個城鎮之間或與景點之間的距離過遠,且無適當的食宿地點,所以路線規畫首要避免南北重覆往返,浪費更多的車程時間與油錢。若要以飛機取代部分車程,一定要想好前、後接駁的車輛及住宿的搭配等問題,勿貿然訂下機票與觀光票券!請務必好好閱讀以下建議,整理一份最適合自己的旅行計畫書,再按照計畫書的時程預約、購票。

預估旅行天數

到紐西蘭玩一趟至少需要8~12天的假期,如果假期只有6~8天,建議只走北島(因為交通較為便利、景點之間的行車距離較短);南島行至少安排12天以上,才不會淪為走馬看花,得狠下心取捨景點。若想改搭乘國內航班取代部分開車行程,宜審慎考量航班、費用、氣候等因素。

預約訂購

在紐西蘭旅遊,有關租車、住宿、活動、景點都需事先預約,是以行程安排中另一項重要的規畫就是預約,除了行程時間考量外,還要注意該活動是否有足夠的人數(一般都有最少人數的要求)。

預約前要想清楚怎麼排定時間序列:
- 預計幾點出發?
- 出發梯次及報到時間?
- 沿途要停留哪些景點、停留多久?
- 參觀或者參與活動需要耗費多少時間……

由於紐西蘭的地域特殊性,按既定的行程來走,才不致發生被迫露宿的情況,而且摸黑在毫無照明及手機訊號的鄉間駕駛,可是非常非常危險的。

貼心 小提醒

訂票、訂房前須審慎考慮周全

1. 預訂活動票券前,須謹慎考慮交通時間,有的預購票券會註明在活動開始前10~15分鐘抵達,也要納入時間規畫中,以免疲於奔命,或因遲到而費時交涉退款等事宜。

2. 訂票前請詳讀退票機制說明,有可能因為天氣因素、或者參加人數不足而被取消或延期。

3. 透過仲介訂票、訂房(如i-Site、booking、Agoda等都是仲介),並預付訂金者,到了當地因天候不佳或其他原因必須退訂,必須透過原仲介單位申請退費,手續繁瑣且耗時,不得不留意。

把這些因素考量進去，再來排定活動前、後兩天的住宿地點及用餐方式，才能確保前後排程不會因此互相抵觸干擾。

透過網路購買機票、訂房或訂票，務必要留下正確的電子郵件信箱。航空公司等訂購單位會發電子郵件通知收件人詳細的訂購資訊，或提供票券電子檔，請保留信件；可下載到手機或印成紙本，務必隨身攜帶。或是做成備份圖文資料，存在智慧型手機裡；或是搭配使用手機行事曆，標註預訂的時間地點、住宿資訊……以供隨手查詢。

鬆緊交替的行程

活動安排鬆緊交替，有助於兼顧旅行的精實度與精神、體力的舒緩放鬆。最好的狀況是：在長距離開車移動之後，停留在同一個住宿點兩晚再移動；可規畫當地深度探訪，或者改搭乘大眾交通工具進行一日來回的鬆散行程，再回到前一晚的住宿地點，隔日稍晚再推進。安排行程時，務必先確認沿途景點之間的公里數與路況，預估開車時數與預計停留時間。

夏季如安排觀賞日落美景，需在日落前2～3小時預先抵達住宿地點，事先辦好住宿登記，以免晚歸造成住宿管理人員的困擾。

▲從千餅岩前往格雷茅斯路上的夕陽，時間為夏季21:00～21:30之間

旅行計畫表

紐西蘭海關有時會要求觀光者告知旅行計畫，用以篩選審核非法打工者。強烈建議事先撰寫旅行計畫書，至少寫下每日起迄城鎮、住宿地點、打算拜訪的景點、參加的活動等，且名稱一律以英文全名書寫。除了方便相關人員查閱外，實際上路時，也方便問路。

旅行計畫表示範

班機1(出入境)	
飛機抵達日期	
班次／起降時間	
機場名	
航班／航空公司	
飛機離境日期	
班次／起降時間	
機場名	
航班／航空公司	
班機2(國內)	
班次／起降時間	
機場名	
航班／航空公司	
租車／巴士	
租車／搭車時間地點	
還車／抵達時間地點	
跟團活動名稱	
集合時間／地點	
結束時間／地點	
景點／參觀名稱	
開放起訖時間	
預計停留時間	
行(開)車時間／公里數	小時／　　　公里
日出日落潮汐時間	
地點1	
地點2.3.4……	

以前頁列表為基礎，再查詢各居住城鎮到各景點之間的距離，及所需行車時間(距離與車程非對等，比方說：行駛快速道路的里程數或許比行駛山路里程數更長，但是在快速道路開車的時速比開山路快很多)，切莫以路程公里數除每小時時速來推算車程時間。

日期	出發地→目的地	行車時間／公里數 (參考開車耗油量)
	到	小時／　公里

把上述資訊插入所排出的初步預定行程中，看看時間安排是否恰當，如果時間太趕，選取的景點就要有所取捨。

http 行車計算器：www.aa.co.nz/travel/time-and-distance-calculator

▲計算行車時間，可參考「紐西蘭AA公司」的網頁「行車計算器」

▲以參觀蒂阿瑙螢火蟲洞為例，因為參觀人數眾多，但一次只能有2艘小船進入螢火蟲洞參觀，且乘坐小船的人數有限。若要搭乘適合行程規畫的船班，就得及早上網預約訂購行程

預算規畫

預算會影響行程規格，來回機票、住宿費用和租車加油費用大約占全程預算的1/2～2/3。根據前面排定的行程表，可上網查詢景點或活動的收費情況，向租車公司網站了解租車成本、以每日里程數來估算油資、由巴士公司網站了解票價、從各旅館的網站了解各天的住宿成本等。

旅遊日數較長、以居住青年旅館為優先選項者，可考慮申辦國際青年之家的各類會員卡，如BBH俱樂部卡、青年旅館卡(YHA)等。優惠折扣項目包括購買機票、住宿、火車票、博物館門票

▲▼紐西蘭的各家青年旅館評等均優，如果決定旅行全程優先考量住在青年旅館，辦理青年旅館卡可省下不少的開支。但是青年旅館的房間數量有限，訂房要趁早

等。證件有效期限為一年、限一人使用。因為會費並不算高，可以自行評估購買票券等項目的折扣，和會費折抵後是否划算，再行申請優惠卡片。若一家四口共同出遊，留意購票官網是否推出兩大兩小的家庭套票優惠組合，可以省下可觀的經費。

有些行程因為地理位置特殊、獨家包套、極限運動、要搭乘直升機／快艇／高山火車……，無法自行前往的，價格通常不便宜。購票前可以到比價網認真比價、購買早鳥票、委託友人在紐西蘭購票或者翻牆購買國內票……省錢的方法無他：一要勤快比價、二要盡早下訂單。

經費預估表

出發前	費用(臺幣)
來回機票	
護照、簽證、國際駕照、遊客稅	
旅遊參考書	
旅館住宿	
租車含車險(最好保全險)	
長途車票 (聯票或單趟票？有無優惠票價或時段？)	
保險 (旅平、醫療、旅遊不便)	
當地旅行團費 (是否含交通費？)	
旅行中	**費用(臺幣)**
加油費	
參觀門票	
一日三餐＋水果點心	
大餐、購物、伴手禮	
預備金	

保險險種

一般而言，信用卡支付機票的保險，主要內容為「公共運輸旅行平安保險」，只提供飛機起降期間，發生延誤、意外時的保障。因此建議可以另外加保國外的「醫療險」，萬一在旅行中遇到需要看醫生、住院等狀況，才能得到醫療理賠的保障。可以先與信用卡公司確認你所認定的刷卡保障，是否在受理保障的範圍內，不足的部分則要另外找保險公司辦理保險。

「旅遊不便險」包含了班機延誤(最低認定4小時以上，包含食宿的實支實付理賠)、行李延誤(6～24小時以上)分為定額理賠和實支實付、行李遺失(24小時以上理賠)、劫機等情況。

租用汽車者，強烈建議保全險，一般刮傷與車禍都在保險範圍內，每家租車公司保險的承保範圍不盡相同，建議大家租車前詳細閱讀保險規章。

♥ 貼心 小提醒

行前須注意身體狀況

除了要特別注意飲食衛生、避免感冒之外，建議出發前一個月預約檢查牙齒，如有蛀牙或者牙套鬆脫等狀況，一定要先治療完畢。

行家密技 轉機也是旅途的一部分

在機場轉機時，也許亦可安排玩樂行程哦！例如：澳洲布里斯本機場的「藝術家駐場計畫」，每12個月就有一位新的藝術家駐場表演。若在布里斯本機場等待轉機，可以去逛逛機場藝術走廊的原創藝術作品。

http goo.gl/1Kx2uR

網路預訂

除了機票與住宿，還有交通票券、租車、行程活動，統統都得先預訂，才能萬無一失。

機票

不同季節、不同日期的來／回組合機票價格都不一樣，想省荷包就要勤比價。先查看航空公司的價格，再到購票網站比價；因為競爭激烈，購票前可多看看──有時航空公司的特價優惠票甚至低於比價網站的價格。

但是購買機票不能只看價格，還要看購票條款內容，包括：轉機的待機時間、可以攜帶的行李限重和限制件數、轉機是否要先辦離境再辦入境(可能會牽涉到機場稅)，自己是否能夠接受。

▲ 行前多瀏覽比價網，了解當季機票的行情價

▲ 電子機票上註明的航班和訂位代號

貼心 小提醒

購買機票後注意事項

1. 上網刷卡跟航空公司訂機票後，會收到兩封電子郵件，內容包含所有訂購相關資訊以及電子機票，在這趟旅程結束之前都不要刪除信件；尤其要記下「訂位號碼」，以利後續網路劃位等作業。一定要再次查驗機票上的英文姓名拼寫是否與護照姓名一致，萬一有錯誤要立刻通知航空公司修正，否則沒有辦法登機。

2. 刷卡買機票的人到機場報到時，要出示本次購票所使用的信用卡。若無法出示與購票資料相符之信用卡，會被要求重新購票。如信用卡持卡人非搭機旅客時，請務必於出發前48小時由持卡人親臨航空公司櫃檯，完成核對信用卡手續。

住宿

訂房網站選擇Agoda、Booking.com等線上訂房網站，經常有限時特定特惠價格公告，一旦上網公告，很快就會被「秒殺」，若是瀏覽網頁的時機剛好符合需求，就不要猶豫、立刻出手下訂單。對

於房型沒有概念的人,可參考部落客或者網頁上的評價,搜尋旅館名稱也很容易找到住過的房客留下的評價,但是如果評價人數太少,內容是否可信,還是要靠自己判斷,不見得能夠盡信。

由於紐西蘭的住宿種類繁多,可以就預算分為背包客棧、家庭汽車旅館、經濟型背包客棧、家庭式的B&B、度假公園、豪華酒店……各種型態與星等的住宿叫人眼花撩亂,建議優先選擇有「Qualmark」優質標誌的住宿,可以獲得一定程度的品質保證。Qualmark是紐西蘭旅遊局的官方品質保證機構。經過Qualmark認證許可系統的旅館,可以保證清潔、安全和舒適的基本要求,確認提供符合星等的服務和品質。另外,透過紐西蘭旅遊局網頁推薦的旅館訂房,也是安全簡便的方式之一。

切記,網路預訂住宿的付費方式有很多種:有的是訂了之後可以接受免費退訂;有的是退訂要支付一定比例的手續費;也有不允許退訂、不來就全額沒收訂金的(這種狀況通常出現在特惠促銷的房間),下訂單之前要看清楚訂購說明。

貼心 小提醒

選擇有廚房的住宿點,划算出遊

紐西蘭的外食費用高,多訂含廚房、廚具的住宿點(從背包客棧到旅館都有廚房),從超市購買食物回來烹煮,可以省下不少的經費。

交通票券

紐西蘭的長途巴士很乾淨安穩,但是因為車程距離真的很長,所以一天班次最多2～3班。最大的長程巴士服務公司是InterCity,在各大城鎮和觀光景點之間均有設站。不開車的旅客可以上網訂購,除特價折扣的聯票(期程從1天到數週都有)之外,也會不定期推出單程的特價行程。訂購FlexiPass是為期一年的旅行方案,可以透過公司網路或者手機APP管理,自由選擇想要停留的的城鎮(全國有600多個設站點),並且包含搭乘Interislander渡輪往返南北島,建議上網查詢。

http InterCity:www.intercity.co.nz

▲庫克山青年旅館的Qualmark認證標章

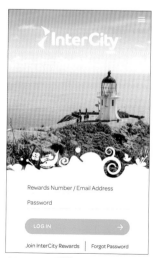
▲InterCity手機APP登入畫面

租車

　　所有駕駛出租車者，都要在租車時出示登記本國駕照正本和國際駕照。通常，租用轎車採24小時制(露營車另有規定)，超過1小時也會算成下一天的租金，所以切記不要逾時還車。不過還是可以事先問問租車公司，是否可以給多1個小時的還車寬限期。租車時可確認租車前、還車後是否各有一趟免費運送乘客的服務(上班時間內)，可善加運用。

　　租車公司標示的車款型號，有時會發生與展示照片不符的情形，建議以文字列出的車款去網路檢索汽車的照片，確認該車款是否就是你所想要租的車型。另外，租車公司可能不同意租賃車在北島租、南島還(反之亦然)，且汽車跨海的渡輪票價很高、非常不划算，所以如果在南北島都要開車，記得要分期分開租兩台車。最好能跟租車公司

貼心 小提醒

關於道路救援

　　紐西蘭租車市場中的車況及保養，一般而言並非很好(尤其在旅遊旺季，一收回轎車只有稍事清潔的時間，就又交車給下一位租車人了)，故車輛拋錨及故障時有所聞。此外，紐西蘭太大，70%以上的鄉村道路都無手機訊號，鄉間又偏僻，道路救援服務不完善，甚至一些便宜的租車公司根本沒有救援服務，有時要等好幾天才能調到後備車輛給租車人。因此租車前應慎選有口碑的租車公司。

◀AA協會(The NZ Automobile Association)是全紐最大的道路服務公司，有完整的道路救援服務系統(圖／Jeff)

行家密技　可遇不可求的「免費」租車方案

　　想試試手氣，看有沒有機會免費租車嗎？可預先到「transfercar」公司註冊，或到官網瀏覽正在進行募集車手的「回頭車」路線和天數限制。

　　在2008年以前，紐西蘭汽車租賃業者要把甲地租、乙地還的車輛運送回甲地，必須派大卡車把汽車集中載回甲地，以供應更多甲地租車者使用。腦筋動得快的transfercar公司設立了整合平台，整合各家租車公司被開到乙地的車輛，募集從乙地開車到甲地的人，擔任租車公司的車手，把車輛開回甲地。這樣，租車公司省下了運載車輛調度的費用，而車手和同行者則省下了租車的費用，達成租車業者與客戶「雙贏」的局面。目前，transfercar一直在尋找更多的車手，只要你有合格的駕照，並且超過租車經營者要求的特定年齡(18、21或25歲)，無論是家庭、學生、背包客、老年人……他們都很歡迎。

　　隨時留意吧！如果你的旅行行程規畫剛好有合適的車輛可以搭配，就能省下一大筆經費了！

▲不妨到transfercar官網登錄，碰碰運氣吧

www.transfercar.co.nz

洽談搭船前還車、下船後再換租另一輛車。

　　紐西蘭的租車公司，每家的規定不同，「甲地租，乙地還」的租車方式有的會限定一次必須租用4天或4天以上；旺季(夏天)若要租露營車，至少要連續租用5天以上。

　　訂好車之後，記得要把訂單印出來。其他與租車、冬季自駕、租露營車有關的詳細資訊，請參考本書「交通篇」。

　　Apex是紐西蘭當地最大的租車公司，南北島都有服務點；行前可先參考Apex租車公司提供的安全駕駛須知影片，內容精實、清楚簡要。

 Apex：www.apexrentals.co.nz，安全駕駛影片：vimeo.com/146575854

▲ 紐西蘭在地最大的租車公司Apex，網頁有中文選單可以了解車款

▲ 租車成功後將會收到訊息，請保留所有訊息直到還車後至少3個月

貼心 小提醒

租車一定要投保

　　在紐西蘭租車一定要購買保險，並且險種越齊全，保障也相對提高(但保費也相對提高)。不過紐西蘭坊間所謂的Worry Free或No Excess(免自付額)，或加保Liability Reduction + Single vehicle rollover cover等保險，也不一定就是心中所想的全險，仍要看保單中的不理賠條款。

　　一般來說以下狀況是不理賠的：

1. 擋風玻璃的裂痕或破損，必須另外再購擋風玻璃的裂痕或破損險。

2. 行駛於不合規格的路面上(如：碎石子等顛簸路面)。

3. 露營車車頂之毀損(有租客因車禍，造成車頂朝下的翻車事故，無法獲得車頂部分毀損的理賠)。

4. 任何違法行為所致的車損，如：酒駕、無照駕駛(含未預登錄於租車單上的駕駛人開車時肇事)、闖紅燈、逆向行駛等。

5. 其他保單上所列述的不理賠事項(每種保單的內容都有些不同)。

　　特別的是，紐西蘭保險公司面對應負肇事責任的第三方，如無保險或無財產可請求(保險公司不會付高額的律師費，去向可能無資產的肇事者請求理賠)，反而會轉向投保人求償(簡單且有效率，直接刷租車者預留的信用卡就解決了)。因此，事後雖可取得對肇事者的代位求償權，也就是可直接聘請律師向肇事者提告，但費用高且耗時，尤其是對方很可能真是一窮二白的情況下，即使取得一紙無法或很難執行的債權憑證，又有何助益？因此投保前必須詳細了解保單內容，仔細考慮才行。

參觀、旅遊團行程

熱門的旅遊行程，例如北島的懷托摩黑水漂、哈比屯之旅，或者南島米佛峽灣郵輪航行、知名的餐廳＋旅遊套裝行程……如果覺得那是個「非去不可」的行程，最好先行預約，以免向隅。

上網購買紐西蘭當地的旅遊行程，只要依照官網說明、使用信用卡付費，就可輕鬆完成預訂手續。

上網預訂行程步驟Step by Step

 Step 搜尋

建議使用Google Chrome瀏覽器，以關鍵字檢索想參加之行程的官網，或者關鍵字。

Step 選擇中文頁面

大型的遊覽行程官網，均提供簡體中文網頁，容易閱讀；如果沒有中文網頁，也可以使用螢幕上微軟系統提供的工具「翻譯這個網頁」，網頁會自動把英文內容翻譯成中文，雖然有些翻譯的語句不是很通暢，但是無礙於理解。

▲ 威塔工作室導覽預定網頁

 Step 訂購

點選購買(BOOK)按鈕，就會出現預定頁面。

 Step 輸入行程

點選出發地點、時間、日期、人數，購票網頁會自動計算金額，即可加入購物車(請留下正確、不易被退件的電子信箱)。

 Step 付款

信用卡付費後，很快就會收到電子發票。請保留電子檔作為參加該行程的憑據。

▲ 威塔工作室
導覽購票電
子憑證

威塔工作室參▶
觀行程禁止拍
照，但是導覽
結束後還是會
提供逼真的模
型與道具，滿
足遊客留下紀
念照的心願

電信卡、網路卡

紐西蘭部分的觀光景點會提供免費的Wi-Fi供觀光客使用;但是對於網路重度使用者來說,可能會覺得資訊傳輸接收的速度太慢;或者擔心有些旅館只在大廳或商務房提供Wi-Fi,感覺不甚方便。因此建議預先網購通話+網路的SIM卡,到紐西蘭之後再行安裝。

另一個建議是抵達紐西蘭之後,在機場內設置的當地電信公司櫃檯購買SIM卡,可以請電信公司協助你換好SIM卡,開卡測試沒有問題再離開機場。(壞處是電信公司現場可能人滿為患,會消耗很多等待的時間。)

需要注意的是,如果位於地廣人稀的地區,就會有訊號中斷、無法連網的情形。所以使用者須評估自己身處地區時間的比例,再決定是否購買電信網路卡,以及選擇網卡可用的天數及流量。

紐西蘭主要有三家電信公司,此處列出供讀者參考。

■One NZ

收訊範圍在鄉下地區稍遜於Spark,不過價格居中。

■Spark

收訊範圍最廣,但價格也較貴。

■2 degree

價格最便宜,但在鄉村地區的收訊效果較差。

行家密技 購買預付卡,在Wi-Fi亭免費使用網路

奧克蘭市區裡很容易見到這種類似公用電話亭的Wi-Fi亭,這是購買紐西蘭本地電信公司Spark預付卡專用的Wi-Fi專區,每天有Spark官方免費提供的1GB網路流量可以使用。全紐西蘭有超過1,000個點,分布點可參考網頁:www.spark.co.nz/getmore/freewifi

貼心 小提醒

務必確認電信卡是否可以在紐西蘭使用

收到網購的電信卡後,一定要先確認使用的卡片規格和使用國家是正確的。如果購買非紐西蘭當地電信公司發售的網卡,請先搜尋相關評價再購買。(有的號稱同時可以在紐澳和歐洲地區使用、也可以開熱點分享給其他人共用,但是實際上,在歐洲地區可以分享共用的網卡,到了紐西蘭卻不一定能夠成功開分享。)

在網路上搜尋關鍵字「旅遊比價」、「機票比價」等,就會看見EzTravel易遊網、KAYAK、Skyscanner、Expedia智遊網、FUNTime等旅遊比價網站,可以多比較;或參考比價網站,如:飛比價格,鍵入關鍵字「紐西蘭網路卡」來評比選購。

匯兌與信用卡

兆豐國際商業銀行

4家銀行有台幣兌換紐幣的服務

1元紐幣折合臺幣約21元，銀行可以兌換不同面值的紙鈔，有些銀行提供台幣兌換紐幣免手續費之服務，請預先上網確認後再前往；臺灣銀行在桃園機場提供24小時兌換外幣的服務。建議出發前申請提高信用卡額度，以備不時之需。手機電子支付有Apple Pay、支付寶等，但尚未普及。

打包行李

行李打包貴在精簡，分類邏輯可參考打包行李檢查表。

無論是自助旅行或跟團出遊，要謹記行李打包貴在精簡；而多人共乘自駕車旅行，尤其是滿座的狀況下，要先考量租用汽車的後車廂可以容納多大的硬殼旅行箱、總共可以擺放多少件？如果是登山軟背包（以45公升來計算)可以放幾個呢？最好能到網路上找到同款車輛，事先了解後車廂的容量，預先控管並分配行李數量，才不會等租到車時，面臨行李塞不進後車廂，乘客得抱著旅行箱上路的窘境。

全年必備用品：高係數防曬油、太陽眼鏡、毛線帽和遮陽帽都要帶！臉部和身體保養品可以到當地超市購買當地的純天然保養品。

★小提醒：**1.**記得攜帶護照與駕照影本備份，並與證件分開放在不同的背包或行李箱內。**2.**紐西蘭超市禁止提供一次性塑膠袋，建議攜帶環保袋並多帶一些保冰袋或夾鍊袋備用。

▲ 盡可能把零散小物歸類後，用束口袋或者環保袋裝在一起再放進行李箱，可以保持整潔並容易尋找

打包行李檢查表

1.隨身攜帶		確認欄
護照	到登機日當天有效期限6個月以上	
駕照	國際駕照＋國內駕照正本	
現金、旅行支票	紐幣,可到機場兆豐、臺灣銀行等櫃檯匯兌	
信用卡	一定要帶本次購買機票所使用的信用卡	
機票	機票或電子機票憑證	
旅行計畫書	用英文標示居住地、遊覽景點	
水壺	隨手做環保、減少一次性杯子的使用	
原子筆	填寫紐西蘭入境表	
2.不可託運的3C用品		
手機、平板	充電器材、轉接頭可以託運	
紐西蘭的電話卡	盡量和手機放在一起	
相機	充電器材、轉接頭可以託運	
筆電	充電器材、轉接頭可以託運	
手電筒	如果有野外夜觀行程,請確認電池的電力是否充足	
行動電源	充電器材、轉接頭可以託運	
備用電池	個別套好,避免互相摩擦碰撞	
備用相機記憶卡	包好,避免磨損	
3.醫療用品		
個人常備藥品	包裝完整,攜帶藥單,收據,要申報	
4.生活用品		
文件夾	放列印的電子憑證、計畫書、簽證影本等	
保溫瓶	或者是可耐高溫的水瓶	
集中物品的袋子	購物袋、大塑膠袋、束口袋、夾鏈袋、保冰袋等	
洗衣小幫手	橡皮筋、曬衣繩、洗衣袋、小塊肥皂	
5.託運的個人清潔、保養用品(青年旅館及背包客棧不提供)		
盥洗包	髮圈、梳子、指甲剪、鏡子等	
盥洗用品	毛巾、牙刷、浴帽等	
洗髮精、沐浴乳	超過100ml的液體和乳膏狀物要託運	
保養品、防曬油	建議到紐西蘭的超市再購買	
6.衣物服飾類		
大外套	最大最蓬鬆的外套直接穿在身上	
貼身衣物	上衣、褲子、內衣褲、發熱衣／褲、襪子	
保暖層	保暖／防風／防水的薄外套、毛線帽、手套、圍巾	
遮陽	遮陽帽、墨鏡、魔術頭套	
泳具	泳衣、泳褲、泳帽、蛙鏡等	
鞋子	球鞋(或登山鞋)、休閒鞋、拖鞋	

機場篇
Airport

入境紐西蘭，請務必注意相關規定

紐西蘭的海關有「世界上最嚴格的海關」之稱號！來自世界各地的旅客，在踏入紐西
蘭國土之前，都必須提領出所有的行李，通過「生物防疫檢查」才能入境紐西蘭。

(圖／Jeff)

認識紐西蘭的國際機場

臺灣前往紐西蘭的航班，都降落在北島奧克蘭或者南島基督城。

紐西蘭有兩個遠程國際機場，分別是位於北島的奧克蘭機場(AKL)和位於南島的基督城機場(CHC)，提供往返亞洲、北美洲、大洋洲的城市，及紐西蘭國內各城市的航線起降。

另有只能從澳洲轉機到紐西蘭的國際機場，如威靈頓機場(WLG)、羅托魯阿機場(ROT)、皇后鎮機場(ZQN)和但尼丁機場(DUD)。旅客也可從紐西蘭最大的國際機場奧克蘭機場轉國內班機前往北島威靈頓，或是南島基督城、皇后鎮和但尼丁。

❶在澳洲墨爾本轉機，候機大廳的兒童遊戲場 ❷澳洲墨爾本機場提供的淋浴設備，要給飛行一整天的人「接風洗塵」❸來到奧克蘭機場，一定會看見毛利傳統裝置藝術大門，這裡就是入境口 ❹基督城機場的出境大廳 ❺到威靈頓機場，別忘了跟電影《魔戒》角色之一「咕嚕」拍照喔！

如何搭飛機往返紐西蘭

採用自助報到櫃檯的航站越來越普遍，找機會先在臺灣練習一下吧！

從臺灣出發

2018年11月起，紐西蘭航空有臺北往返奧克蘭的直飛班機，毋須轉機。其他班機則會從澳洲、香港、新加坡、曼谷、馬來西亞轉機往返紐西蘭，如果要趁著轉機時到這幾個國家旅遊，需要先行確認轉機出境是否需要加價，以及到澳洲和曼谷，出境必須要事先辦理觀光簽證。

出發前要確認是在哪一個航廈搭機，需在班機起飛前2小時到機場，再前往航空公司櫃檯或利用「自助報到機」辦理登機手續。

 貼心 小提醒

轉機注意事項

在其他國家轉機時，需注意以下事項：
1. 確認自己的班機是否需要辦理轉機簽證。
2. 注意轉機的生物檢查，在澳洲轉機時連乾燥的水果乾也不能攜帶！
3. 牢記登機時間。
4. 留心航班顯示表以及廣播，確認是否有更改登機門或登機時間的指示。

▲ 過境澳洲機場等待登機前，航空公司會發給下一次登機用的證明，請注意別耽誤再次登機的時間

桃園機場捷運市區預辦登機

飛往紐西蘭的班機，目前有中華航空公司和長榮航空公司在桃園機場捷運A1站(台北車站及北門站)提供預先報到服務，旅客可預先辦理登機手續與行李託運。託運行李時，需確認行李通過安檢後才能離開，以免延誤行程。

http www.taoyuan-airport.com/ITCI/mobile/index.html

市區預辦登機步驟 Step by Step

Step ① 取得登機證

在自助報到機掃描護照、取得登機證。

Step ② 託運行李

將行李放入自助行李託運機。

Step ③ 黏貼行李條

掃描登機證條碼後，機器會自動列印行李條，需自行把行李條貼在行李上。

Step ④ 領取收據

將託運機的門關閉後，記得取收據。

Step ⑤ 確認行李通過檢查

透過行李檢查螢幕或行李查詢機掃描行李收據，確認託運行李已經通過X光檢查後，再前往桃園機場登機。

辦理入境手續

到了移民官審查櫃檯的等待線前，總是讓人有點兒不自在。了解並熟悉入境紐西蘭的步驟，有助快速從容地入境紐西蘭。

入境紐西蘭步驟Step by Step

Step ① 入境卡、電子旅行授權

抵達紐西蘭國際機場的旅客，應先上網透過「紐西蘭旅客申報系統」(New Zealand Traveller Declaration)填寫入境卡，並付費申請電子旅行授權(NZeTA)和國際旅客保育及旅遊捐(International Visitor Conservation and Tourism Levy，簡稱IVL)。

➡ 手機搜尋APP：NZTD

iOS載點

Android載點

■ 最早可在紐西蘭之旅開始前 24 小時內完成。可以在手機或電腦上進行申報，填寫資料約需10分鐘。每位旅客(包括嬰兒和兒童)都要用「英文」填寫一份聲明。

■ 一旦開始申報，將會收到一封包含Reference number的郵件。收到郵件後，可檢查或者更改資訊。有關需填寫的內容，與P.57的「紐西蘭旅客入境卡」相似。

■ 無法線上填寫的旅客，仍然可以在飛機上填寫紙本申報表。

■ 其中需要申報的內容包括食物、戶外裝備、動植物產品等，以及藥物、菸草、酒，如果攜帶超過1萬紐幣現金也需要申報。

Step ② 跟隨指標出境

下機後，沿著「Arrival Gates」的指標走。

(圖／Nicole Wong)

Step ③ 查驗護照

持臺灣護照旅客走「All Passports」通道，到移民官審查口排隊等候審查。受檢時請出示護照、電子機票來回票，填寫完整的入境卡和旅行計畫行程表。同一家人可以一起受檢。通常移民官會問的問題就是入境的目的、預計停留天數、住在哪裡……只要你的證件齊全，出示你的旅行計畫書，通常都會順利通關的。

Step ④ 提領行李

過了審查口就前往提領行李處(Bag Claim)，牆上的看板會標明飛機班次及該班次的行李轉盤。

(圖／Jaz Song)

Step 5 檢查行李與申報

在申報系統或入境卡上填寫「不需申報」者，海關人員會指示你走不需申報檢查關，把行李放在X光檢驗機上檢查，檢查完就可以出關；如果查出需要申報的防疫物品，會被處以重罰，可能還有刑責。

Step 6 入境紐西蘭

完成生物安全檢查後，就可以從入境大廳離開，正式踏入紐西蘭國土了。

貼心 小提醒

紐西蘭海關的「誠實申報」制

紐西蘭嚴格的生物防疫檢查，看似特別針對亞洲人愛吃的食品，其來有自。主要是因為紐西蘭以農牧業立國，生態體系獨立而脆弱，所以必須盡可能防止危及紐西蘭農業和園藝業的發酵菌種、病蟲害等進入，因為這種嚴謹的態度，才能讓紐西蘭的自然生態得以永續保存。

▲ 飛機降落紐西蘭之前，宣導短片會再一次提醒大家，丟掉所有可能會造成疫情的物品

▲ 下飛機後到出海關前，時時可見禁止攜帶入境物品的告示，切勿心存僥倖！(圖／王新美)

如果你帶了任何的食物、食品到紐西蘭，請務必誠實申報。切記不要把搭乘航班提供的食物或水果帶著入境，這些食物一旦忘記申報，被查到同樣是紐幣400元的罰款！攜帶雞蛋、肉品、燕窩、蜂蜜、花粉、水果、種子、香料……都在重罰範圍內。泡麵類的食品，可以在紐西蘭的超商買，如果想自己帶特定品牌的泡麵，還是避開含有肉塊調理包的泡麵為宜。

如果不清楚自己攜帶的物品是否需要申報，就把食物分袋包裝，並且放在同一個行李中，直接走到生物檢查通道，打開行李把物品交給官員，並告知「I'm not sure. Would you check, please?」如果物品沒有問題，就會直接發還；如果物品有問題，會被沒收丟棄，但不會被處罰。

紐西蘭旅客入境卡中文版

- 中、英文入境卡的格式相同,可以向空服人員索取中文版。但填寫時仍須使用英文及阿拉伯數字,不可用中文。
- 姓名:需與護照相同(英文),每人需填一張(包括嬰兒)。
- 飛機座位號碼:登機證務必保存好。

- 紐西蘭聯繫方法與地址:可填第一晚的住宿點,手機填台灣手機號碼(手機號碼第一個0改為+886)。
- 台灣人入境紐西蘭2a欄位處都是空白跳過,直接填寫2b欄位處即可。

第3頁

第1、2頁

辦理出境手續

請注意，需在班機起飛前2小時前抵達機場，請預先留下前往機場的交通時間。

▲紐西蘭護照、登機證(圖／Jaz Song)

▲搭計程車比較容易控制抵達的時間，但價格不低

出境紐西蘭步驟Step by Step

Step **進入出境大廳**

到機場後找到「Departure」，進入出境大廳。

(圖／Jaz Song)

Step **行李秤重**

機場內有免費的行李電子磅秤，最好先檢查託運行李是否超重(限重23～32公斤，請向航空公司確認)。超重的話可以拿一些物品出來，放在隨身行李裡(隨身行李有一定的長寬高限制、限重7公斤)。

Step 3 辦理登機手續

前往航空公司櫃檯辦理登機手續。如果行李超重,可以跟隨行朋友合併計算行李重量。

(圖/Jaz Song)

Step 4 出境審查及安檢

準備好護照、登機證,接受海關人員檢查(Security & Passport Control)。請注意,攜帶超過1萬元紐幣現金或等值外幣出境需申報。

貼心 小提醒

離境紐西蘭不需填出境卡

從2018年11月5日開始,國際旅客在離開紐西蘭時無需再填出境卡。可為離境遊客節省許多時間。

Step 5 最後的血拼時間

前往登機門之前還可以進免稅店逛逛。紐西蘭的葡萄酒、護膚保養品、運動服飾、美麗諾羊毛織品、健康食品、零食……都是伴手禮的極佳選擇。

貼心 小提醒

善用自助行李託運

紐西蘭航空與星空聯盟成員航空公司,推出自助行李託運專區(self-service bag drop),有效減短旅客辦理登機手續所需的時間。搭機旅客須掃描護照和登機證,並通過生物識別相機驗證自己的身分(類似臺灣的快速通關驗證相機),然後將託運行李放在秤上秤重(記得先秤過行李重量,別超重了),再列印行李條、貼上貼紙,行李就會被送到航空公司行李處理處了。

行李自助託運服務專櫃(圖/Jaz Song)

如何從機場往返市區

根據同行人數，考量選擇何種交通運輸工具。

從奧克蘭機場出發

從奧克蘭機場到奧克蘭市區，可選擇SkyDrive Express、Super Shuttle、UBER、計程車，或是AT公車(奧克蘭運輸公司)。AT公車的車資最便宜，但須轉搭火車且繞道耗時。

SkyDrive

奧克蘭機場和奧克蘭中央商務區之間的快速巴士，往返於機場和市中心的SkyCity，直接穿越西北高速公路和水景隧道，是奧克蘭機場和奧克蘭市中心之間最快、最直接的路線。建議提前線上刷卡訂位，如有空位也可上車前刷卡，但費用稍高。

每日05:00從SkyCity發車前往機場，之後每半小時兩地對開一班車，末班車22:30只從機場發車，非交通顛峰時間車程約40分鐘。國內巴士站位於紐西蘭航空大樓4號門外的中心位置；國際航廈接送巴士站位於航廈外8號門對面的接送車道上，請於發車10分鐘前到站準備上車。

http www.skydrive.co.nz

AT機場快線(AirportLink bus)

AT是奧克蘭運輸公司，AT的機場快線(橙色的AirportLink)來回於奧克蘭機場、Puhinui Station(前往其他地區的交通轉運站)和Manukau Bus Station之間。前往市中心的旅客，可搭乘AT機場快線前往Puhinui，再轉乘東部線或南部線火車前往懷特馬塔站(Britomart)。

建議下載AT Mobile APP或使用Journey Planner規畫往返奧克蘭機場的旅程。此外，AT 38路公車與AT機場快線停靠同一個站點，且全年無休，白天每15～20分鐘有一班。

http AT Mobile APP：reurl.cc/dL28mq
http Journey Planner：reurl.cc/WRrWv5
http 38路公車時刻表：reurl.cc/RWrMXD

AT公車說明簡章：
包含各線公車停靠站路線圖及AT機場快線路線

♥ 貼心 小提醒

車上不收現金

SkyDrive和AT公車上都不收現金，只能用電子支付，電子支付在當地通用的說法是「eftpos」，也可以使用信用卡和現金卡。搭乘AT公車可從當地的自動販賣機購買AT HOP卡。
http AT HOP路線圖：reurl.cc/97pDEn

考慮住宿地點與是否有同伴

建議先考慮住宿點和上下車地點的距離後，再決定要搭哪一種車；如果同行人數多，預約Supershuttle較划算。

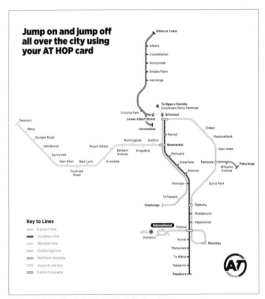

Jump on and jump off all over the city using your AT HOP card

Key to Lines
- Eastern line
- Southern line
- Western line
- Onehunga line
- Northern busway
- AirportLink bus
- Eastern busway

▲AT公車停靠站路線圖(圖片提供／at.govt.nz)

Supershuttle接駁車

提供往來機場跟城市間的接送服務，類似共乘計程車的概念，會一站站把每位乘客送到指定地點，全年24小時無休，需提前預約。建議先查好時間並線上預訂，收費以人頭計價，若是團體購買車票，第二人起會收比較少錢。在網頁上輸入人數、接送地址，就可以知道這一趟接送的金額。預訂後，公司會事先告知預計的接送時間、預約號碼，方便查詢。

預訂接機服務者可隨時搭乘機場大廳外的排班車輛，車資除可上網計算之外，在機場停車點也貼有收費表供參考。市中心範圍內的停車點不限於一處，上車時須告訴司機你的住處，司機會在最接近的點讓你下車。

第一位顧客坐上接駁車後15分鐘一定發車，所以如果車子沒坐滿，先上車的乘客也不會等太久；但如果剛好共乘的人都是不同的下車地點，可能就要花較長的交通時間。建議下載Supershuttle的APP，可查詢接駁車班次時間、抵達時間、線上預訂還可享會員優惠。

http www.supershuttle.co.nz/Booking

計程車或Uber

機場至市中心的費用包含計時＋計程＋(夜間加成)，如果一行人5人以上，共乘一台7人座的計程車，平均分攤下來的費用，也還算合理。可先跟計程車司機詢問價格再決定是否搭乘。

機場的計程車不用提早叫車，從大廳出來就有很多選擇，但要注意，車型不同，計價方式也會不一樣，這裡的計程車有白色、綠色……不一定是黃色的。Uber會比計程車更便宜些，但要提前預約車輛。

▲下載Supershuttle接駁車手機APP，可以更輕鬆地查找預定接駁車班次時間、顯示抵達時間，並可享會員優惠

▲機場往市區的排班計程車大多為白色的

從基督城機場出發

■ Metro幹線公車

Metro幹線公車全年無休，從機場一出來就可以看到站牌，手機下載MetroGo線上工具可以查看下一趟公車何時到達你在的車站，並且包含點到點旅程規畫器和網路地圖。使用Metrocard搭乘，可以優惠價穿越基督城、塞爾溫和懷馬卡里里區的任何地鐵巴士路線。

| MetroGo 線上工具 | MetroGo 使用教學 | 線上訂購 Metrocard |

▲ 打開Metro Go，再右側選單中，點選3、8、29號路線，就可以看到機場線公車有停靠的各站站名

貼心 小提醒

Metrocard省錢撇步

使用Metrocard乘車比使用現金便宜，且可享有2小時內無限次免費轉乘。使用現金付款，則可以使用機票收據享受一次免費接送服務，並且可在轉乘期內使用任何地鐵巴士服務(但是不包括鑽石港渡輪)。

5歲以下兒童搭乘所有Metro免費，5～12歲使用Metrocard可免費搭乘所有Metro路線，13～24歲使用Metrocard，只需支付1美元即可搭乘。

指指點點英語

實用單字

文件類
Visitor Visa／觀光簽證
Residence Visa／居留簽證
Working Holiday Visa／工作假期簽證
Work Permit／工作許可
Student Visa／學生簽證

機場類
airport／機場
check-in counter／(登機)報到櫃檯
e-ticket／電子機票
boarding pass／登機證
Gate／(登機)門
customs／海關
passport／護照
Visa／簽證
Arrival card, Departure card／入境卡、出境卡
Departure Fee／機場稅
declare／申報
Transfer／Transit／轉機
X-ray／X光
flight-information board／航班顯示表
immigration／出入境檢查站
baggage tag／行李標籤
Baggage Claim／行李提領處
duty-free shop／免稅店
carry-on luggage／隨身行李
passenger／乘客
Lost and Found／失物招領
Police Station／警察局

伴手禮類
instant noodles／泡麵
pineapple cake／鳳梨酥
dried mango／芒果乾
probiotics／益生菌
cup soup／杯湯

交通類
Bus Stop／巴士站
Ticket Office／售票亭
Timetable／時刻表
Shuttle Bus／接送巴士
inter-terminal bus／航廈接駁巴士
one way ticket, return ticket／單程票、來回票

海關對話

Q：What's your purpose of coming to New Zealand？／你來紐西蘭的目的為何？

A：For traveling.／旅行。

Q：How long are you going to stay in New Zealand？／你要待多久？

A：I will like to stay for ten days.／我會待10天。

Q：Where are you going to stay？／你住在哪裡？

A：I will stay in xxx Hotel.／我住在xxx旅館。

　　(小提醒：此時可以把旅行計畫書拿出來給移民官看。)

Q：Have a nice trip.／Enjoy your stay in New Zealand.／旅途愉快！

A：Thank you!／謝謝！

行李遺失求助

Q：Excuse me! I lost my luggage, what can I do?／請問我的行李掉了，怎麼辦？

Q：Are you sure there is no yours in the luggage carousel?／確定行李轉檯上沒有你的行李嗎？

A：Yes, I'm sure.／我確定。

Q：Here is the way to the lost and found counter. You can fill some forms and try to find your luggage.
　　／這裡通往失物招領處，你可以填寫一些表格，試著找回你的行李。

A：Thank you!／謝謝！

生物安全檢查關通關

Q：Do you have anything to declare？／你有需要申報的物品嗎？

A：I'm not sure if this is prohibited or restricted?／我不確定這是不是禁止或限制的物品？

Q：What is this?／這是什麼？

A：These are dried mango and Chinese herbs.／這是芒果乾和中藥。

Q：Sorry, you can't take Chinese herbs with you.／抱歉，你不能帶中藥入境。

A：It's all right. Thank you.／沒關係，謝謝。

　　(小提醒：建議預先把想攜帶的食品英文名稱寫在紙條上，貼在食品的外包裝上。)

搭車

Q：Excuse me, where can I take the city bus／shuttle bus／taxi／inter-terminal bus?
　　／請問，我要去哪裡搭市區巴士／接送巴士／計程車／航廈接駁巴士？

A：This way.／往這邊。

Q：Does this bus to......?／請問(司機或者排隊乘客)這班車有到(前往的站名)嗎？

A：Yes.／No.／有／沒有。

Q：What is the nearest bus stop to......?／請問距離(前往的地點)最近的一站是哪裡？

A：You can take taxi or walk to......(地點) from......(地點).／
　　你可以搭計程車或走路從……(地點)到……(地點)。

　　(小提醒：事先準備好市區地圖再詢問，就會輕鬆很多。)

交通篇
Transportation

尋找合適的交通工具搭配你的旅行，移動免煩惱

紐西蘭地廣人稀，從一個城鎮到下一個城鎮往往相差一、兩百公里遠，相對的，長途巴士一天
能開的班次也少。因此建議優先考慮租車，縮短旅途耗費的時間。

(圖／Jeff)

境內跨區交通工具

ARTHURS PASS

善用飛機、巴士、自駕、火車、渡輪，紐西蘭跨區旅遊好順暢。

飛機vs.長途巴士

紐西蘭以汽車為主要交通運輸工具，如果搭乘大巴士旅行，好處是可以專心看風景，在車上休息也不會影響行程(但還是建議別睡太久，可惜了沿途美景啊)；缺點就是必須配合巴士的日期和班次，無法隨心所欲沿途臨時停車賞景或下車遊覽景點。

長途移動的大眾交通工具，除了巴士，也可以選擇國內線班機。舉例而言：從威靈頓前往羅托魯阿的旅程(如威靈頓到羅托魯阿飛機巴士路線比較圖)，可以選擇搭巴士(所需時間7～8小時、票價最低為紐幣42元)，也可以選擇搭飛機(所需時間1小時15分，最低票價約紐幣300元)。

兩者的評估總歸一點就是：是否要用金錢來換取時間？搭飛機省下的6～7個小時，足夠再多看幾個景點，或者是好好的休息大半天了。不過，紐西蘭境內的機場班次少，票價高，還有旅途路線前、後交通銜接問題……都要仔細評估再做決定。無論選擇長途巴士，或者飛機；選擇限定日期、時間，或可更動時間的票，兩者票價都大不相同。種種因素，都要列入考量才好。

▲奧克蘭機場班機起飛前(圖／Jaz Song)

▲威靈頓到羅托魯阿飛機巴士路線比較圖

▲紐西蘭機場航空公司正門前可搭乘機場巴士往返市區

購買FlexiPass，順利巴士遊

如果背包客決定搭乘大巴士旅行，建議考慮購買InterCity長途巴士公司的FlexiPass(旅遊通行證)，購買時數後可以透過手機APP管理、靈活安排行程。

FlexiPass是一種一次購足里程數的優惠專案(InterCity是以小時數來計算)。購買者依據自己實際需求的巴士班次、上網預約座位；每一次行程所需行車時間，會由預購的FlexiPass總小時數中抵扣到零為止(有15h、25h、35h、45h、60h五種選擇)。優惠使用期限為12個月，使用FlexiPass可大大降低總交通成本，但不能退款，如時數不足也不能加值補差額。

FlexiPass沒有實體票證，必須上網登錄自己的通行號碼(pass number)和自設的連接碼(access code)，購買及使用方式詳官網解說。

http www.intercity.co.nz/bus-pass/flexipass

▲搭飛機省下的6～7個小時，足夠再多安排一個活動

汽車

到紐西蘭開車必須注意哪些事呢？行前先閱讀本文，做好準備，才能安全出遊哦！此外，關於租車的價格、駕照、保險、雪鏈、導航、後車箱容量等詳細資訊，請參考P.70～73。

▲JUCY Rentals公司提供租賃各式各樣露營車與房車服務

▲度假公園是紐西蘭全國連鎖的住宿地點，除了有安置帳篷和露營車的營地外，也提供汽車旅館的住宿服務

貼心 小提醒

露營車停放位置

若開露營車旅行，過夜時一定要停在度假公園(Holiday Park)或露營地，有時候在市區會被限制停車，請遵守規定、勿違規停車。記得詳閱租車公司提供的露營手冊和地圖。

交通規則

詳見P.4～5自駕旅行者注意事項。

使用加油機

紐西蘭的偏鄉小鎮大多是自助加油站,你得自己拿起油槍來加油。領租車時,服務人員會說明你的車該加什麼油。加油前要看清楚,小心別加錯油!有的加油站油槍旁邊沒有寫上汽油種類的說明,不過,綠色油槍是91無鉛汽油(Regular petrol)、紅色(或橘色)油槍是95無鉛汽油,黑色油槍是柴油(Diesel)。有的車道會把柴油和汽油加油車道分開,開進車道前要留意一下。98汽油(淡藍色油槍)和LPG瓦斯車用的液態瓦斯(金屬色油槍)並不是每個加油站都有的。

自助加油步驟Step by Step

Step 1 停車,放油槍

車子停好後先記下加油機器標號(pump No.),把油槍放進加油口再輸入要加的公升數或是加油的金額,加好油再回到商店裡結帳。

▲加油站的油槍會用不同顏色區別出不同的汽油種類

▲電動車的快速充電站不一定會在加油站裡,有的會單獨坐落在停車場一帶

Step 2 加滿

如果想加滿油箱,可以將把手上的扣環扣住,等加滿後油槍開關會自動跳開。

▲自助加油不求人

Step 3 付費

有的加油站會要求先付款,才開啟加油機;全無人加油站使用信用卡付費時,需先插入信用卡並輸入相關訊息,直接輸入要加的金額,油槍會在到達該金額後自動停止供油。不同加油站,甚至坐落對面、同品牌加油站的油費可能都不一樣,加油前可留意;此外,鄉間公路或小村莊不見得設有加油站,每日出發前應先了解沿途加油站的設置點距離。

◀看見加油站推出折扣,就自行把握省錢機會嘍

交通篇

哪裡有救助汽油

　　南島西海岸公路很長，加油站的地點集中，沿途少有加油站，一旦錯過了可不妙！普納凱基(千餅岩)是求救的重要地點：請把「普納凱基海灘露營地(Punakaiki Beach Camp)」牢記在心，這裡可以買到5公升一桶的救助汽油(但營地最多只賣你5公升、想多買也不行)，幫助你順利把車開到下一個加油站。

◀加油站的超商也有販售這種5公升裝的汽油桶，可買來裝備用汽油

停車繳費機制

　　風景區都設有免費停車場；郊區兩線道中間畫了黃線的不能停車，畫白線的才可以停車。市區停車請遵守「停車時限」的規則，時間到了就要回來移車，否則會接到罰款單。停車費有不同的分程免費與付費標準，附近都會立牌告示該停車格的使用規則，記得確認。

■60分鐘內免費停車

▲如果停車格前有投幣式停車收費碼表，停車時就要先預估自己停留的時間，預先投幣

■最多停3小時的付費停車位收費碼表

▲有些白天收費的停車格，到了晚上19:00或者20:00之後就不收費，停車之前可以先看看規範的時間再決定停車策略

■殘障車位、當地居民車位

▲駕駛必須擁有相關停車資格證件，才可以停車

■不收現金，只收磁卡和信用卡

▲這種停車收費機器只收磁卡和信用卡，不收現金，停車時要先繳費，繳費後把拿到的收據放在車內擋風玻璃前，讓稽核人員容易看見

■停車標誌

❶週一～五免費停車，最多停60分鐘；週六、日不限時免費停車 ❷每天07:00～20:00需付費停車，最多停240分鐘；其他時間免費，不限停車時間 ❸不可停車

繳交過路費

紐西蘭三條收費公路的路段在北島：奧克蘭以北的北部通道收費公路，以及陶朗加的陶朗加東部線收費公路和Takitimu道路收費公路，收費為紐幣1.9元～2.4元之間。詳細路段見網頁介紹。

付費方式可以到北島指定的BP、Caltex加油站付費，但在加油站付過路費需要加收手續費紐幣1.2元；另一種付費方式為前往NZTA官網付款，輸入車牌後就可繳交過路費。

http 交通部運輸署：goo.gl/SFgzsL
http NZTA繳交過路費：goo.gl/yU8Zpt

▲收費公路位置圖

記得繳交高速公路過路費

行經收費高速公路後，5天內要上網繳交費用；若在行經付費公路後5天內未繳費，車主會收到一張來自NZTA的催繳通知單，上面會告知需在規定期限內繳清過路費，且需再支付額外的行政費用紐幣4.9元。如果過了催繳通知單上的期限後仍然沒繳費，車主將會再收到紐幣40元的罰單。

行家密技 冬季自駕，你不可不知

■開車前

1. 預訂並備妥雪鏈，且應事前確實了解如何裝卸雪鏈(紐西蘭租車公司一般提供按次收費的雪鏈，而非依天數計算租金，故在有可能遇雪季節訪紐，應考慮全程攜帶雪鏈)。部分租車公司會提供直接更換雪地專用胎的服務，但租金較貴。
2. 注意目的地的天候，事前了解道路封閉與否(可詢問當地住宿業者)。
3. 備妥自身禦寒衣物、墨鏡及手電筒。
4. 檢查機油、水及煞車油。
5. 檢查車胎胎壓及胎紋。
6. 如氣溫過低，宜洽詢加油站添加防凍劑(放入水箱中，以免水箱水結凍)。
7. 備妥車窗除霧劑或除霧毛巾。
8. 租用有暖氣的車輛。
9. 每日出發前應加滿油並隨車攜帶飲水、乾糧及厚防寒衣物，以應付突發狀況。

■開車時

1. 並非只在下雪時才需安裝雪鏈，當路面結冰(霜)，尤其是出現black ice時(路面結一層透明薄冰，駕車行進時很難以肉眼查覺)，車輪尤其容易打滑，也需考慮安裝雪鏈。但下大雪時掛雪鏈並非萬靈丹，雪地仍會讓車輛動彈不得；此外，若道路無可能打滑的因素，雪鏈應拆卸，以免傷害車胎及道路。
2. 下雪或下雪雨(sleet)時，請開啟霧燈或照明燈；對向無來車時方可開啟遠光燈。
3. 大雪或大雪雨時，駕駛人最好配戴墨鏡(不論白天或夜晚)，墨鏡有助駕駛人看清路況(但也因光線較暗，故駕駛時宜小心慢行，最好副駕座同伴能協助觀察路況及來車)。
4. 降低車速及保持車距。

5.注意道路兩側豎立的「反光道路邊緣警示牌」(約50公分高,豎立於道路兩側邊緣的細長牌,紐西蘭所有公路道路兩側邊緣都設有左右不同顏色的警示牌),超越該警示牌即可能超出道路。

6.注意專為雪地道路豎立的「雪地反光道路邊緣警示竿」(約170公分左右高,豎立於道路兩側邊緣的細長竿子),因積雪覆蓋道路及路緣,一般「反光道路邊緣警示牌」有可能為雪所覆蓋,駕駛人不易區分實際道路所在,故設有超高的道路邊緣警示竿子。

7.於積雪路段下坡行駛時,除安裝雪鏈,否則務必使用低速檔駕駛。

■停車後

1.盡可能避開道路兩側停車,並收起兩側後照鏡,以免為其他打滑車輛刮傷。

2.停放斜坡道路時,應調整方向盤,將車輪朝外側,以免為其他打滑車輛壓擠往道路內側線道,防礙道路通行。

3.將雨刷豎立,勿像平常般直接置放於擋風玻璃上,因為半夜的雪或冰會讓雨刷凍結於擋風玻璃上,無法動彈。

4.晨間一早開車前要檢查車窗玻璃上是否有凍結厚雪或冰層,如有結冰就需以溫熱水均勻緩慢淋灑,並以刀具協助刮去結冰,直到玻璃上所有之結冰或雪霜完全溶化後方可出發。

5.天寒時,熱車後再行駛。

(圖/Jeff)

行家密技 租車注意事項

■必備證件

紐西蘭大部分的租車公司只受理21歲(含)以上年齡者申請租車,而所有擬駕駛者都必須攜帶「國際駕照」及「臺灣駕照」正本(紐西蘭視國際駕照為翻譯本而已);此外,臺灣的駕照已改無限期,但舊駕照上仍寫有期限,記得要去監理所申請換發無到期日的新照。在租車時,所有擬駕駛人員的姓名都必須寫在租車表格中。

■預留手續時間

一般由飛機落地、提行李、出關、辦租車等手續,到能正式上路,至少已是飛機落地後的1～1.5小時以後(如果租車前所搭的是國際段飛機,會需要花更多時間完成通關手續),此點常為觀光客所忽略,總認為飛機一降落就可開車上路,是以常常過寬估計抵紐西蘭首日的行程,特提醒注意。

■該租什麼車

預訂車輛時,應特別要求自排車(除非駕駛可順暢操作手排車),且建議一般至少租1,800～2,000cc的車,才夠馬力爬起伏甚大的路段;至於露營車因車身更重,cc數宜更大才妥。

■如何選擇租車公司

建議找大型或國際型的租車公司。找租車公司,就像生產要找哪家醫院一樣,如果確定能自然順產,那在家中找個產婆就好了,何必花錢找名醫及大醫院;但你確定順產嗎?臨時難產找誰啊!(若找地區型的小型租車公司,如果有突發事件,此類小型租車公司有能力跨地處理嗎?售後服務何在?)

■計費原則與保險

原則上紐西蘭租一般轎車是採24小時制的計費原則(起租時間後24小時算一日),露營車則以日為計費標準(不論起租時間,過次日即算一日),不過各公司有不同的制度,宜先了解確定。連續天數租用一般轎車,或許可享些許優惠,但旺季租用露營車,則常有最低租期的限制(一般要求至少一次租7天,部分公司甚至有要求連續租14天的規定)。此外租車時一定要買保險,並建議增加購買「無自負額(no excess)」的保單。

■載客人數

露營車與一般轎車都有載客人數限制的規定,原則上限載幾人,車輛就會備妥幾人的位子,露營車亦同(不是以車輛的大小而定)。座位一般都設在前艙(座位均附有安全帶,行駛時所有乘客都必須繫上安全帶),而後艙在行駛時是禁止坐人的(除非後艙設有固定座椅並配有安全帶)。依據交通規定,露營車行駛時必須將後艙的窗簾全部打開,警察是很容易發現後艙有無坐人的,特別提醒!

■特別需求

　　預約時應同時為隨行的嬰、幼童租妥專用座椅(紐西蘭交通法規強制嬰、幼童必須使用專用座椅)。此外，秋或冬季預訂租車作業時，應考慮同時預租雪鏈(一般雪鏈租用係按次計費，而非天數)。

■夜間駕駛安全嗎

　　紐西蘭很多的公路似蘇花公路，而且比清水斷崖還要差的那種路況，再加上道路起伏無常，彎曲扭轉，毫無照明；即使是夏季，部分高地路段夜間都有可能結霜(極其滑溜，不煞車還好，只要一煞車就打滑)，更遑論冬季。此外，大部分的南島地區除城鎮外(尤其是西海岸及米佛公路那段)，手機都無訊號，連白天都找不到拖救服務，更別說夜間了，因此強烈建議不要在紐西蘭夜間駕駛。

■還車時間

　　還車時間一定要從寬估計，因為還車時必須先加滿油料，如車子損傷，會增加處理時間；況且，如有多組還車人排在你之前，更會延誤還車交鑰匙的時間。

▲奧克蘭機場內不同租車公司的櫃檯(圖╱Jeff)

行家 密技　租露營車環遊紐西蘭

■露營車種類

　　露營車主要分兩種，一是有衛浴廚房之露營車，另一種是沒有衛浴廚房之露營車(sleeper)，兩者租金價差很大。事實上，一般而言白天都在駕駛，很少人在車上烹煮食物(汽車行進中是不得在後艙烹煮或整理物品的)，而是到營地才煮，故選擇sleeper可能就夠了。

■夜宿車上應注意

　　在紐西蘭南島，冬天如計畫夜宿車上，而不開暖氣，光靠睡袋是很難入睡的(冬季夜間室外溫度都在0℃以下)，部分露營車雖附有暖氣(有些甚至無冷暖氣設備，租車前要確認)，但都必須外接電源，否則整晚開引擎入睡，既不安全，又有引擎噪音，還耗油費。

■停放地點

　　依據紐西蘭法律，露營車如果停宿在公路旁，交警雖不一定會取締，不過露營車所需的水、電、瓦斯、烹調及衛生設備是一大問題(雖某些車上有廁所或廚房，但仍需傾倒廢棄物)，且安全也堪虞；但如果停在一般公園或類似地點，卻是違法的，警察依法會在午夜前驅離，所以必須將車停在立案付(免)費的營區(紐西蘭各地都有很多此類的營區，不過冬季很多不營業)。

■駕駛注意事項

　　行駛露營車時應遵守各路段最高速限之規定，但最高車速不得超過90公里／時，如果是拖車型式的露營車，則最高車速限制為80公里／時。此外，駕駛露營車會比一般轎車有更嚴格的規定或限制，例如「本路段禁行露營車」或「露營車限停專用停車格」等，駕駛人應隨時注意路標或道路指示。

▲小轎車拖拉的旅行房車(Camper Trailer) (圖／Jeff)

■還車

　　還車時間宜從寬估算，尤其可能有車損之情況，會耗費更多手續時間。還車前需將油箱／瓦斯筒加滿，如有衛生設備亦應先清除穢物，否則租車公司會從租車時預刷的信用卡扣款。

■租露營車到底划不划算

　　至於露營車的租賃成本，並非一般人所想像的那麼經濟實惠。由於露營車必須要在露營地過夜，而營地又分公營(每人每晚約紐幣5～10元，但可能無熱水、無電)和私營(兩人每晚紐幣40

▲傳統小型自帶動力的旅行房車(Motorhome)(圖／Jeff)

～60元，含熱水及電，也會附設公廁、收費的廚房及洗衣房)，是以再加上保險費用等各項額外成本(例如：租露營車保費較高；未滿最低租賃天數，仍需依最低天數付款；還車地點有更多的限制)……事實上租用露營車旅行，絕不會比租一般轎車並夜宿旅館來得舒適，也不一定會省錢！不過如純站在「體驗」與「嘗鮮」的角度，那就是另一種思維了。

■相關法律參考

依據2011年8月29日所公布的紐西蘭「自由露營法2011(Freedom Camping Act 2011)」之規定，雖然人民有自由選擇露營地的權利，但必須是合法的營地(城市街道、體育等設施的停車場、超級市場、百貨公司停車場、私人土地等都是禁止露營的地方)；至於各城鎮是否能露營，則另依據各地政府之規定(但奧克蘭、基督城、皇后鎮、瓦那卡、蒂阿瑙等城鎮都禁止在其收費營地以外的地區露宿)。露營車／人隨意入宿不得停宿的地點，每次可罰鍰紐幣200元，如果還有違法傾倒廢棄物情事，最高可罰鍰紐幣10,000元。

▲屋頂可架睡篷的旅行房車(Pop Up Motorhome)(圖／Jeff)

▲置於營區地面的可移動旅行房屋(Moving House)(圖／Jeff)

▲大型自帶動力的旅行房車(Fifth-Wheelers Caravan)，內部設備齊全(圖／Jeff)

▲車廂側邊可拉出遮陽板或營帳的旅行房車(Pop Out Motorhome)(圖／Jeff)

火車

　　搭乘紐西蘭著名的觀光火車，並以跨越庫克海峽的渡輪貫穿南北島，是很受歡迎的旅遊方式之一。

　　紐西蘭的鐵路運輸功能，幾乎已經被公路取代。長途火車的行駛以觀光為主，班次少，費用也高；但是，鐵道所經之河川、海岸、峽谷、隘口，風景絕美，搭配車上的沿途景點解說系統(含中文發音)，就不是汽車公路所能輕易取代。

　　紐西蘭有三條銜接南北、橫貫東西方向的火車旅行路線——北部探索者鐵路(Northern Explorer)、南島高山鐵路(TranzAlpine)和太平洋海岸鐵路(Coastal Pacific)。

　　火車票越早買越便宜，決定了就要趁早(半年以上)訂購。只要透過鐵路公司官網預定火車票，鐵路公司會自動劃好座位，預定的座位號碼將出現在電子車票上，鐵路公司會在旅程的前3天再度發email通知你，不要忘記前往搭乘。火車票訂購成功後會收到email確認的電子票，請下載到手機或列印下來，作為搭車的憑證，票務人員核對無誤後，會告知你的車廂和座位號碼。

▲ 主要觀光火車及渡輪路線

北部探索者鐵路

　　往返於北島威靈頓和奧克蘭之間，是紐西蘭里程數最長的鐵路，全程11.5個小時，沿途可以看到積雪覆蓋的田野、古老的火山岩和茂密的山毛櫸森林。停靠站包括東佳里諾國家公園(世界遺產之一)、懷托摩洞穴(黑水漂)、位於魯阿佩胡火山口下方的滑雪勝地高山小鎮奧哈庫尼(Ohakune)。火車會經過三座壯觀的火山山脈：東佳里諾、瑙魯霍伊和魯阿佩胡，是這趟旅程的最大亮點。

▲ 從東佳里諾國家公園看瑙魯霍伊和魯阿佩胡火山

▲ 懷托摩洞穴的黑水漂運動最受年輕人喜愛

南島高山鐵路

　　往返於南島基督城和格雷茅斯，全程4.5小時。搭乘高山鐵路火車，可欣賞被南阿爾卑斯山擁抱的坎特伯雷平原(Canterbury Plains)與懷馬卡里里河谷(Waimakariri River)風光。亞瑟隘口是全線最高點，往格雷茅斯方向前進，會穿越8.6公里

長的奧蒂拉隧道。冬季亞瑟隘口周遭群山被白雪覆蓋、夏季河谷山巒略偏紫色，別有風情。

http www.greatjourneysofnz.co.nz/tranzalpine

2016年11月太平洋海岸線因為凱庫拉大地震毀損全面停駛，預計2018年10月底恢復通車。

http www.greatjourneysofnz.co.nz/coastal-pacific

▲高山火車途中的景點之一白山橋(Mt. White Bridge)

▲以賞鯨和海釣聞名的凱庫拉海上活動

▲從列車眺望南阿爾卑斯山脈及河谷風光

泰伊里峽谷觀光鐵道

泰伊里峽谷鐵道(Taieri Gorge Railway)是一條百年鐵道，也是一條純觀光路線的一日遊峽谷鐵路。每年10～4月，每天由但尼丁火車站往返一趟(耶誕節除外)，列車週一～五開到普基朗吉(Pukerangi)折返，週六、日會從普基朗吉繼續開往Middlemarch，但是也有例外的狀況；正確的火車行程，還是得從官網的火車時刻表上確認。可以直接抵達但尼丁火車站購票，或是在i-SITE訂票，也可以在官網訂票。

http www.dunedinrailways.co.nz

▲火車在亞瑟隘口站停留約10分鐘

太平洋海岸鐵路

從南島基督城出發至皮克頓，每天只有一班車，途經以海洋捕漁業和賞鯨豚聞名的凱庫拉海岸線。鐵路依傍著太平洋行進，另一側是壯闊的山脈叢，全程將近6小時。鐵路的終點站皮克頓可銜接Interislander渡輪，搭乘渡輪穿越庫克海峽就可以到達紐西蘭首都威靈頓。抵達威靈頓後可以與北部探索者鐵路銜接，進行下一段火車旅程。

▲但尼丁火車站

渡輪

紐西蘭島嶼甚多，各島之間往來頻繁，渡輪成為最重要的交通工具。搭乘渡輪建議先上網購買早鳥票，航班越晚訂購、票價越高！訂票成功後會收到email確認訂購證明，記得下載到隨身的手機，最好能列印出來備用。

貼心 小提醒

搭乘渡輪步驟

1. 攜帶護照、訂購票券證明、刷卡訂購的信用卡、防風保暖的外衣。
2. 在出發時間前至少45分鐘到達航站樓。
3. 出示你的證件護照和訂購證明辦理登船手續，取得登船通行證(boarding passes)。
4. 大件行李必須託運。
5. 手提行李限額是1個小包和1個手提包／1個筆電包、Pad包。
6. 在航站大樓等候，直到宣布登船。
7. 按照碼頭工作人員的指示前往舷梯登船。

▲ 搭乘免費接駁巴士前往 Interislander航站樓　　▲ 到check in櫃檯索取行李牌準備寄放行李

▲ 準備登船

皮克頓—庫克海峽—威靈頓

搭乘渡輪跨越92公里長的庫克海峽需要耗時3～3.5小時，如果旅行計畫中沒有包含威靈頓的遊客，或許會以國內班機直飛基督城或奧克蘭取代；但是搭乘渡輪，卻是唯一能夠與世界級美景——馬爾伯勒峽灣近距離接觸的方式。庫克海峽是個暗潮洶湧、水流和風力強勁的海域，海峽北端布滿星羅島礁，渡輪穿梭複雜的水道之間，確實令人歎為觀止！

有兩家渡輪公司經營這段航運，兩家渡船公司搭船的地點相隔有一段距離，要注意別跑錯check in搭船的地點。

■Interislander

每天各有5個船班從威靈頓港和皮克頓港出發，船上的設備新穎舒適，也有自助餐廳、點心吧、咖啡廳等。

http www.greatjourneysofnz.co.nz/interislander

■Bluebridge

每天從威靈頓港發4個船班，從皮克頓港發3個船班，check in的港口距離市中心近，交通方便。

http www.bluebridge.co.nz/zh-tw

▲ 庫克海峽渡輪登船口：Interislander與Bluebridge公司的check in航站與登船碼頭

▲庫克海峽風光

奧克蘭周遭小島渡輪之旅

富樂士(Fullers)是奧克蘭的渡輪服務公司，負責一般大眾每日通勤運輸，行經豪拉基海灣(Hauraki Gulf)、懷希基島(Waiheke Island)，德文港(Dovonport)或朗吉托托火山島(Rangitoto)等奧克蘭區島嶼。另與當地的旅遊公司合作，提供葡萄酒莊園美食、半天步道行、2天1夜自然生態體驗等行程。富樂士在市中心渡輪碼頭設有兩個售票處，分別位於奧克蘭碼頭街139號1號碼頭和2號碼頭，營運時間以官網為準。

 www.fullers.co.nz

▲奧克蘭市渡輪碼頭，左後側為大型遊輪碼頭及Hilton Hotel(圖／Jeff)

布拉夫－福維克斯海峽－史督華島

渡輪路線由布拉夫(Bluff)出發，越過福維克斯海峽(Foveaux Strait)前往史督華島(Stewart Island)。這是由史督華島渡輪服務公司Stewart Island Ferry Services營運，除12/25以外，全年無休的渡輪服務。航程1小時，即可抵達紐西蘭最南端、最接近南極的島嶼。

 goo.gl/kzv6F6

▲奧克蘭被稱為帆船之都，其帆船碼頭區亦是奧市代表之一(圖／老包)

市區交通工具

就算不自駕，在市區也有多種交通工具可供利用。

短程火車

北島
奧克蘭

進出奧克蘭市區搭乘短程火車(類似臺灣的電聯車)，不用擔心塞車等問題，非常方便。有的月台只有售票機，沒有售票櫃檯，需要協助者，可以請月台的站務人員協助操作購票機。

❶ 奧克蘭市的公車與火車總站在布里托瑪交通中心 (Britomart Transport Center) ❷ 也可以搭手扶梯到B1由售票機購買火車票，然後進入月台搭車 ❸ 從Sylvia Park車站的月台下車，過個天橋就是與火車站同名的大型購物中心 ❹ 布里托瑪火車站月台

環狀觀光巴士、奧克蘭大眾交通運輸(AT)

北島
奧克蘭

探險家巴士(Explorer bus)分為紅、藍兩線，購買奧克蘭觀光巴士1日票，當天可以隨時上下車，並享有沿途景點門票購票優惠，路線圖與每日班次詳見官網。但市區交通壅塞時，建議只是想在市區逛逛的人，不妨安步當車，就能逛得很盡興了。若要出城，再搭乘奧克蘭市區AT公司的各路公車、短程火車。

http 奧克蘭觀光巴士：www.explorerbus.co.nz
AT (Auckland Transport)：at.govt.nz

交通篇

大眾運輸整合系統Metlink 北島 威靈頓

Metlink是威靈頓地區公車、火車和港口渡輪服務的公共交通整合網路，Metlink有4條鐵路線，100多條公車線路，200多條校車服務和4個港口渡輪站，並提供非常有效率的大眾運輸交通網路，包含運輸、票務、最新發車訊息，以及超過100個加值預付巴士票價卡的地點，和34個購買火車票的地點。

因為威靈頓公車系統運用非常靈活，而且經常性的修改公車路線和號碼(因為地震修復工程的緣故)，觀光客必須依賴網路查詢目前的路線。不知道巴士要怎麼搭，或想查詢時刻表的人，都可利用這個網站。

 www.metlink.org.nz

威靈頓市區▶的公車站牌

▲在威靈頓搭公車相當方便

威靈頓百年纜車(Cable Car) 北島 威靈頓

在蘭波頓道(Lambton Quay)的底端車站(Lower Terminal)售票亭購買車票，每10分鐘一班車，纜車以30～45度角仰角攀升119公尺，大約5分鐘即到達終點站Kelburn山頂。山頂可鳥瞰威靈頓市區，順著步道前往威靈頓植物園，或者參觀纜車博物館。

 www.wellingtoncablecar.co.nz/English/Home.html

▲纜車價目表和車票

▲▲站在纜車站的圍欄前，靜候電車上下山，人人都能拍出風景明信片等級的美景

基督城公車整合系統Metro 南島
基督城

大基督城網絡中有29條Metro服務路線，縱橫交錯環繞著城市運行，並有延伸至郊區的路線支持。搭乘基督城Metro公車，可運用公車整合系統，查詢路線與到站時間。請依據居住地點、每日旅行動線考量是否需要購買Metrocard(類似悠遊卡)。Metrocard最新票價可以用2元紐幣或更優惠的價格來回於基督城、塞爾溫，以及懷馬卡里里的任何地鐵、巴士路線。

辦理Metrocard的費用為紐幣5元。另外需加值至少5元才能啟動卡片。除了線上訂購外，也可以攜帶身分證明，向基督城Metro代理商申請購買。使用Metrocard可一週內無限次數搭乘Metro公車，費用上限為紐幣16元，超過不再累加。兒童和其他使用優惠票卡的持有者，每週可無限次數搭乘巴士，費用上限不超過紐幣8元。渡輪的每週最高票價也變得更便宜。此外，也可以使用現金支付Metro票價，5～18歲只需要出示身分年齡證明文件(如護照)，仍然可以享受優惠價。

🌐 www.metroinfo.co.nz/Metrocard/where-to-buy
📘 www.facebook.com/MetroCanterbury、www.facebook.com/MyWaybyMetro

基督城Metrocard票價結構(紐幣)

	票價類型	公車	渡輪
單程票價	標準	2元	4元
	優惠	1元	2元
每日最高票價	標準	4元	8元
	優惠	2元	4元
每週最高票價	標準	16元	32元
	優惠	8元	16元

註：每日最高票價是扣款達最高金額後繼續乘車刷卡就不再扣款。以上資料時有異動，行前請查詢官網。

▲ 進入Metro系統後，在網頁上點選目的地(關鍵位置Key location)，就會顯示經過該處的公車、到站時間；點選公車路線(Route)，就會顯示該公車沿途會經過哪些地方

▲ 舉例：點選關鍵位置中的「購物中心」，就會顯示出所有可抵達該地的Metro公車路線和站牌

基督城復古電車(Tram) 南島
基督城

復古電車提供結合歷史和觀光的獨特體驗，司機也同時擔任導覽，介紹基督城的地標和景點。乘客購買周遊票後可以隨意在18個電車站的任何一個站點上下車，全程一圈約50分鐘。其中一輛電車內設有豪華餐廳，用餐需要事先預約。

🌐 www.christchurchattractions.nz/christchurch-tram

▲ 復古電車外觀

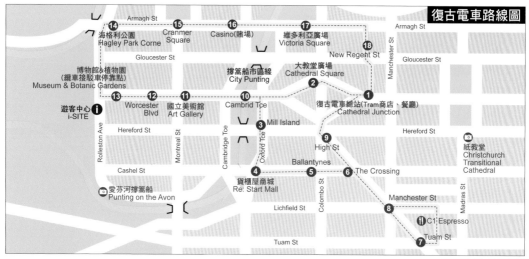

(地圖繪製／何仙玲)

行家密技 搭乘長途巴士注意事項

前往紐西蘭旅遊時，若考慮採全程或部分行程搭巴士遊，應先了解下列各點。

(一)行程規畫

■班次稀少且部分班次有行進方向的限制

很多景點一天才一班巴士，有些巴士還只走順／逆時針路線；且行程易受景點活動時間的牽制，例如巴士預計13:00抵達，但該景點的活動，最晚一梯次出發時間卻是11:00。總之，在紐西蘭旅遊，自駕可以1天完成的行程及景點，搭巴士可能要增為2～3天。

■目的地缺乏地區性的交通網路服務

搭乘巴士抵達某些城鎮或目的地後，也可能因當地缺乏有系統的公車體系，自己又無車可駕駛，仍需面對交通問題；總之無車在紐西蘭就像無腳一般，甚為不便。

■必須忍痛割捨沿途經過的景點

巴士在行進路線中，都會經過一些景點或值得參與的活動，但紐西蘭的巴士分兩大類：一種是純交通運送考量的，票價稍廉，但沿途可能只會選擇幾處地方小憩，而這些地方可能並非是景點，就算是景點，也未留有足夠時間讓乘客去賞景；另一種兼有運送及觀光功能的巴士，雖盡可能在沿途選擇著名的景點停車，但依然存有時間不足的缺憾，乘客也無法參與當地活動。

■易受其他因素影響被迫調整行程

當乘客好不容易查出巴士行進路線及可搭乘的班次，但在預訂巴士車票時，常又因某一段路程的巴士或某住宿點已客滿，以致影響到整體行程的規畫。

(二)車票分類

　　紐西蘭有多家巴士公司在營運，車票名目及種類繁多，但各公司對票種的條件及定義不同，行前需上網確認。

■以里程計(車程)

1. 普通票(Ticket)：整個行程中是各買各段，也可跨公司購票，彼此獨立。
2. 車程時間套票(Pass)：一次購足欲搭乘巴士總車程的車票，需上網預約座位，並從購買的Pass中，逐次扣除每次預約之車程，扣減至零為止。

■以可否退及改票區分

1. 一般票(Standard)：購票後不得更改／退費，或需額外加收退改票費用。
2. 可彈性票(Flexi)：購票後得在規定的條件下更改日期／班次。

■以價格區分

1. 標準票價(Standard Fares)：不得更改或退費。
2. 特別優惠票價(Special Fares)：可能在某些特定時段，提供特惠票價。
3. 可彈性調整搭乘巴士的票價(FlexiPass Fares)：得在規定的條件下更改日期／班次。
4. 1元票($1 fares)：巴士公司不定期推出1元票，但一般都不得指定座位(Free Seat)。

■以有無附帶服務區分

1. 一般票(Standard)：只有單純站至站運送服務。
2. 套票(TravelPass／Package)：可搭配購買其他服務，如餐點、門票等。

(三)車票使用規定

■可彈性票(FlexiPass)

　　分為15、25、35、45、60小時票，一旦購買了FlexiPass，通常不能退款；且若FlexiPass的總時數不足，也不得再增購零頭時數，只能單獨購買一般車票。一般來說，FlexiPass效期是一年，但購妥FlexiPass並非表示已確定有座位，仍需在每次出發前預約，在班次出發2小時前取消或更改，都毋須負擔額外費用。

■套票(TravelPass／Package)

　　與FlexiPass不同，不可混淆。套票中的車票可以FlexiPass中的里程時數來扣減，但其他服務需再付費。

(四)搭乘原則

　　每段路的車程所需時間，可至各巴士公司官網時刻表中找到資訊。搭乘時，隨身行李一個不得超過5公斤，託運行李以兩個標準尺寸行李箱為限，總重不得超過25公斤(注意各公司、各段、各不同票價都可能會有不同條件)。

有趣的交通工具

懷古風、冒險風、悠閒風……交通工具多姿多采,你選哪一種?

平底撐篙船

搭乘手工製作的平底撐篙船,由穿著傳統愛德華時代服裝的撐篙手,帶你暢遊基督城愛芬河(Avon River),從不同的角度欣賞基督城植物園或市中心。

蒸汽火車

到仙蒂鎮(Shantytown)的門票包含遊園的老式蒸汽火車來回票。這是一條1800年代原始鋸木廠的火車軌道,搭配兩部在1896年製造的Kaitangata蒸汽火車發動機,吸引著眾多鐵道迷的目光。

高空纜車

搭乘天際線高空纜車(gondola)在皇后鎮俯瞰瓦卡蒂普湖、在羅托魯阿欣賞羅托魯阿湖,或是搭乘基督城的纜車鳥瞰南阿爾卑斯山(Southern Alps)和利特頓港(Lyttelton Harbour)的壯麗景色。

蒸汽船

從皇后鎮搭乘TSS Earnslaw蒸汽船,可遊瓦卡蒂普湖或到沃爾特峰農場停留。1912年首航的TSS Earnslaw是南半球唯一手動驅動的輪船,使她成為世界上最獨特的體驗之一。

獨木舟

紐西蘭「大走步道(Great Walks)」裡,有別於登山健行,是以獨木舟划行旺格努伊河道完成5天的旅程。白天划獨木舟,晚上住在只有沿著河道才能抵達的營地或山屋住宿,每年10月~隔年4月開放,需事先登記,有兩家專業的旅行社可以協助成行。

噴射快艇

紐西蘭多湖泊河川,活力旺盛的紐西蘭人看見了噴射快艇具備冒險活力的特質,在南島皇后鎮、基督城坎特伯雷、布勒等地區,以及北島的朗吉泰基、旺格努伊和懷卡托河等地區,都可以參加噴射快艇行程。

交通工具資訊這裡查

http 仙蒂鎮:www.shantytown.co.nz
http 基督城撐篙船:www.christchurchattractions.nz/avon-river-punting
http 皇后鎮與羅托魯阿的天際線纜車:www.skyline.co.nz
http 基督城纜車:www.christchurchattractions.nz/christchurch_gondola
http 皇后鎮蒸汽船:www.realjourneys.co.nz/en/experiences/cruises
http 紐西蘭大步行DOC:www.doc.govt.nz (Great Walks→Whanganui Journey→Book online)
http 紐西蘭旅遊局官網噴射快艇推薦:www.newzealand.com/my/jet-boating

交通篇

指指點點英語 ABC

實用單字

大眾交通類

bus stop／巴士站
terminal／總站
ferry／渡輪
train／火車
gondola／纜車
one stage／一段票
trip／趟
pass／聯票
ticket machine／售票機
fare／票價
type／票種
pier／渡口、碼頭
platform／月台
zone／區域
Time Table／時刻表
route map／路線圖
adult／成人票
destination／目的地
jet boat／噴射快艇
one way ticket／單程票
return ticket／來回票

自駕類

petrol station／加油站
diesel／柴油
tire／輪胎
squeegee／(清潔擋風玻璃的)塑膠刮板
toilet／洗手間
park & display／停車並展示繳費單
speed limit／限速
over the speed limit／超速
rent a vehicle／租車
WOF(Warrant of Fitness)／車輛安全檢驗(紐西蘭的汽車安全檢查證明)
No entry／禁止進入
Give way／讓路
Cycle lane／腳踏車道
School patrol／學校及交通糾察隊使用
passing／超車
driving license／駕駛執照
AA(Automobile Association)／AA汽車協會
seat belt／安全帶
parking／停車
car park／停車場
motorway／高速公路

極短對話

Does this bus go to the Ferry Terminal?／這班車到渡輪總站嗎？
Is it the right ticket?／這個票(搭這個交通工具)對嗎？
I want to go to XXX(地名), how much for the return ticket to xxxx(地名)？／我要去XXX，買來回票要多少錢？
Should I get off here?／我應該在這裡下車嗎？
What time is it for the last train (bus) to xxxx?／最後一班車是幾點？
Will this train be on time／delayed?／這班火車會準時到達／誤點嗎？
Where is the petrol station nearby?／附近有加油站嗎？
Could you please show me how to fill it up?／請告訴我如何加油好嗎？

住宿篇
Accommodations

在紐西蘭旅行，有哪些住宿可選擇？

紐西蘭住宿選擇多樣化，從優質豪華小屋到回歸自然露營……應有盡有，只要多花點心思，想找乾淨舒適又便宜的住宿並不難。也可以參考有Qualmark星級品質認證的旅館，住起來更安心。

(圖／Jeff)

如何找到合適住宿

尋找住宿時，需考量預算、天數、地點、設備、服務品質等項目。

上網訂旅館時除了看價格，最好也能看廚房、臥室、設備、屋外景觀、交通便利性……至於網友們的評價都是個人的觀點，僅供參考。選擇你最看重的一項條件訂房，可以減少一些困擾。等真正到了住宿處，或許有許多屋主匠心獨運的擺設、周邊環境的風景……會令你感到驚喜。

預算和天數

安全的環境和舒適的房間、乾淨的被褥是基本需求，選定1～2家適合的住宿後，可上網檢索旅館英文全名，參考住過的網友給的評價。

想省住宿費，或是住宿天數只有一晚、沒機會用到住宿設備，或是喜歡交朋友的人，可以選擇只訂床位，入住和別人共用房間、公共浴室、廚房和交誼廳的青年旅館，一天約紐幣30～40元之間，辦理會員卡更划算。共用設備的質感和空間都規畫得還不錯，價格也便宜許多。入住國際青年旅舍是用租床位的方式(Share room)，讓自助旅行的背包客藉由分攤房間費用來降低住宿的預算，提供平價且享有乾淨、安全的住宿空間，還有機會與來自世界各國的旅行者交流。(有些青年旅館也提供單獨的房間、含浴廁的房間給注重隱私的人，但是預定的人數還是要符合床位數，價格可能也稍微高一點點。)

▲只租床位的BBH，床位是先到先選，沒辦法預定。如果訂的是dorm room(上下鋪)，進出方便的下鋪通常會先被選完，晚來的人就只能睡在沒有護欄的上鋪了

▲麻雀雖小，五臟俱全的廚房，連電鍋都有呢！

5～7人以上同遊，選擇汽車旅館，大家分攤費用最划算；有2～3個雙人房、含客廳沙發床、廚房的汽車旅館，是精省的選擇方案之一。

地點與設備

　　從A點移動到B點之間，有可能相隔好幾百公里遠，因此得先規畫要去的景點，然後沿著景點的公路找住宿，不要偏離主要公路太遠，再依照每日行車距離和行車所需時間選擇旅館。記得盡早預訂，也要細看規則。遇到難以取捨的房型，可以參考住過的房客在網路留下的評價(但是不見得能夠盡信)；更現實的選擇面則是：優先選擇不需預付訂金、可取消預約的房型，或是看中限時特價的旅館就立刻下單(全世界不知道有多少人同時在看這個促銷的旅館，猶豫10秒鐘，可能就沒房了)。此外，是否提供免費停車位也是重要的考量依據。

　　那麼，旅館是否提供洗衣機、烘乾機(是否要投幣)？是否有附廚房？有沒有規定最晚check in的時間？有沒有門禁？有沒有附早餐？有沒有提供盥洗用具(大部分的青年旅館不提供牙刷、毛巾或早餐，但是會提供枕頭、棉被)……這些事情都得事前了解，以便攜帶足量的生活用品。值得注意的是，紐西蘭餐廳提供的餐點分量大、蔬菜少、價錢高，因此盡量選擇附廚房、廚具設備的住宿點，最好能三不五時到超商買青菜水果回家料理，清清腸胃。這種時候，住宿地點有沒有廚房，就顯得非常重要了。

❶青年旅館、汽車旅館都有晾衣場。紐西蘭風大、日曬充足，如果要洗厚一點、但不是太貴重的衣服褲子，建議拿到晾衣場曬一曬，吹吹風才比較容易完全乾燥 ❷庫克山的YHA有房客共用的大廚房，還會提供乾淨的鍋碗瓢盆、刀叉湯匙等餐具和調味料 ❸❹奎斯特羅托魯阿中央酒店(Quest Rotorua central serviced apartments)提供無障礙浴室和高度較低、適合坐輪椅者使用的流理臺 ❺洗衣機和乾衣機使用很方便，一般收費紐幣2～4元，會提供洗衣粉，沒有硬幣時可以跟櫃檯兌換。烘衣服通常一次20分鐘，大部分只有冷風，所以要烘兩次才會乾，可自備洗衣袋把衣服套好，跟認識的朋友一起使用機器

Qualmark標誌商家

Qualmark代表商家已經通過紐西蘭國家旅遊局的品質認證標準，是安全並且有能力提供良好服務的商家。優先考慮三顆星以上評等的住宿為佳。詳細商家名單，請上網查尋。

http www.newzealand.com/int/accommodation

▲基督城YHA的Qualmark住宿評等，星星越多表示品質越高，最高為五顆星

透過i-SITE訂房

i-SITE是紐西蘭官方的旅遊服務中心，提供行程建議、代訂旅館／餐廳／租車等服務。透過i-SITE訂房或套裝行程要先付費取得收據，入住旅館時出示證明即可。

http www.newzealand.com

羅托魯阿

馬塔馬塔

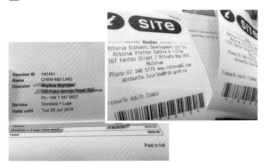

蒂勞

❶❷❸各地的i-SITE建築造型不一，但是標示清楚好認

▲透過i-SITE取得的收據要收好，作為領取正式票券的憑據

▲ i-SITE的logo與指標，有些地方還提供中文服務

住宿篇

住宿種類

紐西蘭住宿選擇多樣化，釐清心目中合理的住宿標準，再依循標準尋找欲投宿的旅館。

平價青年旅館

以下三種旅館都可以算是平價的青年旅館，都有共用的廚房、衛浴設備，等級和價錢也差不多(Holiday Park的露營小屋和露營的費用自然是較便宜的，只是隸屬於不同的連鎖系統)。如果是定點住宿(2天以上)，向周邊景點擴散的玩法，可以選擇YHA，因為是國際性的組織，住宿品質較有保障，持YHA卡還享有住宿、交通、某些特定購物的折扣。

另外要注意的就是，青年旅館不會免費提供毛巾、牙刷，最好連同沐浴乳、洗髮精、肥皂等也自備。

背包客棧(BBH)

BBH(Budget Backpacker Hostels)是紐西蘭在地的住宿系統，評比的星等是由住宿者在網路上評分產生，住宿品質的好壞差距很大，通常住宿規模較小，評等高的BBH很快就會被訂購一空。

http www.bbh.co.nz

青年旅館(YHA)

YHA(Youth Hostel Association)是國際性的組織，住宿品質嚴格把關，值得信賴，還提供無限制流量的免費Wi-Fi(BBH只提供限量的流量，有的甚至是要付費的)。通常評比的星等只有要3顆星以上，就不用擔心踩到地雷。住房價格也和BBH差不多；可是YHA只分布在熱門景點，且數量有限，比BBH更容易客滿。

http www.yha.co.nz

▲背包客棧的交誼廳是認識來自世界各地朋友的場所(位於皮克頓的亞特蘭提斯背包客棧)

▲基督城的YHA

度假公園(Holiday Park)

　　喜歡露營度假的人，首選是靠近海邊、湖邊、森林公園的度假公園(Holiday Park)，這是包含露營地和汽車旅館的複合式住宿系統，有營位可以搭帳篷或開露營車來住宿，度假公園也有汽車旅館。可以看Google地圖評論的星等來選擇。以十大度假公園(Top10 Holiday Park)為例，有四種房型。

http www.newzealand.com/int/holiday-parks

■**汽車旅館**(Motels)：4～5人以上一起開車旅行，住宿首選就是汽車旅館，畢竟車子停在住房門口，移動時比較快速、卸行李也方便，同時具備不受外人打擾的獨立空間，又能多人分攤一棟房的費用。選擇設備與等級較好的汽車旅館，非常划算。

■**小套房**(Units)：分為包含或不含衛浴設備兩種。

■**露營屋**(Cabins)：不含廚房衛浴設備，分為有供電、不供電兩種。

■**露營地**(Sites)：搭帳棚或放露營車的車位。

蒂阿瑙

蒂卡波

福克斯冰河小鎮

❶位於莫圖伊卡的馬術汽車旅館(Equestrian Lodge Motel)❷十大度假公園有營位也有含停車位的小屋，但是小屋的數量較少❸度假公園的汽車旅館房間內，有時會提供小型電磁爐，建議只用來炊煮少油煙的餐點；因為油煙稍大的料理，可能會引起火警偵煙器的警鈴大作❹❺❻不同系統的旅館提供的露營專屬地，給人的感受也大不相同

鄉村別墅、度假屋

鄉村別墅(Cottage)和度假屋(Holiday House)的住宿價格較高,但是設備、裝潢和花園景觀一流,屋內有豐富的藏書、嶄新的廚房設備,無論是客廳、餐廳的家具和擺飾都可以感受到屋主的精心規畫,適合定點度假數日,以及有長者同行的遊客。入住度假屋和鄉村別墅時,通常會收到屋主口頭囑咐或者明文的規定:不要把帶著泥土的鞋子、溼答答的雨衣穿進室內,以免弄髒或者弄濕地板和家具;需保持廚房的整潔、垃圾廚餘不能留在房子裡,要丟到後院或大門口的回收箱垃圾桶……否則退房後有可能被要求繳交罰款。總之,只要把這漂亮的房子當成是自己的家、用心愛護就對了。

貼心 小提醒

全世界自助旅行者的共識

住在青年旅館退房時,要把床上使用的枕頭套、床單、棉被套取下,方便房務人員換洗清理,這是全世界旅行者的共識,是給別人方便,也是提升自身的旅行素質。

❶❷❸❹蒂卡波度假屋屋內陳設及從房間遠眺的景觀❺❻❼❽❾鄉村別墅奧瑪魯粉紅小屋(Oamaru Pink Cottage)及綠色小屋(Oamaru Green Cottage)屋內陳設及其戶外景觀

另類住宿

若想體驗不同的住宿風情,另有寄宿家庭、B&B、農場住宿可以考慮。

寄宿家庭(Homestay)

寄宿家庭與屋主共處一個屋簷下,是體驗一般紐西蘭家庭生活的大好機會,要事先與屋主確認三餐供應的方式。使用Airbnb或Booking.com註冊會員,訂房總額超過一定的費用就可以折抵住宿回饋金,非常划算。

◀在寄宿家庭的庭院享用自備的簡易餐點,也是一大享受

▲基督城寄宿家庭的廚房設施

B&B

B&B小旅館有乾淨的房間和衛浴,附早餐,價格會因地點和旅遊淡、旺季而變動。

 www.bnb.co.nz

農場住宿(Farm Stay)

農場住宿是酪農業者分租給旅客的住宿,通常是與農場主人同住一個屋簷下,共用客廳和衛浴,有機會體驗剪羊毛、擠牛奶的農家生活。一般來說地點比較偏遠,交通不是很方便,出入需要自備車輛。

http 農場住宿指南:truenz.co.nz/farmstays,紐西蘭官方旅遊網站:www.newzealand.com/int/farmstays

▲在農場住宿親近牛群或羊群

貼心 小提醒

尋找無障礙空間住宿

若想找尋適合行動不便者使用的房間,可在網路搜尋「牡蠣無障礙旅行」(Oyster Accessible New Zealand),有許多資料可供參考。

http www.oysternz.co.nz

退費需向原代訂單位申請

透過代訂仲介服務(i-SITE、Agoda……都算)預約住房,如果預付了款項卻無法入住,注意必須透過原仲介、而不是跟預約住宿的地點申請退款。

指指點點英語 ABC

 實用單字

check-in、check-out／房間登記(入住)、退房

single bed／單人床

double bed／雙人床

extra bed／加床

towel／毛巾

toilet tissues／衛生紙

kettle／熱水壺

duvet／棉被

sheet／床單

pillow／枕頭

heater／電暖器

air conditioner／空調

hot water／熱水

internet access／網路連線

wireless connection／無線上網設備

housekeeping／打掃房間

make a room reservation／訂房

accessible facilities／無障礙設施

 極短對話

Could I have a room with king／queen size bed, please. ／我想要一間有加大／雙人床的房間。

How much for this room? Is there any cheaper rooms available？／這間房價多少？有沒有比較便宜的房間？

Is breakfast included？／請問含早餐嗎？

May I see the room first?／我可以先看房間嗎？

Could I change to other room?／我想換房間。

I want to stay one more night. ／我要多住一晚。

How much for the extra bed?／加一張床多少錢？

Do you have free pick-up service at the airport？／請問你們有免費接機服務嗎？

Do you have shuttle bus to the airport？／你們會送客人到機場嗎？

Do you have self-contained laundry?／請問你們有自助洗衣設備嗎？

The air-conditioner isn't working. ／房間的空調壞了。

I have booked a room for today, may I check in now?／我預訂了房間，我現在可以登記入住嗎？

Could you keep my luggage (until 3pm)?／我可以寄放行李(到3點)嗎？

行家密技 **了解紐西蘭的住房等級**

　　Quality Mark是紐西蘭特有的評鑑標準，星等代表住宿等級，從一顆星至五顆星依序排列，五星也是最高評等，但與歐美系統之旅館星級評鑑標準不同。

　　Quality Mark的星等會依據Hotel、B&B、Motel、YHA等不同性質的住房分別給星等；也就是說，旅館的四星級和背包客棧的四星級，設備和服務品質絕不會相同、不能混為一談。

飲食篇
Gourmet

在紐西蘭吃什麼？怎麼吃？

紐西蘭的餐廳是肉食主義者的天堂，不愁找不到美味大餐，但餐點價格偏高。建議間隔配搭輕食店的餐點、或在超市購買蔬菜水果，帶回旅館的廚房內烹煮食用，以便均衡經濟和健康。紐西蘭的自來水可以生飲，喜歡喝熱水的人，建議自備保溫水壺，晚上燒水，隔天帶走。

(圖／Jeff)

必吃特色飲食

海洋環繞的畜牧大國，海鮮、羊牛排、咖啡、美酒、氣泡水樣樣都美味！

(圖／王新美)

(圖／Jeff)

小龍蝦Rock Crayfish

到凱庫拉吃龍蝦，不一定非得進餐廳點餐；即使在路邊攤的餐車，也一樣可以豪邁地大啖現場料理的龍蝦大餐。凱庫拉的「龍蝦鐵板燒套餐路邊攤」是隱藏版美食，但也有懂門道的旅行社團員，會指定遊覽車開車到訪、大快朵頤。

凱庫拉龍蝦另有「全套」吃法：預約海釣行程，和撈捕龍蝦的漁船一同出海釣魚。當船員們完成打撈蝦籠、取出捕獲的龍蝦後，參與海釣行程的旅客每人都能獲得一隻新鮮的龍蝦。等船靠岸之後，就可以到指定的餐廳料理最新鮮的龍蝦了！

葡萄酒

紐西蘭的白酒與冰酒(ice wine)都是相當出色的葡萄酒，白蘇維翁(Sauvignon Blanc)和賽美蓉(Semillon)兩種白葡萄品種釀出來的酒，帶有草本植物的香氣，味道乾爽甜美；另有粉紅酒、粉紅氣泡酒(Rose)，因色澤柔美、口味溫順而廣受歡迎。

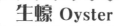

(圖／Andy曾)

生蠔 Oyster

紐西蘭的生蠔因水質清新，蠔類海產味正甘甜，毫無腥味，其中產於布拉夫(Bulff)的布拉夫生蠔(Bulff Oyster)，更以小巧、鮮滑、甘甜聞名於世！每年5月底的布拉夫牡蠣與南地海鮮節(Bluff Oyster and Southland Seafood Festival)，更讓饕客大快朵頤。

銀魚煎蛋(圖／Irene曾)

脆炸銀魚

銀魚 Whitebait

銀魚主要產地為南島西海岸，口感肉質細嫩，類似臺灣的吻仔魚。當地人推崇的料理方式有銀魚煎蛋(Whitebait fritter)和脆炸銀魚(Deep-fried whitebait)兩種。

銀魚是紐西蘭傳統美食，但每公斤的價格已飆升為其他魚種的4～6倍。銀魚是五種品種幼魚的統稱，其中包含瀕臨絕種危機的魚種，因此紐西蘭政府已嚴格規定開放銀魚捕撈的日期與時間，所以饕客們也要有未來可能吃不到銀魚的心理準備。

羊排 Lamb Chops

紐西蘭的新鮮羊排、羊肉，口感多汁軟嫩，無論是煎或烤都沒有腥羶味，尤其熱騰騰剛上桌的羊排肉香，令人垂涎三尺。

希臘捲 Dimitris Greek Food

厚餅皮捲成甜筒杯，一般來說會包裹方方正正的肉塊(牛羊豬肉任選一種)、蔬菜和醬汁，基督城的必點美食！

牛排 Steak

如果真的不願意嘗試羊肉，烤牛排、煎牛排的口感也是汁多味美的選擇。不過一份牛排餐的分量通常相當大，可以考慮兩個人共點一份。

(圖／Andy曾)

貽貝 Mussel

紐西蘭的貽貝(又稱孔雀蛤或青口)新鮮肥美，有賣水產的超市或專賣店都買得到。在餐廳可以吃到多種不同烹煮方式的貽貝料理，配白葡萄酒或啤酒味道都很搭。無論焗烤、水煮、海鮮湯或搭配義大利麵都很合適，毛利人則以蔥薑蒜大火快炒，甚合臺灣人胃口。

紐西蘭海蜇蝦 Scampi

生長在接近南極水域的蝦子，體型與一般中型蝦子差不多，但蝦殼極為堅硬且帶刺；去殼後生食蝦肉(毋須蘸任何佐料)，非常甘甜彈Q，係蝦中極品，不嘗一次枉來紐西蘭一遊。

(圖／Andy曾)

飲食建議小叮嚀

　　餐廳肉多、菜少、價格高，建議要盡量選擇有附廚房廚具的旅館，在超市補給新鮮蔬果，可以減輕用餐消費和體重加成的負擔。

鮭魚 Salmon

鮭魚在紐西蘭常見的中文翻譯是「三文魚」。愛吃生魚片的人，推薦庫克山高山鮭魚生魚片，肉質細緻口感佳，蘸上芥末、醬油，比任何料理方式都可口。在超級市場也可以買到。

白咖啡 Flat White

紐澳地區的特色咖啡，風味接近拿鐵，但是奶的成分更少一些、不起奶泡、喝起來更滑順可口。

L&P氣泡產品

L&P汽水是Lemon & Paeroa的簡寫，沒有人稱呼它的全名，早期是由檸檬汁和Paeroa鎮的碳酸礦泉水組合而成，被可口可樂公司收購之後已經改了配方，但是仍然是紐西蘭人心目中的最愛。融合了白巧克力和L&P口味的跳跳糖，也頗受年輕人的喜愛。

經濟實惠的平價餐飲

天天吃餐廳，荷包大失血。
把握平價餐飲，花小錢吃也能吃飽飽。

紐西蘭的外食費用高，相比之下，價格在30元左右、
又能吃飽的，都可算是經濟實惠的餐點。

炸魚薯條Fish & Chips

炸魚薯條是紐西蘭人最常點的輕食，分量足
又便宜(大約紐幣5元)，剛起鍋時酥酥脆脆的
味道相當討喜。如果食量不大，可以和朋友合
點一份餐、加兩瓶名為「Ginger beer」的薑
汁汽水解油膩。

(圖／Jaz Song)

Café

一杯咖啡的價格大約紐幣
5元起跳，咖啡廳的早餐平
均紐幣30元，和臺灣的早
餐店無異。想吃清淡些的，
另有牛奶穀片可以選擇。

麵包店

超市麵包種類繁多，從一
個大約紐幣4元的多穀類
麵，到一盒紐幣6～9元的
西點蛋糕都有，是長途旅
程的最佳良伴。

印度餐館

印度烤餅(Naan)沾著咖
哩醬吃最對味，也可以包
白米飯一起吃，非常有飽
足感，價格大約為紐幣17
元，可以好幾個人點不同
口味分享。

國際連鎖速食店

肯德基的薯泥是目前臺灣沒有供應的餐點。麥當勞有自助點餐系統，可在螢幕自選主食、生菜和醬料，刷卡之後印出號碼單，就可以排隊取餐。一般套餐大約紐幣10～16元。

美食廣場

奧克蘭、皇后鎮、基督城都可以找到與臺灣類似的美食廣場，這是各式餐點匯集之處，從紐幣12～45元的單點餐飲都有，可以各取所需。

日本壽司店

壽司的價格意料之外的便宜，而且是合乎東方人口味的壽司。一卷壽司4～5片約紐幣4～6元。

披薩店

薄餅脆皮披薩非常美味可口，點餐前可留意菜單名稱前方的辣椒數量，依個人口味選擇。單片披薩的價格依口味不同，約為紐幣4～9元。

行家密技　清淡食物哪裡找

蔬食主義興起，許多餐廳都提供蔬食餐，或沙拉吧。可以先問問餐廳是否能提供蛋奶素(Lacto Vegetarian)或者全素(Vegetarian)。

十穀飯　　　　番茄沙拉

主題餐廳大蒐羅

紐西蘭料理食材天然、紮實，適合臺灣人的口味，小心「幸福肥」上身！

尼爾森貽貝鍋餐廳
Mussel Pot Nelson

以貽貝(綠唇貽貝，Green lipped mussel)產量豐富聞名的哈夫洛克小鎮(Havelock)，有個貽貝鍋料理主題餐廳，標榜優先使用在地、新鮮、放養、有機的貽貝和其他海鮮。除了貽貝主題餐，也提供漢堡、義大利麵、素食、無麩質料理。各式貽貝料理(燻、醃、炸、烤、蒸)搭配著名的馬爾伯勒和尼爾森葡萄酒，或是當地的手工釀造啤酒一起吃，令人難忘。

餐廳提供午餐和晚餐，但因為新鮮貽貝必須先行準備，所以要記得預約訂餐。

✉ 73 Main Road, Havelock, Marlborough ☎ +64 3-574 2824(1~2月是旺季，來電預約請避開12:30~14:00之間，以免店員沒空接聽電話) ⏰ 午餐11:00~14:45、晚餐17:15~22:00，2/6(Waitangi Day)公休 🌐 www.themusselpot.co.nz

C1咖啡館
C1 Espresso

位於基督城市區，室內最大亮點是從屋頂蜿蜒送餐的氣動輸送管，點選氣動餐、告知你的座位號碼，餐點就會透過氣動管送到你身邊，打開特殊的管狀餐具，就可以享用熱騰騰的小漢堡和薯條了！用改裝過的勝家縫紉機當作飲水機，也是C1的奇思妙想；喝一口香醇滑潤的有機咖啡，居然發現了一隻蒼蠅……細看杯身才發現這是C1創意團隊的小小惡作劇……餐廳內的蔬菜是自家種植的，有些香草植物甚至就種在店門前的花圃和頂樓，為熱鬧的市區增添了許多綠意。

✉ 185 High St, Christchurch Central, Christchurch 8142 ☎ +64 3-379 1917 ⏰ 一般菜單07:00~15:00、氣動輸送菜單15:00~21:00，全年無休 🌐 www.c1espresso.co.nz

▲ 炸貽貝、焗烤貽貝、蒸貽貝搭配白酒最適宜

▲ 貽貝主題餐廳的室外用餐區景觀

▲ 天花板上的氣動管輸送食物，吸引著用餐者的目光

▲ 氣動餐送來管狀的容器，裡頭可裝小漢堡和薯條

Wildfire Churrasco 巴西烤肉餐廳
Wildfire Churrasco BBQ

巴西烤肉以長劍串肉、在明火上慢火燒烤，保留了肉的原汁原味，在鮮美粗獷的風味中散發出傳統香料和松木的芬芳。就是這樣的滋味，讓巴西烤肉名聞天下。由服務生拿著一把豪邁的「長劍」，串著烤好的肉塊，把各種不同的肉串分批送到

▲ 服務生把串在長劍上的大塊烤肉削下，吃多少由你決定

餐桌前，任由顧客點選分量後，切到金屬盤子裡給顧客享用。另有提供前菜與麵包。套餐有3種選擇：前菜+主菜、前菜+主菜+甜點、前菜+主菜+海鮮+甜點。

吃飽後就把餐廳提供的紅、綠兩色積木，轉為綠色朝下、紅色朝上，服務生就不會再送餐過來了。

▲ 圓柱形「紅綠燈」是告訴服務生是否要繼續送餐的標示

🌐 wildfirerestaurant.co.nz

威靈頓分店

✉ 60 Tory Street, Te Aro, Wellington 6011 📞 (04)381-3434 🕐 週一～六17:00～深夜，週日12:00～14:00、17:00～深夜

奧克蘭分店

✉ 137 Quay Street, Shed 22 Princes Wharf, Downtown, Auckland 1010 📞 (09)353-7595 🕐 週一～日12:00～深夜

▲ 巴西風味點心　　　　　(以上圖片提供／莊淑慧)

Fergburger 漢堡店
Fergburger

位於皇后鎮，這是個不需要預定、開業時間永遠大排長龍的快餐漢堡店。店裡不斷冒出烤肉香，無論是漢堡包還是肉片都酥酥脆脆的，即使肚子不餓的狀態下，也會忍不住一口接一口；不過一個漢堡很難一口氣吃完，因為漢堡太大了。網路點餐的網頁幾乎永遠也連不上線，打電話？還是乖乖去現場排隊比較實在吧！這就是CNN美國有線電視所報導「紐西蘭，或者可說是世界上最好吃的漢堡」。建議早上就去排隊購買，有機會在15分鐘內輪到你點餐。

★推薦漢堡：Little Lamby(紐西蘭羊肉、薄荷果凍、生菜、番茄、紅洋蔥、蒜泥、番茄風味醬)，13.9元；Morning Glory(培根、雞蛋、炸薯餅、生菜、紅洋蔥、番茄風味醬、茼蒿蛋黃醬)，10元。

✉ 42 Shotover St, Queenstown 9300 📞 +64 3-441 1232 🕐 08:00～17:00 🌐 www.fergburger.com

▲門口總是擠滿等待叫號客人的Fergburger漢堡店

▲開動嘍！

▲選擇冰淇淋上插了獎牌的口味入手

巴塔哥尼亞巧克力店
Patagonia Chocolates

兼具南美和義大利風味,並帶有多種口味和組合,產品內容包括巧克力、冰淇淋和烘焙咖啡,在南島的箭鎮、皇后鎮、瓦那卡等地擁有高人氣,其生產的冰淇淋,許多口味都曾在紐西蘭冰淇淋製造商協會主辦的冰淇淋大賽中獲得優勝。無論是冰淇淋、雪糕(Sorbet)、優格冰淇淋(Frozen Yoghurt),口感都綿密細緻,味道香濃且分量十足。只要你開口詢問服務員,一次還可以試吃2匙不同口味的冰淇淋,口味多達20種,讓人難以抉擇。如果沒有特別的偏好,可以從冰淇淋上插了獎牌的口味入手。

✉ Lakefront, 50 Beach Street, Queenstown ☎ +64 3-442 9066 ⊙ 08:00～21:00 🌐 www.patagoniachocolates.co.nz

其他分店資訊這裡查

Queenstown Airport
✉ 皇后鎮機場主航站樓
⊙ 08:00～16:00

Queentown - Rees Street
✉ 2 Rees Street, Cnr of the Mall, Queenstown
⊙ 09:00～22:00

Arrowtown
✉ 31 Ramshaw Lane, Arrowtown, 9302
⊙ 09:00～18:00

Wanaka
✉ 155 Ardmore Street, Wanaka, 9305
⊙ 09:00～22:00(18:00停止供餐)

＊以上資料時有異動,以官方最新公告為準。

用高山景觀佐餐

在天際線纜車頂端的景觀餐廳和酒吧享用豐盛的自助午餐或晚餐,和在庫克山群峰之間的隱士飯店阿爾卑斯高山景觀餐廳享用自助餐,這兩者有異曲同工之妙。菜色包括精緻西式、日式餐點和甜點冰淇淋等,和一般中上等級的歐式自助餐相差不大,但是景觀千金難買。中餐和晚餐的價差大,如果想在這兩個餐廳吃到物超所值的餐點,需要預先訂位,否則若碰到觀光旅遊團,就一位難求了。

庫克山隱士飯店阿爾卑斯餐廳 The Alpine Restaurant
✉ 89 Terrace Rd, Mount Cook National Park 7999 ☎ +64 3-435 1809 ⊙ 自助早餐07:00～10:00、自助午餐12:00～14:00、自助晚餐18:00～21:00 🌐 goo.gl/qt86JZ

皇后鎮Stratosfare Buffet餐廳
✉ Skyline Queenstown Brecon St, Queenstown 9300 ☎ +64 3-441 0085 ⊙ 09:00～22:00 🌐 goo.gl/pSx8ir

▲庫克山隱士飯店阿爾卑斯餐廳

▲皇后鎮Stratosfare Buffet餐廳

行家密技　省錢吃巧又吃飽：超市採買＋自己下廚

　　想要吃得省錢又吃得好，「自己下廚」是王道。除了燙青菜等簡單料理外，熱愛下廚的人，在超市採購蔬菜和水果的同時，還可以購買新鮮的牛排、羊排，回旅館自己下廚。超市肉品新鮮，且品質均有一定的水準，價格和餐廳料理相比，也便宜許多。不過要注意，有些民宿雖然備有調味料，但是品項較少，也沒有留下烹調主菜用的食用油。可以在超市買一罐噴霧狀的沙拉油(oil spray)，攜帶方便又不怕傾倒。超市也有提供調理好的烤雞等熟食、亞洲地區的泡麵等食品。

　　建議帶幾個可折疊的保冷袋，購買易壞食物時，順便買包冰塊一起放置，約可保鮮3～4小時，時間足夠由一城鎮轉進另一城鎮。一旦抵達當日目的地，立即去旅館check in，並將食物改放至旅館的冰箱中，確保食物不會腐敗。但請注意，一般旅館的冰箱空間都不大，採購時需適量。

舞菇的
「自己煮」
祕笈

(圖／Jaz Song)

(圖／Jaz Song)

❶當季水果的選擇多樣化。本地水果和進口水果的價差很大❷菇蕈類加入玉米濃湯一起煮，滋味美妙，但是價格不低❸蔬菜沙拉包，打開就可以直接吃、不必再洗過。單一蔬菜約4.5元，綜合包約7元❹牛肉羊肉特價天天有，建議買了當天就料理完畢。豬肉比較容易有腥羶味，不要挑選快到保存期限的特價品，較能避免這個問題❺起司的口味種類多到數不清，建議選擇沒有加入特殊調味料的產品❻❼自己下廚，餐廳一餐的價錢，足夠提供4～5人大吃一頓

點餐小助手

有的即時翻譯軟體需要使用網路，可以問問餐廳能否提供免費Wi-Fi。

以下列兩款手機翻譯軟體為範例，介紹下載和使用方法，雖然翻譯軟體翻譯的文句比不上翻譯機順暢，但是足以幫助旅客理解菜單的內容。下載APP前，可先參考使用者評價，選擇最適合自己的小工具來輔助點餐。

Google 翻譯 <small>Android / iOS</small>

 用戶只需透過手機鏡頭，對準文本畫面，讓需要翻譯的文字全部出現在螢幕上，就可以即刻閱讀到對應的翻譯內容(38種語言，逐步增加中)，不需要連上網路就可以使用。

Google 翻譯Step by Step

 Step 1 到網路商店(Google Play或App Store)搜尋「Google 翻譯」後下載軟體。

 Step 2 下載完畢後點選手機畫面上的icon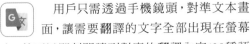，進入翻譯APP即可使用。(如果不是英文菜單，要先在有網路的環境裡，點「英文」，選擇置換原文語言為菜單的語言)

 Step 3 首先允許該軟體使用相機鏡頭、麥克風等設備。

a.相機icon：可選擇線上掃描翻譯或翻譯已經拍成照片的文字。把鏡頭對準菜單文字，螢幕上就會把掃描到的英文翻譯為中文；或是選擇照片文字，整篇翻譯。

b.麥克風icon：口述英語、翻譯為中文文字。可交互切換，也可選擇不同語言。

c.對話icon：可選擇互譯不同語言的語音內容。直接把口述華語發音轉換為英語發音，反之亦然。

▲Google翻譯畫面

DeepL Translate <small>Android / iOS</small>

 DeepL Translate的官方網頁號稱其翻譯比起Google翻譯更加準確且自然，瀏覽其評價也普遍正面。操作步驟同Google翻譯。不過目前尚未推出繁體中文介面，選英翻中時會直接顯示為簡體中文。

http www.deepl.com/translator

iOS載點

Android載點

飲食篇

指指點點英語

實用單字

reservation／訂位
cancel／取消
check bill／帳單
tip／小費
menu／菜單
appetizers／前菜
main course／主菜
scrambled eggs／炒蛋
fish & chips／炸魚和薯條
poached egg／水波蛋(直接打進熱水裡煮出來的蛋)
over egg／兩面全熟的荷包蛋
sunny-side up／太陽蛋(一面熟的荷包蛋)
salad／沙拉
dessert／甜點
pasta／義大利麵
sandwich／三明治
burger／漢堡

蔬菜類

vegetable／蔬菜
mushroom／蘑菇
potato／馬鈴薯
carrot／紅蘿蔔
tomato／番茄
corn／玉米
pepper／胡椒
pumpkin／南瓜
beetroot／甜菜

肉類

pork／豬肉
beef mince／牛絞肉
steak／牛排
lamb／羊肉
meat／肉類
chicken drum／雞腿
chicken breast／雞胸肉

海鮮類

shrimps／蝦
crabs／蟹
cod fish／鱈魚
mussel／貽貝
Whitebait／銀魚
oyster／生蠔
scampi／海蜇蝦
salmon／鮭魚

飲料類

wine list／酒單
soda／蘇打水
beer／啤酒
milk tea／奶茶
sugar／糖
latte／拿鐵(咖啡)

極短對話

Do you have anything for the vegetarian?／請問有素食餐點嗎？
Menu, please.／請給我菜單。
What do you recommend?／你推薦什麼菜色？
I low far away from my XXX(菜名)?／我點的XXX還要多久才來？
Could I have some hot water?／請給我熱水。
Excuse me, these XXX smell, could you make me another one? Please.／這個XXX發臭了，請幫我重出一份。
I didn't order this.／我沒有點這道菜。
You give me the wrong change.／你找錯錢了。
May I have the bill, please?／我要結帳了。
Could you arrange some fast food for us? We're in a rush.／我們趕時間，可以請你安排一些快餐嗎？(點餐前先告知服務生狀況)
How long will it take？we are in a hurry.／請問還要多久？我們很趕(時間)。

購物篇
Shopping

紐西蘭有什麼伴手禮？該去哪裡買呢？

紐西蘭的紀念品當中，遇到具有當地特色的手工製品，喜歡的話，建議當機立斷買下來；
至於大量製造的商品，如鑰匙圈、保養品……可以等搭機返國前到基督城、奧克蘭的免稅
商品店購買。2019年起紐西蘭禁用一次性塑膠袋，請記得自備購物袋。

(圖／許美妙)

如何挑選紀念品與伴手禮

紀念品挑選具備當地特色的才有意義，伴手禮選擇天然材質織品、保養品最划算！

購物原則

在紐西蘭購物通常是不二價，不過據說Boxing Day當天是可以講價的。如今線上購物已是常態，即便是Boxing Day，各商家也會提早在網路進行折扣預購，可以事先在網路做好功課！在華人開設的觀光區禮品商店購物，建議貨比三家，並且可以嘗試合理殺價，另外也要留意「類似或幾乎相同樣貌的商品，材質是否有差別」。同一種商品(特別是保養品、化妝品)，可能會因為地區、散裝套裝組合、淡旺季等因素而有不同的折扣或定價。

商品種類

羊駝、綿羊、乳牛、蜂蜜、純天然皮膚保養品、保健食品、葡萄酒等是紐西蘭的特色商品。其中觀光客最愛的瑪努卡蜂蜜(Manuka Honey)取自瑪努卡樹的花蜜，帶有藥物香味，呈暗褐色，是一種保健類蜂蜜。UMF和MGO代表兩個不同機構的抗菌強度認證標準，數值越高的，價格越貴。不同的品牌有不同的價格底線，要小心買到仿冒品，建議在信譽佳的超商或專賣店購買較為安心。

想保持蜂蜜抗菌成分的活性，可以直接服用或沾麵包吃，也可以用30度以下的冷水攪拌後飲用。

熱水和金屬湯匙會破壞蜂蜜的藥用活性，建議使用木杓挖取蜂蜜；冷藏也會破壞活性，開封後放在陰涼處保存就好。

i-SITE的紀念商品是賣給觀光客的，有些商品可能是地方限定版(如印

▲馬努卡蜂蜜套裝禮盒是觀光客喜愛的伴手禮之一

上當地地名的公版T恤、帽子、鑰匙圈……)。在i-SITE購買禮品，至少品質有保障，也是個簡單方便的購物地點。

行家密技　馬努卡蜂蜜分級方式比較表

抗菌強度	UMF	MGO	備註
低	UMF5+	MGO30+	1.理論上，瑪努卡蜂蜜是保健食品，而非藥物。
中低	UMF10+	MGO100+	2.數值小的瑪努卡蜂蜜與一般蜂蜜價格差距不大，味道比較甜。數值越高，價格越高，同時味道也是偏苦的草藥味。
中	UMF16+	MGO250+	
中高	UMF20+	MGO400+	
高	UMF25+	MGO550+	

血拼好去處

商店街禮品琳瑯滿目，但是當地藝術家的手作藝品、農產美食等更有意思！

羅托魯阿週四夜市

(北島) 每週四17:00開始營業，90%的攤位賣小吃、西點和蔬菜；有少數的工藝品、手作物攤位，還有自釀的葡萄酒供品嘗並銷售。

✉ Tutanekai St. Rotorua(between Haupapa and Hinemoa Streets) ☎ +64 7-348 4199 ◷ 17:00～21:00 (天氣不好可能提早結束) ➡ 從i-SITE出發經Haupapa街，步行約300公尺即可抵達 http goo.gl/QQGTTx

▲ 小吃、藝品、農產品……都是週末夜市的主角

貼心 小提醒

逛羅托魯阿夜市需注意

羅托魯阿的天氣變化大，夜間的氣溫會突然下降很快，建議攜帶禦寒外套。此外，夜市以現金交易為主，市場中心的Pukuata和Tutanekai街對面有兩台自動櫃員機，但是排隊的人可能非常多，建議攜帶足夠的現金。

威靈頓港灣市場

(北島) 威靈頓的港灣市場(Harbourside Market)位於Te Papa旁邊的Cable St. &Barnett St.街角，是威靈頓最古老和最受歡迎的市場。每週日清晨開始設攤銷售蔬菜、水果、草藥、鮮花、麵包和糖果，還有農漁牧類製品、自製甜酒、各國特色熱食點心、咖啡等等，保證可以滿足你的胃。

✉ Corner Barnett and Cable Streets, Te Aro, Wellington ◷ 週日07:30～14:00 ➡ 從i-SITE出發步行途經Wakefield St.約600公尺抵達 http www.harboursidemarket.co.nz

▲ 港灣市集有各國美食與生鮮食品，等你來品嘗

▶紐西蘭長鰭鰻魚木雕

購物中心&暢貨中心

北島 Sylvia Park Shopping Centre位於奧克蘭，號稱「全紐西蘭最大」的購物中心，與臺灣的大型購物商城類似。DRESS SMART Outlet Shopping則是奧克蘭人最常去的暢貨中心。從奧克蘭機場離境前，可提供觀光客買齊各項商品。建議搭乘大眾交通工具前往這些地點。

Sylvia Park Shopping Centre
✉ 286 Mt Wellington Highway Mt Wellington Auckland
📞 +64 9-570 3777 🕐 09:00～19:00，週四、五至21:00
🌐 www.kiwiproperty.com/sylvia-park/contact

DRESS SMART Outlet Shopping
✉ 151 Arthur St, Onehunga, Auckland
📞 +64 9-622 2400 🕐 10:00～17:00

❶❷購物人潮❸兒童文具用品——粉紅專櫃❹各具特色的精巧藝品

皇后鎮假日市集

南島 皇后鎮有兩處假日市集，Queenstown Market趕集市場位於Earnslaw Park(恩斯洛公園)湖畔，在皇后鎮的中心，從皇后鎮i-SITE出發步行約4分鐘即可抵達，可預留1小時觀賞採購。Remarkables Market趕集市場鄰近機場，規模較大，有工藝品，更有當地音樂、美食、農產品相佐，更顯熱鬧。

Queenstown Market
✉ Earnslaw Park, 68 Beach St, Queenstown
📞 +64 3-441 0499 🕐 週六09:00～16:00
🌐 www.queenstownmarket.com

Remarkables Market
✉ Remarkables Market, 48 Hawthorne Dr, Frankton, Queenstown 📞 +64 3-442 3084
🕐 10/21～4/14每週六09:00～14:00
🌐 www.remarkablespark.com

▲打磨過的鮑魚殼和飾品，是紐、澳獨有的工藝品

▲療癒系毛線編織機

購物篇

基督城木工藝術園區

南島 在基督城博物館的對面，小小的一區，攤位上擺設的全部都是木飾工藝品。來自紐西蘭各地的60位木飾藝術家在這裡展示、販售他們的作品，其中也不乏獨具創意的好作品。有些藝術家親筆簽名的作品，也會在各大景點或基督城的國際機場展示銷售。

✉ 31 Worcester Blvd, Christchurch Central, Christchurch ☎ +64 3-365 6082 🕐 10:00～16:00 ➡ 位於基督城i-SITE正門口馬路對面不到20公尺，走路約1分鐘

▲木工藝術園區的入口

▲匠心別具的木工藝術作品

傳統超商&連鎖超市

南島 位於基督城的三商行由華人開設，外表不起眼，內部貨架商品的陳設，就像個古舊泛黃的雜貨店，主要經營進口華人食品、健康食品、保養化妝用品及伴手禮品等，是許多華人回國前最後衝刺伴手禮的商家之一；若不習慣在陳舊雜貨店裡購物，也可繞道前往附近的Countdown超市，規模大且環境舒適，特價商品也很經濟實惠。

三商行
✉ 384 Riccarton Rd, Upper Riccarton, Christchurch ☎ +64 3-348 4068 🕐 09:30～19:00 ➡ 從i-SITE出發經Riccarton Rd約14分鐘抵達。可在基督城綜合醫院(Christchurch Hospital, Tuam)公車站，搭乘黃線(Yellow Line)在Church Corner下車，再往前步行約110公尺就可抵達 🌐 goo.gl/mⱵPqss

Countdown(連鎖超商)
✉ Waimairi Rd, Upper Riccarton, Christchurch ☎ +64 3-343 0912 🕐 07:00～22:00 ➡ 從三商行大門出來左轉到Waimairi Rd步行280約公尺即達 🌐 www.countdown.co.nz

指指點點英語 ABC

實用單字

on sale／打折促銷	credit card／信用卡	refund／退款
discount／折扣	cash／現金	guarantee／保證書
30% off／7折	debit card／金融簽帳卡	fitting room／試衣間
express checkout／快速結帳	defective／瑕疵品	buy two get one free／買二送一
order／訂購	in stock／庫存	exact change／恕不找零(有時會
hold／保留	return／退貨	出現在購買公車票的機器上)

極短對話

Could I have some cheese? ／我想買一些起司。
Give me a receipt, please. ／請給我收據，謝謝。
I need a bag, please. ／請給我一個袋子，謝謝。
I'm just browsing, thanks. ／我只是看看而已，謝謝。

How much is it? ／價格多少？
It's over my budget. ／超出我的預算了。
Can I try this one? ／可以試(穿)嗎？

玩樂篇
Sightseeing

紐西蘭幅員廣闊,如何安排行程能玩得最順暢?

散布在全紐各地的名勝景點及活動體驗甚多,一些名不見經傳的道路沿途景致也都宛如仙境,不遜色於一些著名的景點,讀者出發前可參考本篇,掌握這些景點,並納入行程中。以「純南島12天經典精華遊」及「純北島6天經典精華遊」兩大主要路線為南、北島玩樂重點,另外搭配其他支線或安排特殊活動體驗,讓一年四季遊紐西蘭都有不同樂趣!

(圖／Jeff)

紐西蘭12條旅遊路線圖

南島
South Island
南島及史督華島8條路線總圖

雷恩加角
Cape Reinga

九十哩海灘
Ninety Mile Beach

Kaitaia

Kerikeri

派希亞 Paihia

Kawakawa

路線10

Dargaville

Warkworth

科羅曼多
Coromandel

Hahei

Tairua

熱泉海灘
Hot Water Beach

謬雷瓦海灘
Muriwai Beach

奧克蘭
Auckland

Waihi

Katikati

Okauia

漢密爾頓 Hamilton

陶朗加 Tauranga

Cambridge

Matamata

Tirau

Otorohanga

羅托魯阿
Rotorua

Opotiki

懷托摩 Waitomo

路線11

Tongaporutu

陶波 Taupo

吉斯本
Gisborne

東佳里諾國家公園
Tongariro National Park

新普利茅斯
New Plymouth

Turangi

路線9

Stratford

Waiouru

內皮爾 Napier

Manaia

Ohakune

Hawera

路線12

Hastings

旺格努伊
Whanganui

北帕瑪斯頓
Palmerston North

Cape Farewell

Collingwood

Golden Bay

Tasman
Bay

Masterton

莫圖伊卡
Motueka

皮克頓
Picton

Karamea

尼爾森
Nelson

路線2

威靈頓
Wellington

西港
estport

布蘭尼姆
Blenheim

庫克海峽 Cook Strait

Murchison

St Arnaud

Inangahua
Junction

漢默溫泉
Hanmer

Reefton

北島
North Island
北島4條路線總圖

行程天數與路線建議

前往紐西蘭旅遊前，必須準備好詳盡的行前規畫！

6、12、18天

　　紐西蘭主要係以南島、北島與史督華三島組建而成，占地遼闊、人煙稀少、特色美景多，但城鎮、景點則極為分散；所以拜訪紐西蘭時，一般會需要較長的假期。此外，紐西蘭海關常視觀光客的行程表有無及內容是否合理，作為允許或拒絕入境的重要參考依據。是以對假期不長，又不清楚如何規畫合理可行的路線、選擇值得拜訪的城鎮及景點者，常有難以下手規畫行程之困擾，尤其對首遊紐西蘭者而言，更是難上加難。而本書即是本敲門磚，以路線編排為主軸，讓讀者規畫行程時極易上手，甚至就照本宣科，依樣畫葫蘆跟著書中行程走即可；假期天數稍短的旅客，仍可以本書「純南島12天經典精華遊」或「純北島6天經典精華遊」為本，來一趟6、12或6+12天的南、北島經典精華遊。

◀雲霄塔為南半球第一高塔(圖／老包)

18天以上

　　如果有超過18天乃至1個月，甚至更長的假期，或原已拜訪過紐西蘭的某些景點、城鎮，希望來趟另類旅行的嘗試者，同樣也可參考本書所列述的其他10種行程，逐一或選擇性的拜訪；當然，也可由前述南／北島為主軸的經典精華遊行程中，穿插或銜接其他行程，就可更深入拜訪紐西蘭的其他景點。此外，對於偏好紐西蘭特殊活動或走步道的觀光客，也可參考〈特殊活動體驗〉，挑選適合的活動參與。如此，即可一償宿願，遊遍仙境般的紐西蘭。

▲5小時來回的羅伯茨角觀景台，可眺望法蘭士約瑟夫冰河景致(圖／鄧錦城)

純南島12天 經典精華遊

由南島基督城出發繞南島中、南部地區主要城鎮及經典景區，最後仍於基督城結束，可遊遍南島各精華點，是首遊族的首選。

(圖／Irene曾)

Day 1 南島

自臺灣離境 → 飛往美麗的「長白雲故鄉」紐西蘭

▲南島西海岸地區因地型遼闊及海天一色的景致，總能拍出絢麗的夕照(圖／Jeff)

Pancake Rocks & Blowholes •

⑩格雷茅斯
Greymouth

• Arthur's Pass

Hokitika •

Castle Hill

Franz Josef Glacier

⑨福克斯冰河
Fox Glacier

庫克山 Mt. Cook ④

基督城 ②⑪
Christchurch

Ashburton

Haast • Lake Pukaki

蒂卡波 ③
Tekapo

Peter's Lookout

Fairlie Geraldine

Twizel

瓦那卡 ⑧
Wanaka Omarama

Milford Sound •

Elephant Rocks

Arrowtown

• Cromwell

皇后鎮 ⑦
Queenstown

奧瑪魯 ④
Oamaru

• Moeraki Boulders

⑥蒂阿瑙 •
Te Anau

但尼丁 ⑤⑤
Dunedin

Gore

	行程A
Ⓐ	行程A
Ⓑ	行程B
	鐵路
②④④	表該晚住宿點

▲摩拉基圓石據毛利傳說是先祖沉船時，船上的番薯變成不規則形狀的岩石，圓石則來自於倒置的食品籃子(圖／Jeff)

飛抵北島奧克蘭(Auckland)，轉機到南島基督城(Christchurch)

基督城是南島最大的城市，素有「英國以外最有英國風味的城鎮」的稱號。此外市區中有非常多的名勝古蹟，雖歷經2011年規模6.3強震的嚴重摧殘，部分景點遭永久性的損毀，但仍有很多景點已陸續開放中，觀光客仍可抱持著緬懷的心境一遊，該城與其南北各主要區域都並列為紐西蘭十二大必遊景點之一。

衔接提示：

可在本行程Day2前或Day11後，增加「南島法國風情小港村阿卡羅阿半~1天之旅」，並於該行程結束後直接由Burnham南下到蒂卡波衔接「純南島12天經典精華遊」Day3的行程，或南下走「南島基督城以南東海岸1天之旅」；另亦可北上走「南島基督城以北太平洋高山三角觀光公路2天之旅」。

目的地主要熱門景點活動

✿ 夢娜維爾花園(Mona Vale)：基督城花園的經典代表，占地5.5公頃，原古典豪宅雖遭地震損毀，但花園及愛芬河貫穿，情境依然迷人。 ☞ (必玩)

✿ 海格利公園(Hagley Park)：面積超過160公頃，是基督城市區中最大的一座公園。

✿ 基督城植物園(Christchurch Botanical Gardens)：占地約21公頃，園內的植物結合國外與本地品種。 ☞ (必玩)

✿ 葛瑞特小屋(Curator's House)：建於1920年，目前係「葛瑞特小屋餐廳」，供應西班牙及紐式風格的食物，其素食也頗獲好評。 ☞ (必玩)

✿ 皮考克噴泉(Peacock Fountain)：全世界最古老的鐵鑄噴泉，三層共38個噴口，顏色豔麗，頂層有鷺鷥造型的塑像。 ☞ (必玩)

✿ 愛芬河(Avon River)：14公里長貫穿市區，風景迷人，共有38座造型各異的橋跨越河面。 ☞ (必玩)

✿ 撐篙之旅(Punting)：小舟隨著船夫的輕推慢點，緩緩游走於愛芬河上，河畔的垂柳、戲水的野鴨、悠閒的鱒魚及古典風格的建築，一切景象如詩如畫。

✿ 追憶橋(Bridge of Remembrance)：紀念參加兩次世界大戰未歸的紐西蘭戰士所建的橋及碑。

✿ 凱特‧薛伯特雕像(Statue of Kate Sheppard)：首先提出婦女參政權之人，使紐西蘭成為世界上第一個女性有選舉權的國家。

✿ 維多利亞廣場(Victoria Square)：基督城最早的市集，後成為了基督城的商業中心，目前是一個花園廣場。

✿ 國際南極中心(International Antarctic Centre)：展示與南極有關的生態，尤以-60℃的「冰窟」強風及活潑的「藍企鵝」最吸引遊客。

✿ 坎特伯雷地震紀念區(Canterbury Earthquake Memorial Site)：此處放置了185張白色座椅，代表被地震奪走的185條生命，去拜訪新教堂時可順道憑弔。

✿ 坎特伯雷博物館(Canterbury Museum)：全紐最古老的博物館，館藏超過200萬項物件。 ☞ (必玩)

✿ 塔卡西古堡(Sign of Takahe)：世界獨一無二的城堡式的建築，目前已改為餐廳。

✿ 基督城空中纜車(Christchurch Gondola)：纜車全

長945公尺,由山頂可以俯視美麗的利特頓港、坎特伯雷平原,及南阿爾卑斯山。

✽石洞(Cave Rock):海邊半圓形岩礁,上置十字架型的桅杆,毛利人稱為「圖阿威啦(Tuawera)」,意義是「被火焚燒般的鯨魚」。

✽基督城美術館(Christchurch Art Gallery):鋼架及玻璃組建成的摩登且極為新潮的建築物,館前設置有一組被稱為「航海之因(Reason for Voyaging)」的藝術作品。

✽厚紙木板聖公會教堂(Cardboard Cathedral Church):等邊三角形的新教堂,由厚紙木板(Cardboard)及玻璃組建而成,取代被地震震垮的老聖公會教堂。

✽基督城賭場(Christchurch Casino):紐西蘭第一座賭場,更是震後市中心第一個復業的單位。

♥夜宿城鎮的主要採買

超級市場、購物中心、禮品店、加油站多家及餐廳。

行程規畫小提醒

■如果航班抵達基督城國際機場的時間是在上午,午前能辦完租車手續並正式上路,可考慮Day2由機場直接經Ashburton及Geraldine等地,當晚宿Tekapo(參考Day3);之後行程皆提前1日,多出的1日可宿Mt. Cook或Oamaru(參考Day4~5)。如果航班抵達時間雖在午前,但辦完租車手續到能正式上路的時間已是14:00了,即依原計畫宿基督城(參考Day2)。

■如計畫抵達當日直接南下到Tekapo,建議取車後由機場南下經過Hornby時順路於路邊的PAK'nSAVE採購(Main South Rd, The Hub, Hornby);該超市坐落在市區西邊SH1路旁,毋須繞道進市區。

奇異鳥標誌咖啡屋(Sign of the Kiwi)

穿越 Port Hill 的道路,坐落於半山的 1917 年代木石建築物,可鳥瞰基督城區景致,後改為頗具特色風味的咖啡屋。拜訪塔卡西古堡 (Sign of Takahe) 後不妨去此古董咖啡老屋喝杯咖啡吧!

新布萊頓圖書館(New Bridgton Library)

基督城東海岸一座造型非常特殊與新穎的公立圖書館,面對海灣,景致迷人,尤其是其左側一條長 300 公尺伸入海灣的新布萊頓碼頭棧道 (New Brighton Pier),更有畫龍點睛之效。

希臘捲餅(Dimitris Greek Food)

供應類似冰淇淋捲筒式的著名希臘捲餅店,原攤販因地震改遷址至 86 Riccarton Rd,值得一嘗。

❶觀光客喜歡在愛芬河享受一段劍橋式平底船的撐篙之旅(圖／老包)❷植物園中著名的英式小屋葛瑞特小屋及全世界最古老的鐵鑄噴泉皮考克噴泉(圖／老包)

❶基督城第一座市場的維多利亞廣場，豎立著維多利亞女皇的雕像(圖／老包)❷完全不對稱設計的塔卡西古堡，融合了14世紀哥德式英國莊園、巴洛克式的城塔及18世紀英國狄更斯式的館棧造型(圖／老包)❸愛芬河上共有38座風格各異的橋，其中以追憶橋最為出名(圖／老包)❹建於1882年的安帝瓜船屋(Antigua Boatsheds)，是愛芬河沿岸唯一遺留下的歷史船屋，也是撐篙之旅的出發點(圖／老包)❺愛芬河對基督城，猶如英國的康河對劍橋，都是當地地標(圖／Irene曾)❻基督城能榮獲世界花園城市第一名的頭銜，夢娜維爾花園絕對功不可沒(圖／老包)

玩樂篇

Day
3
南島

Christchurch ➡ Ashburton ➡ Geraldine ➡ Fairlie ➡ Tekapo

蒂卡波(Tekapo)坐落在麥肯西盆地西北側，四周環山包圍，東面是有名的「南阿爾卑斯山脈」，西面是雙拇指山脈(Two Thumbs Range)，中間有美麗的蒂卡波湖，湖畔的好牧羊人教堂及青銅狗雕像是最吸引觀光客的目標景點。此地除了風光明媚外，尤其在夏天魯冰花盛開之季，湖畔七彩的魯冰花與蒂卡波湖湖水的顏色，都濃郁得讓人愛戀不捨。

此外，當地的夜空更被譽為「全球最美的星空」，著名的觀星站「約翰山天文台(Mt. John Observatory)」也建在這裡，故蒂卡波及次日的庫克山區，並列為紐西蘭十二大必遊景點之一。

目的地主要熱門景點活動

✿ 蒂卡波湖(Lake Tekapo)：南島中央荒蕪高地中的綠湖，湖光山色，非筆墨所能形容。

✿ 好牧羊人教堂(Church of The Good Shepherd)：詹姆士·麥肯西(James Mackenzie)將偷來的羊飼養於此，造就了小鎮的崛起，鎮民為接觸上帝，而興建了這座古樸石造教堂。☞ 必玩

✿ 青銅狗雕像(Statue of Collie Dog)：紐西蘭歷史上唯一正式被判處死刑的狗。☞ 必玩

✿ 魯冰花(Lupin)：春末至夏初間盛開時山、水、花間相映成趣，絕倫景致，也只天上有。☞ 必玩

✿ 觀星之旅(Earth & Sky Tower)：星語呢喃的觀星小鎮，全球第一個「星空自然保護區」，可參團登約翰山或自行至教堂後的湖畔石灘地賞星光。☞ 必玩

✿ 蒂卡波溫泉(Tekapo Springs)：在約翰山腳下的高山溫泉及度假村，可以觀湖泡溫泉，還可參加夜間的觀星之旅。

▲好牧羊人教堂也是夜間免費觀星的好地點（圖／老包）
▶高地鮭魚養殖場利用天然湖水養殖淡水鮭魚（圖／Jeff）

①

②

③

④

①約翰山山頂可鳥瞰蒂卡波湖全景(圖／阿泰)②約翰山天文台擁有世界最南端的最大望遠鏡，更是紐西蘭最佳觀賞南半球夜空的所在(圖／阿泰)③蒂卡波湖附近高地草甸，秋天散發出誘人的金黃氣息(圖／Jeff)④蒂卡波湖畔夏天魯冰花，但因其大量生長破壞生態系統，已被列為鏟除的植物名單(圖／Jeff)⑤蒂卡波湖鎮上的空中遊覽公司(Air Safaris)辦公室，是當地搭小飛機遊覽庫克山冰河活動的承辦者(圖／Irene曾)⑥蒂卡波湖為紐西蘭的第八大湖泊，海拔710公尺(圖／老包)⑦蒂卡波湖旅遊中心(Tekapo Information Centre)是該鎮重要的旅遊資訊交流點(圖／Irene曾)

⑤

⑥

⑦

玩樂篇

�֍亞斯綽山頂咖啡屋(Astro Café)：約翰山山頂的咖啡屋，可俯瞰蒂卡波湖湖景，如喜愛走步道，可選擇去走Summit Circuit Track(30～45鐘往返)。☞

沿途主要景點

請參考本書「南島基督城以南東海岸1天之旅」Day 1。

♥夜宿城鎮的主要採買

中型的超級市場、禮品店、加油站及餐廳。

生魚片(Sashimi)

　　可到湖畔日式餐廳(Kohan Restaurant)吃日式生魚片便當，或赴Twizel鎮北道旁的高地鮭魚養殖場(High Country Salmon)逛逛，買些生魚片或生魚片丼飯等嘗嘗。

行程規畫小提醒

■Christchurch→Ashburton→Geraldine→Fairlie→Tekapo車程為3.5～4小時(其中自Fairlie到抵達Tekapo前約30分鐘車程段的道路彎曲狹窄、臨淵面崖、地勢落差起伏較大)。

■順遊景點：Ashburton的臺灣人經營的禮品店「Farmerscorner」、帕凱爾(Pakaia)的「鮭魚世界(Salmon World)」。

■如果飛機抵達及離境時間能配合，可考慮在Day2離開Christchurch到Tekapo，多出的1日可考慮在Ashburton→Geraldine→Fairlie間選擇適當的farmstay投宿，體驗紐西蘭農場生活經驗，但必須預先安排。

■開車登Mt. John山道需付道路通行費紐幣8元才能通過，不過登山口的柵門每天18:00關門(冬季17:00關門)。

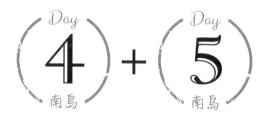

視個人喜好，可彈性調整Day4～5行程。A行程於Day4拜訪庫克山區、參加冰湖船之旅及走庫克山步道賞冰河，Day5前往但尼丁。B行程於Day4直接到奧瑪魯曹參與小藍企鵝歸巢之旅，Day5前往但尼丁，割捨庫克山的賞冰河行程，Day9才至福克斯冰河賞冰河。

⚐ 行程A

Day 4
Tekapo ➡ Lake Pukaki ➡ Peter's Lookout ➡ Mt. Cook

　　塔斯曼冰湖船之旅(Tasman Glacier Explorers)是遊覽紐西蘭冰河行程中最經典、最深入、最特殊、最值得的行程。於塔斯曼冰湖畔登上快艇，遊走冰湖中奇形怪狀的大小浮冰間，近距離一睹塔斯曼冰河主體的盧山真面目；回程時船老大常以高速蛇行返航，刺激性100%，讓人永生難忘。或也可選走7條步道中之1～2條，尤以塔斯曼冰湖步道(Tasman Glacier Lake Track)最為壯觀，幾乎含蓋了所有Mt. Cook區其他6條步道的總精華。

目的地主要熱門景點活動

❀ 塔斯曼冰河湖船之旅(Tasman Glacier Explorers)：是遊覽紐西蘭冰河行中最經典、最深入、最特殊、最值得的行程之一。 ☞ 必玩

❀ 庫克山谷中的6條步行小徑及塔斯曼冰河湖步道(Tasman Glacier Lake Track)：從最短的30分鐘到5～6小時來回的步道，其中3條步道尾端都能見到冰河景致。 ☞ 必玩

❀ 愛德蒙‧希拉蕊爵士高山中心紀念館(The Sir Edmund Hillary Alpine Centre)：全世界第一個登上「聖母峰」的白人，當初就在此區從事行前訓練。

❀ 庫克山魔幻3D電影(Mount Cook Magic in 3D)：介紹庫克山的3D電影。

❀ 星空凝視(Big Sky Stargazing)：與Mt. John的觀星之旅有異曲同工之妙。

沿途主要景點

❀ 普卡基湖(Lake Pukaki)：全紐最美湖水，濃郁的乳藍色湖水，讓人不禁有捧飲之衝動。 ☞ 必玩

❀ 普卡基湖旅遊資訊中心(Lake Pukaki Visitor Centre)：透窗而出的湖景，遠眺庫克山及塔斯曼山的壯麗。 ☞ 必玩

❀ 彼得觀景台(Peter's Lookout)：坐落於「普卡基湖」畔的小看台，可遠眺「庫克山」景。

♥ 夜宿城鎮的主要採買

　　除隱士旅館內的一家小型禮品店外，無其他採購點；當地設有加油槍兩座。但隱士旅館只供應漢堡用的絞肉，YHA也只有賣一些肉品，建議在進入Mt. Cook前就買好必要的食材，否則隱士旅館1樓餐廳收費較貴(2樓Café價格較能接受，可考慮在此享用簡餐或喝咖啡)。即使夏季時，Mt. Cook Village也只有少數旅館供應餐點，需特別注意。

行程規畫小提醒

　　Tekapo→Lake Pukaki→Peter's Lookout→Mt. Cook車程為1小時30分鐘～1小時50分鐘。

私房推薦

隱士旅館(The Hermitage Hotel)的咖啡廳
可賞 Mt. Cook 山景，很值得一去。 ☞ 必玩

亞歷山卓那湖 (Lake Alexandrina)
　　一座隱藏在山谷間的高山湖泊，參觀完Mt.John後如時間允許，車行下山於山腳處右轉Godley Peaks Rd.，單趟車程約16分鐘到達湖畔(路口設有柵門的目的是預防裡頭的動物外逃，故觀光客可以自己打開柵欄，車輛通過後必須順手關上柵門)。

無名小水壩(Unnamed Dam)
　　坐落在丘頂的無名小水壩，壩頂有個像吊水壩門的升降拱門，一邊是清澈的水庫，另一邊輸洪道則通往Lake Pukaki。沿SH8公路由Tekapo往Lake Pakaki行，途中右轉Hayman Rd，續行到Takapo Canal Rd右轉即達，單趟車程約35分鐘。如利用南下Lake Pukaki i-SITE當日，先小彎去拜訪此堤壩，之後直接由壩頂沿Lake Pukaki湖畔的Takapo Canal Rd到Lake Pukaki i-SITE，只增加約10分鐘左右的車程。

奧豪水力發電廠及水壩(Ohau A Hydro Station & Dam)
　　立足於壩頂俯瞰由山頂直鋪而下的數條巨大導水管(大到大型遊覽車可直接開進涵管中)，坐落山腳Lake Ruataniwha湖畔的電廠則是當地第二座興建的電廠。由Twizel鎮區南邊抵達Lake Ruataniwha湖畔時，右轉Max Smith Dr，續行即可抵達大壩頂，車程約增加10多分鐘。

玩樂篇

行程A

Day 5
Mt. Cook → Omarama → Oamaru → Moeraki Boulders → Dunedin

但尼丁(Dunedin)同羅馬被六座山丘環繞,故以「山丘上的愛丁堡」的古英文名命名,是南島的第二大城,擁有「蘇格蘭以外最蘇格蘭化城市」的美名。這裡曾是紐西蘭最大且最富裕的城市,更是當時人文匯聚的所在,有豐富的歷史建築及人文景觀;奧塔哥半島(Otago Peninsula)可觀賞野生動物生態活動及一座特殊古堡,相當受觀光客青睞。

目的地主要熱門景點活動

❀ 八角廣場(Octagon):當地市中心著名的地標,最熱鬧的商業中心,有許多古蹟。☞ 必玩

❀ 聖保羅大教堂(St. Paul's Cathedral):聖殿和聖壇曾經贏得紐西蘭設計大獎,其大門的石頭門柱,更是紐西蘭唯一的石造圓拱形屋頂。

❀ 老市政廳(Old Town Hall):18世紀的石造建築,係當時紐西蘭最大的建築物。

❀ 羅伯特·伯恩斯雕像(Robert Burns):蘇格蘭著名的詩人,他是奧塔哥的士紳,曾擔任興建城鎮的規畫重任。

❀ 但尼丁火車站(Dunedin Railway Station):外觀酷似薑餅造型的火車站,採用了彩繪玻璃及725,760塊花飾馬賽克地磚,每塊地磚上都書有當初捐贈者的大名。☞ 必玩

❀ 博文街(Baldwin Street):雖曾列金氏世界紀錄的世界最斜街道,街長350公尺、坡度達35%。但已被英國威爾斯哈里克城的一條小街道超越(37.5%),不過仍是南半球最斜街道。☞ 必玩

❀ 奧塔哥第一教堂(First Church of Otago):但尼丁第一座興建的教堂,卻是第三座完工的教堂。

❀ 蘭園(Lan Yuan):南半球的第一座蘇州庭院,幾乎所有的建材及建築工人都直接來自中國。

❀ 奧塔哥大學(Otago University):紐西蘭第一所大學,其牙醫系是全世界首例由醫學院獨立出來的專科學院。

❀ 皇家信天翁棲息地(Royal Albatross Colony):信天翁是世界最大的海鳥,終生80%時間生活在海上。

❀ 黃眼企鵝保護區(Yellow-Eyed Penguin Colony):眼框邊長有黃色羽毛而得名,是世界現有18種企鵝中數量最少的幾種企鵝之一。

❀ 拉納克古堡(Larnach Castle):號稱南半球唯一的古堡,也是紐西蘭唯一的真正古堡,卻被亂倫的陰影籠罩,影響了整個家族的興衰。☞ 必玩

❀ 奧維史東古宅(Olveston House):紐西蘭富商聘請英國設計師設計,共有35個房間,陳設華麗,但卻發生不諳紐西蘭的環境,造成外來和尚敲錯鐘的故事。

❀ 信號山(Signal Hill):山頂設有一座百年紀念展望台(Centennial Lookout),是鳥瞰整個但尼丁市區及碼頭的好地點。

❀ 奧喬巧克力工廠(OCHO Chocolate Factory):紐西蘭第一座,也是世界第三座吉百利巧克力遊樂園,以展示及教導巧克力製作為主。

▼拉納克古堡的海灣及花園景致都甚吸睛(圖/Jeff)

❀ 斯佩特啤酒釀製廠(Speight's Brewery)：生產的啤酒濃烈而醇厚，味道苦澀，餘韻無窮，號稱南島的驕傲。

❀ 但尼丁植物園(Dunedin Botanic Garden)：紐西蘭最古老的植物園，花木扶疏；南側Lovelock Ave.的布萊肯觀景台(Bracken's View)，可俯瞰市區景觀。

❀ 阿姆斯壯隱形砲(Armstrong Disappearing Gun)：1886年為懼怕俄國人攻打紐西蘭，特於泰阿羅阿角上安裝一台火砲，砲座可以降藏地底，故被取名「隱形砲」。

❀ 君王號野生動物巡航(Monarch Wildlife Cruise)：搭船於海面上觀「信天翁」翱翔英姿，並有機會觀賞各種海鳥、企鵝、海獅及海豹的生態。

❀ 奧塔哥週六農牧市場(Otago Farmers Market)：各式各樣與農牧有關的攤販，也有現做的食物出售。

▲遊客來到斯佩特啤酒廠可參加全程1.5小時的導覽活動（圖／Jeff）

❀ 熱木桶泡湯(Hot Tubs Omarama)：小潭畔的泡湯場，加拿大雪松木湯桶中泡湯，並賞潭光山景。

❀ 無動力滑翔機課程或活動(Gliding)：全紐氣流最穩定區域中的世界級滑翔機場。

❀ 懷塔基水壩(Waitaki Dam)：SH83公路旁的大水壩，南島第一套最大規模的水力發電系統，壩高48公尺，壩長542公尺。

❀ 懷塔基毛利石壁畫(Waitaki Maori Rock Drawings)：毛利族祖先石壁上所留下的畫作痕跡。

❀ 鄧楚倫象石群(Duntroon Elephant Rocks)：《納尼亞傳奇》中「亞斯藍營地」的取景點。 ☞必玩

沿途主要景點

蒂卡波→普卡基湖→特威澤爾(Twizel)

❀ 懷塔基水利發電系統(Waitaki Hydroelectricity Scheme)：在芒草乾旱之區，利用7座湖水的落差，以11條圳銜接了8座水力發電站，供應了全紐1/3的水力發電能量，是世界上利用湖水落差發電最有效率的地方。

❀ 高地鮭魚養殖場(High Country Salmon)：接近Twizel的另一座利用圳，畜養鮭魚的地方，可在此買生魚片品嘗。

奧馬拉馬(Omarama)→奧瑪魯(Oamaru)

❀ 奧馬拉馬粘土峭壁(Omarama Clay Cliffs)：光禿的山巒、深邃溝壑、尖塔山峰，層疊形成了類似「火焰山」之奇景。

❀ 仕女鳥丘鮭魚農莊、餐廳及酒莊(Ladybird Hill Salmon Farm)：餵食鮭魚、付費釣魚、代烹、品酒、喝咖啡及小型兒童遊樂場。

奧瑪魯→但尼丁

❀ 白石乳酪店(Whitestone Cheese Shop)：奧瑪魯鎮中專司供應乳酪的小店。

❀ 白石鎮古蹟建築物：包含了St Pauls Presbyterian Church、The Forrester Art Gallert等建築物。

行程規畫小提醒

■ 行經Mt. Cook→Lake Pukaki→Twizel→Omarama→Oamaru車程2小時40分鐘～3小時(前段道路平坦，後段為跨山道路，部分路段稍為彎曲、起伏)。

■ Oamaru→Moeraki Boulders車程為40分鐘，一般會在Moeraki Boulders停留賞景1小時，如能選擇中低潮位時間抵達，觀賞效果較佳(該段道路平坦)。

■ Moeraki Boulders→Dunedin車程為1小時10分鐘～1小時20分鐘(該段道路平坦)。

✽摩拉基圓石(Moeraki Boulders)：電影《納尼亞傳奇》中，「獅王亞斯藍軍」紮營地的取景點。☞必玩

✽洛基斯外賣店(Lockies Takeaways)：位在摩拉基圓石以北約7～8分鐘車程處一個叫Hampden的地方，以供應價格合理且味美的食物著稱，可考慮點著名的煎麵糊藍鱈魚、小銀魚餡餅(White Bait Fritter)或炸魚和薯條。

✽卡雷斯灣古蹟旅館及餐廳(Carey's Bay Historic Hotel)：位在但尼丁西北約20分鐘車程處，蘇格蘭風味的兩層石造建築，面對卡雷斯灣，景致迷人，海鮮食物是吸引老饕來光顧的主因，但一定要先訂位，否則向隅的機會甚高。

♥ **夜宿城鎮的主要採買**

大型超級市場、加油站、禮品店及餐廳；另當地也設有一座賭場。

🫘 豆知識

南極光(Aurora Australis)

一般而言，在紐西蘭要冬天才偶有機會看到「南極光」，且機率滿低的。據觀賞過南極光的觀光客表示，南極光範圍不大且以綠色為主，偶爾才有紅色，通常在秋或冬季的蒂卡波及庫克山區(機場附近)有機會拍到。

▲搭乘快艇登上塔斯曼冰河湖中碩大的浮冰，可登高而曉天下(圖／老包)

私房推薦

摩拉基圓石咖啡屋(Moeraki Boulders Café)
位於摩拉基圓石景區停車場邊上的咖啡廳，可觀賞180度海景。

卡蒂基角燈塔(Katiki Point Lighthouse)
位於摩拉基圓石東南約10分鐘車程的海邊，有機會見到滯留未下海的黃眼企鵝。

雪格角(Shag Point)
位於摩拉基圓石南方約15分鐘車程的海邊，有機會見到海豹(沿小道開到底停車，依seal viewing walk指示牌前進，即可抵達)。

※先去卡蒂基角燈塔，之後由SH1公路南下，再左彎支線去雪格角，車程約需增加10分鐘，全程純車程約需30分鐘。

▲普卡基湖湛藍的湖水、遠眺的庫克山景，美不勝收(圖／老包)

❶希利山中湖步道(Sealy Tarns Track)終點的米勒山屋(Mueller Hut)，可俯瞰谷下的米勒冰河及虎克山谷(圖／Jeff)❷觀光客可到奧維史東古宅體驗紐西蘭富商優渥的生活品味(圖／Jeff)❸庫克山區的直昇機冰河活動，多種行程可分看虎克冰河(Hooker Glacier)、米勒冰河(Mueller Glacier))或塔斯曼冰河(圖／老包)❹快艇高速飛馳於塔斯曼冰河湖上，是參加冰湖船之旅的收尾活動(圖／老包)❺聖保羅大教堂石頭門柱高達40公尺(圖／老包)❻博文街每年都有「走斜路鬥快比賽」及「滾彩球比賽」(圖／Jeff)❼塔斯曼冰湖中之浮冰，造型嶙峋，微透寶藍光芒(圖／老包)❽隱士旅館是Mt. Cook Village內最著名的旅館，除了擁有極美的庫克山景，也是夜間觀星的好所在(圖／老包)❾彼得看台前遠眺全紐第一高峰的庫克山(圖／老包)

行程B *Day 4*
Tekapo ➡ Lake Pukaki ➡ Twizel ➡ Omarama ➡ Oamaru

行程B *Day 5*
Oamaru ➡ Moeraki Boulders ➡ Dunedin

奧瑪魯(Oamaru)別稱「白石鎮」(Whitestone City)，鎮區中各式造型的白色石灰石古蹟建築物，氣勢不凡，值得一觀。詳細內容請參考Day5行程A及「南島基督城以南東海岸1天之旅」Day1。

目的地主要熱門景點活動

✿奧瑪魯藍企鵝棲息地(Oamaru Blue Penguin Colony)：係小藍企鵝的保護區，每天太陽下山後，可近距離觀賞約200隻上下的小藍企鵝歸巢奇景，亦可免費到附近的沙灘觀賞黃眼企鵝的生態。☞ **必玩**

沿途主要景點

請參考Day5行程A。

♥夜宿城鎮的主要採買

中型超級市場、加油站，另有禮品店及餐廳。

行程規畫小提醒

Tekapo→Lake Pukaki→Twizel→Omarama →Oamaru車程為2小時40分鐘～3小時(前段道路平坦，後段稍有起伏)。

❶奧馬拉馬的黏土峭壁，溝壑和一座座山巒，層層疊疊形成了猶如「火焰山」的地形(圖╱Jeff)❷參加君王號野生動物巡航活動，可觀賞皇家信天翁翱翔英姿，並有機會見到各種海鳥、企鵝、海獅及海豹的生態(圖╱Irene曾)❸懷塔基水利系統水壩下的巨型導水管 (圖╱阿泰)

Day **6** 南島

Dunedin → Gore → Te Anau

蒂阿瑙(Te Anau)是進出米佛峽灣必經之地，緊臨的蒂阿瑙湖，景致樸實，自然純美，像一顆未經雕琢的珍珠，而著名的蒂阿瑙螢火蟲洞及世界極為稀有的兩種鳥類「短翅水雞」及「卡卡波鸚鵡」，均在蒂阿瑙湖畔被發現。此外，擁有百島之湖的馬納普里湖，也因為湖畔的地下電廠而聞名於紐西蘭；附近的米佛峽灣及道佛峽灣(或稱神奇峽灣)更是世界著名的峽灣奇景。

銜接提示：

假期如能多出2日，可於本行程Day6前增加「南島最南端南方景觀公路2天之旅」，之後由因弗卡哥北上蒂阿瑙，回接本行程Day7的活動；如假期更長，更可考慮由布拉夫塔渡輪南下到史督華島一遊，詳見本書「野性之島史督華島2～3天之旅」。

目的地主要熱門景點活動

✽ 蒂阿瑙湖(Lake Te Anau)：是南島的第一大湖，湖光山色純美樸實，是電影《侏儸紀公園II》的取景點。☞ 必玩

✽ 蒂阿瑙螢火蟲洞(Te Anau Glowworm Caves)：搭乘地穴河流的小舟，逆流而上，瀑布激流水聲貫徹洞穴；黑暗中觀賞深色似蠶寶寶的螢火蟲，為捕捉飛蟲吐出釣絲，在自己身上所製造出的微光中，閃閃發光。☞ 必玩

✽ 峽灣國家公園旅遊資訊中心(Department of Conservation Visitor Centre)：展示卡卡波鸚鵡(Kakapo)的標本及DVD；牠是世界最重的鸚鵡，前胸有可以膨脹的氣囊，而所有種類的鸚鵡中，只有牠們採行一種叫「群體展示」的求偶方式。

✽ 蒂阿瑙野生鳥保護園(Wildlife Bird Reserve)：園中畜養稀有的「紐西蘭秧雞(Takahe)」，如母雞大小，不會飛行，毛呈靛藍到橄欖綠，腿和喙則為紅色。

✽ 馬納普里湖(Lake Manapouri)：紐西蘭最深的湖泊，水深達414公尺，毛利傳說湖水係由兩個姐妹流出的眼淚所注滿；湖中雖只有34個島嶼，但卻因島多，而博得「百島之湖」的別稱。

✽ 馬納普里地下發電廠(Manapouri Underground Power Station)：此電廠為紐西蘭唯一的一座地底電廠，利用湖及海水的落差發電。

✽ 道佛峽灣(Doubtful Sound)：又稱神奇峽灣，其長度比米佛峽灣長三倍，面積大十倍，如果假期足，可再增加1天前往一遊。

✽ 麥爾斯派餐廳(Miles Better Pie)：以販售各式派餅著稱，鹿肉派最吸引饕客。☞ 必吃

沿途主要景點

✽ 總統公路(President Rd.)：由但尼丁到蒂阿瑙之間有兩座純樸小鎮，相距40公里，一為柯林頓(Clinton)，另一為高爾(Gore)，適巧與美國前總統與副總統同名，因此兩鎮居民將連結兩座小鎮的一號公路戲稱為「總統公路」。

✽ 高爾(Gore)：被稱為「世界鱒魚之首都」，也是南島年度剪羊毛比賽「金剪刀大賽」的場地。此外，這裡也是鄉村民謠吉他比賽「金吉他比賽」

的舉辦地點，故鎮口設有「鱒魚雕塑」、「綿羊雕塑」及「吉他雕塑」各一座；另當地土黃色且外觀特殊的Catholic Church，突破傳統的教堂造型，當然也應去拜訪一下。

♥ 夜宿城鎮的主要採買

中型超級市場、加油站、禮品店多間及餐廳。

行程規畫小提醒

Dunedin→Gore→Te Anau車程為4～4.5小時(全程道路平坦易行)。

❶道佛峽灣的景色媲美米佛峽灣(圖／Jeff)❷蒂阿瑙鎮多次比賽得獎的Miles Better Pies店，隔鄰為華人常光顧的南方禮品中心(圖／Irene曾)❸極為稀少的「卡卡波鸚鵡」，羽毛呈綠、黃斑塊(圖／老包)❹道佛峽灣夜宿遊船是另一種夜遊峽灣的行程(圖／Irene曾)❺被稱為「世界鱒魚之都」的高爾，是著名釣鱒所在，鎮內設置的「鱒魚雕塑」(圖／Irene曾)❻蒂阿瑙螢火蟲洞的講解員正在介紹螢火蟲的生態(圖／Irene曾)❼蒂阿瑙湖景致迷人，湖水水質清澈，有「南阿爾卑斯山珍珠」之美譽(圖／老包)

Day 7 南島

Te Anau → Milford Sound → Te Anau → Queenstown

米佛峽灣(Milford Sound)是峽灣國家公園(Fiordland National Park)中的精髓景點，也是紐西蘭最美的峽灣。連接蒂阿瑙到米佛峽灣灣口的米佛公路，是出入米佛峽灣唯一的一條公路幹道，該公路享有「紐西蘭最美的道路」之稱號，沿途景致迷人；另一條靠步行進出峽灣國家公園的米佛大走步道，更讓這個國家公園博得「世界步行之都」的美名。

傍晚抵達紐西蘭第一大觀光城的皇后鎮，除了湖光山色，風景秀麗外，各式各樣的戶外刺激活動除了為她博得了「世界冒險之都」的美名，也助長了她的聲勢，吸引來自紐西蘭境內及全世界各地的觀光客。如果你來到紐西蘭，卻無緣一探皇后鎮的面紗，不啻如入寶山而空手歸！

今日行程中的米佛峽灣除了擁有「世界遺產區」之榮耀，也與皇后鎮並列全紐十二大必遊景點之一。

目的地主要熱門景點活動

米佛峽灣(Milford Sound) 必玩

❊教冠峰(Mitre Peak)：外型似主教的帽冠而得名，高度1,682公尺，是世界上由海底直接攀升起的最高山峰，也是米佛峽灣的地標。

❊象山(The Elephant)：高1,517公尺，因外型酷似象頭故得其名。

❊獅山(The Lion)：高1,302公尺，因外型酷似一隻趴伏在地的獅子而得名。

❊彭布羅克山(Mt. Pembroke)：高2,014公尺，孕育了「彭布羅克冰川」，該冰川係所有峽灣冰河的總發源地。

❊波文瀑布(Bowen Falls)：高度162公尺，是峽灣中最高的瀑布，其名稱來自紐西蘭早期總督「喬治‧波文(John Bowen)」的妻子。

❊史特林瀑布(Stirling Falls)：146公尺，是峽灣內第二高的瀑布；峽灣內遊船常會將船體盡量接近該瀑布，讓船頂乘客享受水花奔騰的刺激。

❊仙女瀑布(Fairy Falls)：該瀑布只在雨天或雨後出現，因身影多變，婀娜多姿，故名「仙女」。

❊沙蚊角(Sandfly Point)：是著名「米佛大走步道」的終點，步道每年11～4月開放，單趟耗時4天。

❊墓地角(Graveyard Point)：因長期經瀑布沖蝕，地面石塊呈現圓錐形，外觀似墳墓，加上早期真有三位捕海豹人葬於此，故後人以「墓地角」命名。

❊哈里森灣(Harrison Cove)：唯一的一處天然停泊點，峽灣水下觀景台即是設在本區海域，也是峽灣中最寬闊之處，國際大型郵輪造訪此峽灣時，均在此地調頭。

❊辛巴達懸谷(Sinbad Hanging Valley)：冰河尾端突然斷落形成一個懸於空中的斷崖，故稱「懸谷」。

❊銅點(Copper Point)：因岩石含銅並經過海水腐蝕而成褐色壁面故得名，此處是峽灣最窄處(300公尺)，海風灌入壓縮而形成風口，陣風每小時可超過180公里。

❊戴爾點(Dale Point)：坐落於米佛峽灣灣口右(北)側，灣口寬度548公尺，水深27公尺。

❊安妮塔灣(Anita Bay)：毛利人早期來到此地發掘綠石，此處設有一座高出海面29公尺的燈塔，其燈光可照射22公里之遠，方便航行船隻。

▲ 皇后鎮依山傍水，美不勝收(圖／老包)

皇后鎮(Queenstown)

❋ 瓦卡蒂普湖(Lake Wakatipo)：緊鄰皇后鎮區中心的美麗湖泊，是觀光客必訪取景之地。☞ 必玩

❋ 纜車(Skyline Gondola)：世界斜度最大的纜車，以37.1度的斜度，爬升450公尺，抵達海拔790公尺的鮑博斯峰頂(Bob's Peak)，皇后鎮盡在腳下。☞ 必玩

❋ 溜溜車(Luge)：利用山坡坡度，帶動衝力的一種無動力滾輪車，體驗強烈的奔馳感。☞ 必玩

❋ 恩斯洛號古董蒸汽船(TSS Twin-Screw Steamer Earnslaw)：世界最古老的蒸汽船，原木陳設的船艙，處處顯得高雅及華麗，可一覽湖岸景致；還有夜航、餐飲服務航班。

❋ 華特峰高地牧場(Walter Peak High Country Farm)：紅頂白牆殖民時代老屋，面湖背山，景致如詩如畫，可享用BBQ自助午餐、觀賞剪羊毛秀、餵食羊駝，並與各種動物近距離接觸。

❋ 皇后鎮公園(Queenstown Gardens)：園中巨型加州紅木林立，玫瑰花園、荷花池及小石橋景致本秀麗迷人，再搭配三面臨湖更加分。

❋ 奇異鳥類生態園(Kiwi Birdlife Park)：園區小溪中可見到彩虹鱒魚及毛利人野外生活設施，尤以奇異鳥夜行館及動物秀更是特色。

❋ 翁森溫泉池(Onsen Hot Pools)：一座白天可覽山、河景致，夜間可觀星空的室內溫泉池。

❋ 艾迪絲‧卡維爾橋(Edith Cavell Bridge)：一座近百年歷史的木橋，紀念英國護士艾迪絲犧牲生命，救人不分敵我的精神。

❋ 魔戒之旅(The Lord of the Rings' Tour)：皇后鎮充滿各式各樣的《魔戒》行程，以各種不同的交通工具，帶你親訪《魔戒》拍片的各取景點。其中格連諾基(Glenorchy)是皇后鎮周邊近年來較吸引《魔戒》迷的景點之一。

❋ -5℃酒吧(Minus 5 Ice Bar)：提供防寒夾克，體會在-5℃的寒凍中，飲酒作樂之苦。

❋ 各類冒險活動：高空彈跳、噴射快艇、滑翔翼、跳傘、滑雪、泛舟、騎馬及潛艇水下攻擊(Hydroattack)等。☞ 必玩

沿途主要景點

❋ 蒂阿瑙丘原(Te Anau Downs)：著名米佛大走步道(Milford Track)的起點。

❋ 埃格林頓峽谷(Eglinton Valley)：峽谷中高山草原常瀰漫山嵐，景致迷人。

❋ 鏡湖(Mirror Lakes)：小橋木道下的湖面，映出周遭的群山峰巒及山毛櫸的湖光倒影。

❋ 諾伯斯台地(Knobs Flat)：野生動植物展示及休息區。

❋ 波布看台(Pops View Point)：面對哈里佛山谷(Holyford Valley)，居高臨下賞深淵峽谷。

私房推薦

趕集

週末上午可去皇后鎮當地的趕集市場逛逛：Remarkables Market週六趕集市場09:00～16:30(5～10月10:00～15:30)，近機場，預留1小時拜訪時間；Earnslaw Park趕集市場每週六09:00～16:00，在碼頭邊，規模較小。

信箱街

阿特里路 (Atley Rd.) 旁設置了一整排的創意信箱，故有人稱此街為信箱街。該街位於皇后鎮北的 Arthurs Point 村區東北，穿過跨越 Shotover River 的 Edith Cavell Bridge 後約 2 分鐘車程，於右側彎入小徑旁即可見 (Atley Rd. 與 Anber Pl. 交會口附近)。

✿ 猴溪(Monkey Creek)：純淨度達99％山泉，那不潔的1％是什麼？為何觀光客都帶空瓶下車裝水？何不親臨現場一探究竟。

✿ 宏模隧道(Homer Tunnel)：鬼斧神工的隧道，是通往米佛峽灣必經之地，總長1,270公尺，但入出口的落差高達129公尺，花了19年才完成。

✿ 宏模鞍部(Homer Saddle)：谷中奇山峻嶺，遇雨即成千百條間歇瀑布而得千瀑之谷的別名。

✿ 克雷道河裂谷(The Chasm)：20分鐘來回的步道，河流切割岩石所形成的峽谷，觀賞兩座瀑布及滴水穿石的奇觀。

✿ 卡斯卡達小溪及崗恩湖(Cascade Creek & Lake Gunn)：米佛公路旁必經之點，春夏之際河谷中長滿迷人七彩的魯冰花。

♥ 夜宿城鎮的主要採買

大型購物中心、兩家中型超級市場、便利型超市、加油站、禮品店及餐廳；另還設有兩間賭場，是紐西蘭少數每晚商店都營業的城鎮之一。

行程規畫小提醒

■ 本日行程建議早上7點前出發，因Milford Road沿途一早的景致有朝露晨曦，更具朦朧之美，故推薦早點出遊，沿途適度賞景。參加早上11點出航的米佛峽灣Real Journeys峽灣巡航航班後(船上吃午餐)，13:20離開米佛峽灣經蒂阿瑙，約17:30～18:00可抵達皇后鎮。

■ Te Anau→Milford Sound車程至少要抓3小時以上，再多抓1小時也絕不為過(其中含適度的賞景時間；Milford Rd.中Te Anau Downs→Eglinton Valley、Knobs Flat→Pops View Point→Monkey Creek及Homer Tunnel前後各約30分鐘車程段的道路彎曲狹窄、臨淵面崖、地勢落差起伏較大)。

■ 冬季米佛公路及峽灣氣候變化頗大，出發前一晚務必追蹤次日氣候預報，如有大雪等突變天候，應即早安排替代方案；此外出發當日一早一定要向旅館探聽米佛公路的路況，如有積雪阻道，或可能有下大雪或風暴或大雨的預報(冬季的雨就很容易因寒凍而成為暴雪或雨雪)，就應研究替代方案，絕不可冒險硬闖！

■ 米佛公路因沿途風景迷人，常會吸引觀光客停留，如果在每個景點上多耗10～30分鐘，總停留時間就會超過1小時。夏季「宏模隧道」前實施交通管制，每20分鐘才開放一次(冬季雖無交通管制，但如遇冰霜或積雪會更難駕駛，而隧道口附近更常因冬季雪厚，車輛無法前進)。此外，也因峽灣航班希望遊客提前20～30分鐘辦理報到手續等種種因素，是以建議去程至少要抓3小時以上。

■ Milford Sound→Te Anau回程抓2～2.5小時即可。

■ Te Anau→Mossburn→Queenstown車程為2～2.5小時(抵達皇后鎮前30分鐘內的沿湖段道路彎曲狹窄、臨淵面崖)。

■ Queenstown→Glenorchy→Paradise車程為50分鐘～1小時(其中Glenorchy→Paradise部分路段為碎石子路面，應注意租車保險公司的規定)。

■ 冬季因日落得早，今晚應考慮仍宿Te Anau，次日一早再離開Te Anau前往Queenstown。

■ 皇后鎮中心區停車大都需付費且難尋。觀光客可在Henry St.免費停2小時；往Sky Line纜車站路上的Brecon St.亦可免費停4小時；湖畔的Lake Esplanade有少量免費停車格；Queenstown Garden內亦設有停車場，該園前的Park St.沿街也有免費停車場，但走到中心區較遠。

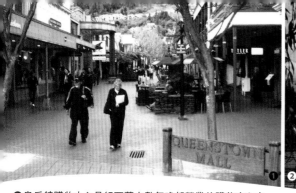

① 皇后鎮購物中心是紐西蘭少數每晚都營業的購物中心之一(圖／老包)② 全長80公里的瓦卡蒂普湖是紐西蘭最長的湖(圖／Jeff)③ 鳥瞰皇后鎮鎮區及瓦卡蒂普湖，傳說湖底巨人心跳帶動湖水規律的波動，故毛利人稱此湖是「魔長眠之地」(圖／Jeff)④ 需6～8小時才能完成的羅莽山步道，尤其從鞍部到山頂段更是陡峭(圖／Jeff)⑤ 猴溪的山泉因甘甜可口而盛名外傳，很多觀光客會裝瓶帶回去(圖／老包)⑥ 搭乘小飛機翱翔於米佛峽灣的空域，俯瞰峽灣及史特林瀑布全景(圖／Jeff)⑦ 紐

西蘭峽灣國家公園Hump Ridge山頂遠眺堤威威海灣(圖／Jeff)⑧ 宏模隧道西側的宏模鞍部，是落差極大的彎曲且窄狹的山道，駕駛時要非常小心(圖／Jeff)⑨ 克雷道河裂谷中的岩石為水擊穿成大小不同的深淵洞穴，形成特殊的滴水穿石景觀(圖／老包)⑩ 160公尺高的波文瀑布係米佛峽灣中最高的瀑布(圖／老包)⑪ 格連諾基附近青翠的森林是《魔戒》的拍攝地(圖／Jeff)⑫ 安特‧威廉‧律司雕像，他是最早抵達皇后鎮並把羊帶入此區的白人(圖／老包)

Day 8 南島

Queenstown → Arrowtown → Cromwell → Wanaka (午後從箭鎮出發)

　　箭鎮(Arrowtown)曾經因黃金遽然躍居成紐西蘭最大的城鎮之一,但旋即因黃金之淘盡而墜落,幾乎淪為鬼城,所幸仰賴觀光及美食讓這個沒落的黃金小鎮起死回生;鎮邊上的「中國城墟」更是紐西蘭境內少數闢專區完整保存中國先民村墟的地方;同時每當秋末琥珀色黃葉,妝點了大地,讓箭鎮成為紐西蘭最能呈現秋季紅葉之美的所在。此外,附近的高空彈跳、噴射快艇及《魔戒》之旅等活動,更是舉世聞名。

　　秀麗的瓦那卡(Wanaka)是一個四季皆宜賞景的迷人小鎮,也是進出西海岸地區及阿斯匹林山國家公園的必經之地,居民大多以銀髮族及藝術家為主,氣氛溫馨,悠閒又充滿活力,素有「小皇后鎮」之美名;除了風景秀麗,景致迷人外,因緊鄰著兩座湖及3,027公尺高的阿斯匹林山脈,在山與水間充斥了各式各樣的戶外活動,舉凡滑雪、舟船、垂釣、滑降、飛行、益智世界、品酒(葡萄酒及啤酒)、步道、狩獵(以網槍捕鹿),成為南島僅次於皇后鎮的度假休閒勝地。

　　此外,當地機場因協助《魔戒》拍片取景,成為全球第一個合法設有《魔戒》公仔販售的場所。

目的地主要熱門景點活動

箭鎮(Arrowtown) ☞ 必玩

❋白金罕街(Buckingham St.):刻意保留下來的古鎮風情(老街、老郵局、老監獄、老教堂、老銀行等),讓人可以發思古之幽情。

❋箭鎮歷史中國移居城墟(Historic Arrowtown Chinese Settlement):古早華人礦工小屋,體會先民篳路藍縷之開拓精神。

❋湖區百年紀念博物館(Lakes District Centennial Museum):擁有「紐西蘭最佳迷你博物館」的美名。

❋箭河(Arrow River):《魔戒》取景點,秋季河谷及沿岸的黃葉,更是攝影者的最愛。

瓦那卡(Wanaka)

❋瓦那卡湖(Lake Wanaka)及哈威亞湖(Lake Hawea):兩湖間僅隔著很窄的隘口,湖畔遍植白樺及紅樺木,風景優美,水質清澈,以「雙子湖」併稱。 ☞ 必玩

❋益智世界(Puzzling World):是一座老少咸宜以科學為主題樂園,設有一間怪異的洗手間,讓欲如廁的遊客驚嚇退出。

❋紐西蘭軍機博物館(NZ Fighter Pilots Museum):館中蒐藏各式第一及二次世界大戰軍機,也是每年舉行一次的「瓦那卡軍機飛行表演」會場。

❋瓦那卡滑雪場(Wanaka Ski Fields):三座滑雪場各有特色。

❋瓦那卡飛行訓練(Wanaka Flight Training):讓毫無駕機經驗的遊客,在初次飛行中就有親自駕機翱翔的體驗。 ☞ 必玩

❋跳傘(Skydiving):阿斯匹林山脈及雙湖景致,盡在腳下。 ☞ 必玩

❋天堂樂園電影主題餐廳(Cinema Paradiso):頗具特色的迷你電影院,1950年代的裝飾藝術風格,可邊用餐邊看電影。

❋卡德羅納旅館(Cardrona Hotel):旅館所附設的酒吧是全紐最古老的酒吧之一。

❋卡德羅納胸罩圍欄(Cardrona's Bra Fence):一片

掛滿胸罩的圍籬,已被防治乳癌協會利用巧思運作成推廣乳癌防治的招牌景點。

✾瓦那卡湖中孤樹(Lone Tree of Lake Wanaka):孤獨成長於瓦那卡湖中的一株無名小樹,是知名觀光地標之一,也是攝影愛好者的最佳取景點。

✾瓦那卡薰衣草園(Wanaka Lavender Farm):占地10畝的薰衣草農場,附設出售薰衣草相關伴手禮的商店及茶室。

沿途主要景點

✾卡瓦勞橋(Kawarau Bridge):世界首個商業高空彈跳活動創始點,體會最原汁原味的感覺。 ☜必玩

✾吉博司頓山谷酒莊(Gibbston Valley):環繞著葡萄園的白牆紅頂Villa式建築,庭中花木扶疏,更設有一座全紐最大的隧道型儲酒庫。 ☜必玩

✾克倫威爾水果之鄉(Cromwell):碩大水果造型的鎮標,不禁要問這個乾燥的小鎮,為何能以水果著稱?

✾克倫威爾古鎮區(Old Cromwell Town):在小鎮南側河岸,古蹟建築包含淘金時代留下來的維多利亞旅館(Victoria Arms Hotel)、倫敦馬廄(London House Stables),及巴利船長之屋(Captain Barry's Cottage)等。

✾瓊斯女士水果店(Mrs. Jolins Fruit Shop):販售新鮮蔬果、蜂蜜、果醬及各類果乾等產品,現製的水果冰淇淋,更是一絕;店旁由瓊斯女士親自照顧的花圃也相當吸晴。 ☜必玩

✾鄧斯坦湖(Lake Dunstan):清澈的人工湖,倒映遠山白雲,湖中可從事多種水上活動,也是當地果園主要灌溉的水源區。

✾丹姆精品水果及自摘櫻桃果園(Dam Good Fruit PYO Cherries):每年11~2月是採櫻桃的旺季,該園免收入場費並可現採現吃,但帶出就需稱斤購買,園中共有十多種不同品項的櫻桃,依季節開放自採。

▲克倫威爾鎮西側,丹姆精品水果及可自摘櫻桃的果園(圖/Jeff)

♥夜宿城鎮的主要採買

中型超級市場、購物中心、禮品店、加油站及餐廳。

行程規畫小提醒

■Arrowtown坐落在Queenstown→Cromwell的支線上;Queenstown→Arrowtown車程為20分鐘;Arrowtown→Cromwell車程為45分鐘~1小時(其中離開Arrowtown約5分鐘後至Cromwell段道路彎曲狹窄、臨淵面崖、起伏多變)。

■Arrowtown→Cromwell沿途會經過高空彈跳發源地卡瓦勞橋、吉博司頓山谷酒莊、金礦中心、瓊斯女士水果店、黑斯湖、鄧斯坦湖及水果之鄉,建議多預留1.5~2.5小時的停留賞景時間。

■Cromwell→Wanaka車程為45分鐘~1小時。

■建議避免走Crown Range Rd.(即Highest Seal Road),因該道路極其彎曲(甚至有數個超過180度的髮夾彎,除彎度甚大,路邊無防撞柱,更危險的是道路都是臨深谷的大彎角),全線起伏崎嶇、道路狹窄、接山壁、鄰深淵,極其危險。何況該道路所能減省的車程也不過區區20分鐘,故建議仍走一般常走的Luggate-Cromwell Rd.及Gibbston Hwy.(即SH6)。

《只有芸知道》拍片取景點

馮小剛的作品《只有芸知道》於2019年6月，曾在Cromwell往Dunedin支線上的克萊德(Clyde)小鎮取景，喜愛馮小剛作品的影迷，不妨由Cromwell小彎至此鎮一遊。

Clyde位於Cromwell及Alexandra之間，由Cromwell西南開車約17分鐘。19世紀末曾吸引大量淘金者，迄今仍保留許多跨世紀的古老建築。鎮上保留了石塊建成的村舍、石屋旅店、郵局和市政建築，另有3座博物館，展示昔日風華。

此外，也推薦克萊德水壩電廠(Clyde Dam Power Station)及大壩景致，及同樣以水果著稱的老金礦城亞歷山卓(Alexandra)，除有古老純木製的沙基橋(Shaky Bridge)可俯視清澈溪流和壯麗峽谷，最特殊的是一座直徑11公尺的巨大白色亞歷山卓時鐘(Alexandra Mountain Clock)，自1968年起就被設置在鎮邊的山頭上，盡責報時，是該鎮的地標。

 豆知識

Zespri！紐西蘭奇異果品牌

1997年「紐西蘭奇異果營運行銷局(NZ-KMB)」決定用「Zespri」這個品牌來代表紐西蘭所產的奇異果，很多人以為這個字是由好幾個字的字首組合拼成，但實際上卻是電腦創造出的全新單字。依據當時世界各地消費者對紐西蘭奇異果的看法，計有「活力」、「富生命氣息」、「精力充沛」、「健康營養」、「歡騰」、「高昂」、「能量」、「外表醜陋但內容味美」、「美女與野獸的組合」等形象，不勝枚舉，甚至有日本人表示「似沖涼後的神清氣爽」！因這些看法彼此關聯性差異太大，結果只好送進電腦，創出了這個嶄新的字詞。

紐西蘭奇異果樹採一夫多妻(7母1公)的原則種植，其中公奇異果樹是不會結實的。

▲ 紐西蘭綠奇異果及其「Zespri」商標(圖／老包)

❶高空彈跳發源地卡瓦勞橋(圖／Irene曾)❷吉博司頓山谷酒莊有座全年維持13℃的隧道型酒窖(圖／老包)❸瓊斯女士水果店最特殊的商品就是如頭顱般大小的大錐松，現做的水果冰淇淋也是一絕(圖／老包)❹從羅伊山頂步道的觀景台，俯瞰整座瓦那卡湖，有氣勢磅礡之感(圖／Jeff)❺紅色的雙層觀光巴士專跑皇后鎮、箭鎮及克倫威爾等地，未自駕的旅客可利用此類巴士遊覽景點(圖／Irene曾)❻金礦中心是一座能淘金及搭噴射快艇的花園咖啡屋(圖／老包)❼卡德羅納旅館是紐西蘭最古老的旅館之一，旅館部分雖經翻新，但卻特意留下古老的木造酒吧(圖／Jeff)❽箭鎮附近的黑斯湖在SH6公路旁，就是名著《我買了一座教堂》(This Blessed House)的真實發生地點(圖／Jeff)❾瓦那卡附近的羅伯羅伊冰河，其河道在海拔1,500公尺處因斷崖而乍然終止，巨大的冰河主體被迫墜向深谷，是座非常特殊的冰河(圖／Jeff)

Day 9 南島

Wanaka → Makarora → Haast → Fox Glacier

　　福克斯冰河鎮(Fox Glacier Town)坐落在紐西蘭第三大冰河福克斯冰河下遊，冰河源頭係由南阿爾卑斯山脈中的四座小冰河，持續供給冰雪，支撐了這座長13公里、300公尺深、高低落差達2,600公尺的冰河成長茁壯；此外，該冰河更讓世人注目的就是其位於海拔300公尺高的終點處高溫、多雨，但冰河主體百年來卻都能屹立不搖，唯有親臨此地才有機會探究原因。福克斯冰河是世界上最容易進入冰河谷地的一座冰河；附近馬松森湖的環湖步道及其湖光倒影也吸引觀光客駐足停留。

　　福克斯冰河及法蘭士約瑟夫冰河這兩座非極區內的世界最低海拔冰河，並列紐西蘭十二大必遊景點之一。

目的地主要熱門景點活動

❋福克斯冰河(Fox Glacier)：可參加當地導覽團的各式活動，或自行免費徒步前往。☞**必玩**

❋米尼哈哈步道(Minnehaha Walk)：雨林步道，夜間觀賞螢火蟲。

▲福克斯冰河是紐西蘭最易步行前往的冰河，更是世界少數能延伸至低海拔的冰河(圖／老包)

❋馬松森湖(Lake Matheson)：環湖步道，觀賞庫克山及塔斯曼山的湖光倒影。☞**必玩**

❋福克斯冰河跳傘活動(Skydive the Fox Glacier)：享受跳躍的刺激，並欣賞庫克山、福克斯冰河及塔斯曼海的美景。☞**必玩**

❋福克斯冰河觀峰平台(Peak View Lookout Fox Glacier)：有一座標示庫克山、塔斯曼山的儀器。

沿途主要景點

瓦那卡→馬卡羅拉(Makarora)

❋鄉村咖啡屋(Country Café)：原木厚實家具、花園、店前馬路及牧場，充滿寧靜、祥和氛圍。

馬卡羅拉→哈斯特

❋藍湖步道(Blue Pools Track)及藍湖(Blue Pools)：碧藍的湖水與周遭景致互相輝映，30分鐘輕鬆步道行。

❋扇尾瀑布(Fantail Falls)：10分鐘的雨林步道，15公尺高的瀑布，因外型似展開的折扇而得名。

❋哈斯特隘口(Haast Pass)：進出西海岸最低的一個隘口(562公尺)，設有石碑以茲紀念。

❋雷鳴溪瀑布(Thunder Creek Falls)：2分鐘的步行，穿越雨林，高28公尺的瀑布奔騰而下，以其聲似雷鳴而得名。

哈斯特(Haast)

❋哈斯特遊客中心(Haast Visitor Centre)：介紹西海岸的風光及冰河知識，尤以罕見的「峽灣冠羽企鵝(Fiordland Crested Penguin)」更值得關注。

玩樂篇

❊ 小銀魚(Whitebait)：哈斯特河口的一種季節性小銀魚，與蛋糕煎食，味道絕倫。

❊ 峽灣冠羽企鵝保護區(Fiordland Crested Penguin Colonies)：罕見稀有品種，生活在海岸邊的沙灘樹叢中，限由專業導遊帶領。

❊ 硬鹿茸餐廳(Hard Antler Bar & Coffee)：餐廳內部梁柱上掛著約60副鹿角故名，是當地休閒喝咖啡或用餐的首選。

哈斯特→福克斯冰河

❊ 摩拉基湖(Lake Moeraki)：濃密的雨林是泛舟及夜間賞螢的好去處。

❊ 孟羅海灘(Monro Beach)：附近海面怪石林立，有機會見到海豹和企鵝。

❊ 武士岬角觀景台(Knight Point Lookout)：鳥瞰180度海天一色及奇岩怪石的景致。

❊ 西南岸鮭魚農場咖啡館(South Westland Salmon Farm Cafe)：懸空架設的咖啡館，設有四座大圓型的人工鮭魚池，周遭被美麗的溫帶雨林包圍。

♥ 夜宿城鎮的主要採買

便利商店、加油站及餐廳。

行程規畫小提醒

Wanaka→Makarora→Haast→Fox Glacier車程為3小時40分鐘～4小時(Wanaka→Makarora段，即剛開始約1小時的沿湖公路段道路彎曲狹窄、臨淵面崖；Haast Pass到距Haast前約30分鐘段道路，彎曲狹窄、臨淵面崖、起伏多變)。

❶哈威亞湖與瓦那卡湖中間僅隔座小丘，故併稱為「雙子湖」(圖／Jeff)❷20～30分鐘的短步道穿越吊橋，即可抵達清晰見底的藍湖(圖／Jeff)❸西南岸鮭魚農場咖啡館後的四座圓形人工鮭魚養殖池(圖／Irene曾)❹武士岬角觀景台是座可鳥瞰180度海天一色及奇岩怪石景致的休憩所在(圖／老包)

Day 10 南島

Fox Glacier → Franz Josef Glacier → Hari Hari → Hokitika → Greymouth

淘金小鎮格雷茅斯(Greymouth)因位於格雷河(Grey River)出海口,因此得名。天氣晴朗時於鎮的南邊,可以很清楚地見到庫克山,該鎮是西海岸地區最大的城鎮,其人口幾占整個西海岸總人口的40%;西海岸地區蘊藏的大量煤、木材等資源,均透過此鎮的鐵路系統東送至基督城,也是著名的南島高山觀光鐵路的終點站。

此外,當地的黑水漂活動,與北島的懷托摩螢火蟲洞附近的黑水漂活動齊名。該城北方的千餅岩及吹氣孔更是觀光客喜愛拜訪的景點。

目的地主要熱門景點活動

❋格雷茅斯鐘樓(Greymouth Clocktower):坐落鎮區最熱鬧點,也是當地地標。

❋南防波堤(Southern Breakwater):格雷茅斯河口防波堤上的紀念石碑,外觀似台灣造型,附近設有信號燈桿及紅色風向球,格雷茅斯必訪景點。

❋漁夫雕像(Fisherman Statue):河口附近,兩個人高的漁夫雕像,帽子、圍巾及厚大衣栩栩如生。

❋海豚雕像(Dolphin Statue):河口附近,兩個人高的海豚雕像。

❋疏浚挖掘斗(Dredge Buckets):河口附近,疏浚河道之挖掘斗。

❋液壓絞盤(Hydraulic Capstan):當初固定船舶靠岸絞船索的「液壓絞盤」。

❋自選交通工具(On Yer Bike)參加狂野西部冒險(Wild West Adventures):在導遊帶領下,自己駕馭或搭乘有司機的雪地車,奔馳於廣達300英畝的西海岸雨林和農場。

銜接提示:

如假期足夠,可於本行程Day10後,由格雷茅斯北上走「南島西北端四大國家公園4~5天之旅」,再銜接「南島東北端2天之旅」,由庇克頓搭渡輪北上去威靈頓或經SH7或SH73公路繞回南島東岸。

❋巴里鎮小刀製作廠(Barrytown Knifemaking):親手體驗製作小刀的活動。

❋蒙特斯啤酒之旅(The Monteith's Brewery Tour):鳳凰啤酒(Phoenix Brewery)是西海岸最受歡迎的啤酒。

❋龍洞黑水漂之旅(Dragons Blackwater Cave Rafting Tour),含洞穴漂浮(Cave Rafting)及螢火蟲(Glow Worms):地下河流中漂浮活動,賞洞頂螢光。

❋千餅岩及吹氣孔(Pancake Rocks & Blowholes):礁岩堆疊成千層餅般而得名,海浪沖擊因海蝕而成的礁岩吹氣孔,造成驚濤拍岸的奇景。☞必玩

沿途主要景點

法蘭士約瑟夫冰河(Franz Josef Glacier)

❋法蘭士約瑟夫冰河導覽(Franz Josef Glacier Guides):包含了Ice Explorer、Glacier Heli Hike及Heli Ice Climb等活動。

❋流動的西部電影院(The Flowing West Movie Theatre):巨型螢幕介紹冰河、雨林及南阿爾卑

斯山脈等處的風光。

❋ 法蘭士跳傘(Skydive Franz)：南半球最高跳點18,000英尺的跳傘活動體驗。 ☞ 必玩

❋ 西海岸野生動物中心(The West Coast Wildlife Centre)：孵化和圈養奇異鳥的所在，並可觀賞西海岸地區自然景觀的影片。

❋ 懷霍溫泉池(Waiho Hot Tubs)：室外溫泉池，還可欣賞美麗的溫帶雨林景觀。

❋ 西地泰普蒂尼國家公園旅客資訊中心(Westland Tai Poutini National Park Visitor Centre and i-SITE)：提供旅遊資訊及服務，也有小型博物館。

❋ 彼得湖步道(Peters Pool Walk)：1小時來回的雨林步道，抵達美麗的「冰磧湖」。

❋ 梯台步道(Terrace Walk)：20～40分鐘來回的雨林步道，夜間賞螢。

法蘭士約瑟夫冰河→霍基蒂卡→格雷茅斯

❋ 霍基蒂卡野味節(Hokitika Wildfoods Festival)：每年2～3月間舉行的野生動植物食品嘉年華會，嘗試山珍海味，品評葡萄酒或啤酒。 ☞ 必玩

❋ 霍基蒂卡鐘樓(The Hokitika Clock Tower)：為紀念南非波爾戰爭(Boer War)而設立，係鎮區地標。

❋ 國家奇異鳥中心(The National Kiwi Centre)：設有奇異鳥夜行館，還可見到囓齒蜥(Tuatara)、銀魚(whitebait)等西海岸的動物。

❋ 霍基蒂卡織襪機博物館(The Hokitika Sock Machine Museum)：展示各式編織襪。

❋ 仙蒂鎮(Shantytown)：仿金礦古城，有各式古董建物、擺設、中國城，還可搭乘復古蒸汽火車，探索淘金之路，嘗試淘金活動，帶回金沙作紀念。 ☞ 必玩

❋ 玉石及吹玻璃工廠：霍基蒂卡是以生產綠玉(Greenstone)及水晶玻璃聞名的藝術小鎮，可免費參觀鎮中幾間玉石製作或吹玻璃工廠。 ☞ 必玩

行程規畫小提醒

■ Fox Glacier→Franz Josef Glacier車程為40分鐘(道路彎曲狹窄、臨淵面崖、起伏多變)。

■ Franz Josef Glacier→Hari Hari→Hokitika車程為2～2.5小時(道路微有起伏)。

■ Hokitika→Greymouth車程為30～40分鐘(道路平坦)。

私房推薦

座椅設計競賽(Take a Seat)

極為特殊的競賽活動，參賽者需設計出一座「可以坐的雕塑品」，目前為止至少有四件得獎的藝術品展示在小鎮附近的海濱和河堤上，不妨找尋一下這些特殊創意的得獎作品。

日落角(Sunset Point)

霍基蒂卡鎮西南霍基蒂卡河河口北側，Gibsin Quay底小圓環道路的海邊，是一處可觀看夕陽西下的好所在，記得攜帶手電筒方便回程時找到停車場。

沉船紀念碑(Shipwreck Memorial)

日落角附近，為弔唁從1950年代霍基蒂卡開港至1982年間失事的42艘船隻，仿照1866年在此失事的Tambo號沉船，所建的一座船型紀念碑；可登上這座船型紀念碑眺望，甲板上還設有桌椅供野餐使用。

河口信號站(Rivermouth Signal Station)

日落角附近，位於霍基蒂卡河河口一座老舊失效的船隻導引信號站，當時站上的工作人員，懸掛不同的球體及彩旗指示往來的船隻，站立其上可眺望霍基蒂卡。

海關古蹟老屋(Custom House)

1897年木製白牆綠頂的海關辦公室，小巧可愛，坐落在霍基蒂卡河河口附近，辦理19世紀末當地黃金和木材極盛時期的出口作業。

✿霍基蒂卡螢火蟲森林谷地(The Hokitika Glowworm Del)：4分鐘來回的雨林步道，夜間賞螢。

✿羅斯金礦資訊及文化遺產區(Ross Goldfields Information & Heritage Area)：1909年發現了一塊紐西蘭歷史上最大的金塊，而名垂不朽。

✿西海岸樹頂步道(Westcoast Treetop Walk)：全長450公尺、高20公尺，建在溫帶雨林樹冠頂上的特殊步道，有一座高達47公尺的霍基蒂卡塔(Hokitika Tower)的梯塔。

✿霍基蒂卡峽谷步道(Hokitika Gorge Track)：當地最著名的步道，由建於1933年的下吊橋(lower bridge)上，可俯瞰清澈的溪水(但自2023年10月起，該橋因安全問題而遭封閉，待修復後即可開放，不過觀光客仍可改走峽谷上游的第二座懸索橋，繞行保護區一圈回到出發點)。

✿荒野之翼空中景觀之旅(Scenic Air Tour with Wilderness Wings)：從空中俯瞰著名的法蘭士約瑟夫冰河、福克斯冰河及紐西蘭最高的山峰庫克山。

♥夜宿城鎮的主要採買

中型超級市場、便利型超市、加油站、禮品店及餐廳。

❶西海岸Hari Hari小鎮附近的發塔魯阿河河口景色(圖／Jeff)❷霍基蒂卡鐘樓裝飾藝術的幾何圖飾，鐘樓頂上有一個和平鐘，為紀念南非戰爭而設(圖／Irene曾)❸千餅岩及吹氣孔是一處被海水侵蝕的石灰石礁岩區(圖／Irene曾)❹12公里長的法蘭士約瑟夫冰河，屬於世界文化遺產公園的一部分(圖／Jeff)❺1860年英國以300英鎊向毛利人購買了整個西海岸地區的土地，並於2010年設置了此座購西海岸150周年慶紀念碑(圖／Irene曾)

Day 11 南島

回到基督城,有兩種交通方式:
(A)自駕:Greymouth ➡ Kumara ➡ Otira ➡ Arthur's Pass ➡ Castle Hill ➡ Springfield ➡ Christchurch
(B)搭乘南島高山鐵路(The TranzAlpine Train):須事先安排在格雷茅斯還車,並預訂每日僅1班的火車票。
路線:Greymouth ➡ Otira ➡ Arthur's Pass ➡ Springfield ➡ Christchurch Railway Station

南島高山鐵路係紐西蘭最負盛名的觀光火車,也是世界六大觀光景觀鐵路系統之一,享有「皇冠上之寶石」的美名,全長約270公里,途經12個大小不同之車站,5座高架橋,並經亞瑟隘口國家公園及橫跨南阿爾卑斯山,一路行來狹橋、深谷、隧道、參天古木,目不暇給,心曠神宜。

目的地主要熱門景點活動

同本行程Day 2(基督城)。

沿途主要景點

自駕

❉奧蒂拉高架橋(Otira Viaduct):跨越440公尺地質不穩定的奧蒂拉河峽谷,係紐西蘭工程界引以為傲的設計。

❉亞瑟隘口(Arthur's Pass):進出西海岸地區中最高隘口(海拔924公尺),設有一個石碑路標。

❉亞瑟隘口火車站(Arthur's Pass Station):海拔737公尺的火車站,三角造型的候車室,當地人視該村美麗脫俗,自命為「紐西蘭的瑞士村」。

❉亞瑟隘口國家公園旅客中心(Arthur's Pass National Park Visitor Centre):小村中的資訊中心,設有展示廳,並提供過往遊客旅遊及休閒所需。

❉魔鬼湯碗瀑布(Devil's Punchbowl Waterfall):來回需1小時多的陡峭上坡步道,可見到131公尺高的瀑布;可從SH73公路亞瑟隘口村北邊的Punchbowl Rd.盡頭停車場出發。

❉洞穴溪自然保護區(Cave Stream Scenic Reserve):小溪邊594公尺長、3公尺高的天然隧道,坐落在城堡丘以北約2分鐘車程公路左側的岔路上;走1個多小時的步道即可抵達,不過洞穴中常因雨積水(冬季雨水尤多),深度可高達成人腰部,水溫接近零度,無法通行,加上部分坡道甚峭斜,必須依賴鐵索攀登,前往前應先掌握天候。

❉城堡丘(Castle Hill):電影《納尼亞傳奇》的取景點,由超過2,000多塊高度1～50公尺的各式各樣巨大石灰石塊所組成,又被稱為「怪石保護區」。

❉春田鎮(Springfield):坎特伯雷省最西側小鎮,由山區進入平原,係地型、地貌分切點。

搭乘南島高山鐵路

❉布倫那湖(Lake Brunner):湖光山色吸引遊人來此度假,繁榮了這座湖村。

❉奧蒂拉隧道、亞瑟隘口火車站:同前說明。

❉撒拉湖(Lake Sarah):鐵路全程唯一的人工小湖,冬季湖面結冰,牧區兒童將椅子置於冰上,推動滑行,也是一種不錯的克難溜冰方式。

❉懷馬卡里里河(Waimakariri River):南島最長的河(151公里);沿鐵路線均可見到此河秀逸的景致,毛利人稱此河為「冰水」。

✿五座鐵路高架橋：Kowai River Viaduct、Pattersons Creek Viaduct、Staircase Gully Viaduct、Broken River Viaduct、Slovens Creek Viaduct。

✿春田鎮(Springfield)：火車也會於此站小停。

❶南島高山鐵路(圖／老包)❷由奧蒂拉高架橋觀景台俯瞰壯觀的橋梁及河谷(圖／Jeff)❸位於亞瑟隘口小村的商店(圖／Jeff)

行程規畫小提醒

■搭乘火車的旅客，因有行李需寄存(所有大件行李都需在取得車票後，另憑車票去行李專車寄存行李)，故建議最好能提前1小時抵達車站，辦妥手續。火車車程約4小時30分鐘，包含中途停站時間。但需注意，火車回抵基督城，偶有延遲的情況，且車站地點偏僻，交通不便，入夜後巴士班次稀少，請事先查妥並安排好後續交通。

■Greymouth→Kumara→Otira→Arthur's Pass車程為2～2.5小時(Otira→Arthur's Pass段道路彎曲狹窄、臨淵面崖、地勢落差起伏較大)；Arthur's Pass→Castle Hill車程為1～1.5小時(道路彎曲狹窄、地勢落差起伏較大)；Castle Hill→Springfield→Christchurch車程為1～1.5小時(其中Castle Hill→Springfield段道路彎曲狹窄、地勢落差起伏較大)。

■Christchurch→Christchurch Airport車程為20～30分鐘(市區一般道路)。

■由基督城國際機場搭機，如果飛機上午起飛，那依原計畫最遲Day11晚要抵達基督城；如抵達奧克蘭仍有時間，可考慮進入奧克蘭市中心區遊覽。如果飛機下午才起飛，那仍依原計畫最遲Day11晚要抵達基督城，Day12上午可續遊未完成的基督城觀光。

Day 12 南島

Christchurch → Auckland → Taiwan

基督城1/3面積為公園及自然保護區，全市超過650個花園，占全市面積的11%。除了很多在維多利亞時代栽植的花草及古樹頗具英國風情外，每年2月還會在基督城舉行盛大的「基督城花之祭」，整座城被花海覆蓋，規模非常壯觀。離開紐西蘭前若有時間，可續走本行程Day2未完成的景點或活動。

南島東北端2天之旅

門戶之城「皮克頓」、葡萄之鄉「布蘭尼姆」及陽光小鎮「尼爾森」

(圖／鄧錦城)

本行程可由北島威靈頓搭乘渡輪到南島的皮克頓，並在結束Day2的尼爾森行程後，繼續沿著南島西海岸直接南下，或依據「南島西北端四大國家公園4～5天之旅」的行程邊玩邊南下，最後再連接「純南島12天經典精華遊」；也可由南島的東海岸經凱庫拉、懷帕拉到基督城，再接續「純南島12天經典精華遊」。此外，整個行程也可倒著走，即先遊南島，再由皮克頓搭渡輪北上威靈頓。

南島東北端2天之旅路線圖

尼爾森 Nelson　Havelock　Picton　庫克海峽 Cook Strait　威靈頓 Wellington

布蘭尼姆❶ Blenheim

―――― 行程　　❶ 表該晚住宿點
------- 渡輪

Day 1 南島

Wellington ➡ Picton ➡ Blenheim

一早搭乘渡輪由威靈頓到南島的「門戶之城」皮克頓(Picton)，再轉往東南的布蘭尼姆。布蘭尼姆是以發生在1704年的「布蘭尼姆戰役(Battle of Blenheim)」來命名的，該地區的經濟以酪農和園藝為主，漁業和貽貝養殖也是主要收入之一，葛瑞士米瑞湖(Lake Grassmere)更是紐西蘭唯一生產鹽的所在。此外，該地區因氣候適宜，陽光明媚，除了已成為南島馬爾伯勒(Marlborough)地區的葡萄酒業中心外，其所生產的橄欖和櫻桃也頗受市場歡迎。讓我們來趟品酒及海鮮美饌之旅吧！

▲黑皮諾葡萄釀造的葡萄酒，其單寧酸成分較低，口感滑順、風味精緻(圖／Captain Wang)

目的地主要熱門景點活動

✿ 葡萄酒之旅(Wine Tour)：南島的葡萄酒業中心之一，甚多酒莊設址於此，雲霧灣酒莊(Cloudy Bay Vineyards)及亨特酒莊(Hunter's Wines)是當地最具吸引力的酒莊。☞ 必玩

✿ 西摩廣場(Seymour Square)和波拉德公園(Pollard Park)：兩處公園廣場是鎮內的主要休憩場所。

✿ 威佘丘(Wither Hills)：丘陵周遭有一些滿吸引人的步道，時間允許時可去走走。

✿ 奧馬卡航空事蹟博物館(Omaka Aviation Heritage Centre)：展示了由第一次世界大戰開始的飛行文物，從實體飛機到罕見的紀念品都有。

✿ 卓福特伍德自然生態之旅(Driftwood Eco-Tours)：懷勞潟湖(Wairau Lagoon)河口，有超過90種不同的鳥類棲息，是賞鳥的好去處。

沿途主要景點

✿ 威靈頓與皮克頓間渡輪(Wellington/Picton Cruise)：往返兩地重要的交通工具。☞ 必玩

✿ 潛水觀沉船(Diving Tour for Shipwrecks)：觀看於1986年沉沒於海底的蘇聯郵輪「米哈伊爾萊蒙托夫(Mikhail Lermontov)」的船體。

✿ 愛德溫福克斯海事中心(The Edwin Fox Maritime Centre)：展示一艘早期的商船殘骸。

✿ 馬爾伯勒峽灣遊船或步道(Marlborough Sounds Cruise or Track)：複雜且多層次的峽灣景致，是欣賞峽灣特色的好去處。此外，這裡還有著名的夏洛蒂皇后步道(Queen Charlotte Track)，一般需耗時3～5天才能走完。

✿ 皮克頓社區博物館(Picton Community Museum)：展示超過2,000件文物，是了解皮克頓的一條捷徑。

✿ 皮克頓模型工程及模型鐵路公園(Picton Model Engineers & Railroaders)：設有迷你蒸汽小火車，假日期間可付費搭乘。

✿ 與海豚共舞(Swim with Dolphins)：搭乘遊輪並下海與海豚共游，是當地特色活動之一。

♥ 夜宿城鎮的主要採買

當地有中大型超級市場、便利商店、速食餐廳、百貨公司、禮品店、加油站、住宿旅館及餐廳。

行程規畫小提醒

■ 經營威靈頓往返皮克頓的渡輪公司計有Bluebridge及Interislander兩家，一定要提前預約船位，航程約3.5小時。但因需提前報到及考慮登、下船的時間，建議行程估算時要再多加1小時。

■ 庫克海峽風浪較大，出發前一晚一定要掌握天候動態，易暈船者應備妥暈船藥。

■ 所租車輛雖也可搭渡輪同時過海，但車輛船資一般是成人船資的2～4倍以上(視車輛的大小)，應事先了解是否划算。

■ Picton→Blenheim車程為30分鐘(鄉村道路，部分彎曲窄狹)。

■ 如果搭乘早班的渡輪由威靈頓抵達皮克頓，可考慮把2日的行程合併在1日完成，當晚改宿尼爾森。

❶南島東北角頂的馬爾伯勒峽灣海灣曲折，呈現多層次的峽灣景致，是紐西蘭重要景點之一(圖／鄧錦城)❷亨特酒莊是馬爾伯勒地區最吸引人的酒莊之一(圖／Captain Wang)❸Bluebridge Ferry(圖／老包)❹布蘭姆是南島的葡萄酒業中心，採機械化採收，每年2月的馬爾伯勒葡萄酒週末節是重中之重的活動(圖／Captain Wang)❺10分鐘的步道即可抵達庫倫角觀景台，鳥瞰Mahau Sound美景(圖／老包)❻可於布蘭尼姆當地的酒莊點客輕食，細細品味用天然酵母烘焙的麵包(圖／Captain Wang)❼每年3月中旬馬爾伯勒地區的哈夫洛克貽貝節吸引老饕來品嘗貽貝(圖／Captain Wang)❽格羅福環灣是渡輪進出皮克頓必經的夏洛蒂皇后灣中的一個支灣(圖／老包)❾皮克頓碼頭是連接南北島渡輪的門戶(圖／鄧錦城)

Day
2
南島

Blenheim ➜ Havelock ➜ Nelson

尼爾森(Nelson)地區氣候溫和，並擁有紐西蘭全年日照時間最長的紀錄，是以素有「陽光小鎮」的美名；同時，自1880年代起，尼爾森就已成為啤酒花和煙草的供應中心。此地也是前往亞伯塔斯曼國家公園的必經之地，近年來更因電影《魔戒》中的戒指設計公司設址於此，招徠許多魔戒迷拜訪，也購上一只心儀的「魔戒」。

目的地主要熱門景點活動

✳琴司翰森金銀鍛匠(Jens Hansen Gold & Silversmith)：全紐最著名的金飾店，該店當初提交了15個原型戒指，其中一隻成為電影《魔戒》片中的「魔戒」。☞ 必玩

✳紐西蘭地理中心座標(Centre of New Zealand)：坐落在147公尺高的Botanical Hill頂，是來到尼爾森的必遊景點。☞ 必玩

✳快樂谷野外探險(Happy Valley Adventures)：一座融合世界最長的飛天狐鞦韆、四輪越野車、騎馬、彩色漆彈射擊及步道健行的綜合野外活動中心。

✳宮津日本花園(Miyazu Japanese Gardens)：為了慶祝與「宮津市」互結姊妹城市，而建立的日本傳統花園。☞ 必玩

✳世界穿著藝術及古董車博物館(World of Wearable Art & Classic Cars Museum)：全紐最大的服裝創意博物館，也有古董車的展示。

✳艾喜爾老屋(Isel House)：兩層樓磚石造的維多利亞式古蹟老屋，與尼爾森市同時成長，花團錦簇的花園，值得一覽。☞ 必玩

✳世界花園(Gardens of the World)：園內分為美國、紐西蘭、玫瑰、藥草和草本植物等花園。

✳尼爾森基督聖公會教堂(Christ Church Cathedral-Nelson)：高聳的哥德式鐘樓，樓塔上滿布著鏤空的方格，造型相當特殊，係當地的地標。☞ 必玩

✳尼爾森漂移礫石長堤(The Boulder Bank)：一處非常特殊的自然地貌保護區，因不對稱的潮流沖擊，使得海中礫石堤每年向西南移動約7.5公尺，是世界少見的自然景觀。

沿途主要景點

哈夫洛克(Havelock)

✳綠貽貝巡遊(Greenshell Mussel Cruise)：體驗峽灣美景，在船上享用現蒸且鮮甜多汁的綠貽貝(Greenshell Mussel，紐西蘭特有品種)，佐以當地葡萄酒，堪稱美景、美食及美酒的三重絕配！

哈夫洛克➜尼爾森

✳佩洛魯斯橋及河(Pelorus Bridge and River)：一條人行小橋及橋下清澈靛藍的河水，景致極為迷人，是「哈比人系列」電影的取景點之一。

✳賴村(Rai Valley)：純樸的小村風情，是前往尼爾森必經之處，Rai River穿越村區東側，可於此小憩一下。

♥夜宿城鎮的主要採買

當地有中大型超級市場、便利商店、速食餐廳、禮品店、加油站、多家住宿旅館及餐廳。

❶哥德式的基督聖公會教堂是尼爾森最具規模的教堂(圖/Jeff)❷1小時來回的麥泰河畔步道,沿河步道途中還有幾處可以游泳的河床(圖/Jeff)❸慶祝宮津市與尼爾森締結姐妹市所興建的宮津日本花園(圖/Jeff)❹白色的紐西蘭地理中心座標,碑體菱角分明,鉤頂側面還設置一支似筆般的尖錐長棍,指出中心點所在(圖/Jeff)❺尼爾森教堂丘高聳的鏤空方格鐘樓及著名的Cawthron階梯(圖/Jeff)❻尼爾森市中心的街景及戶外咖啡屋(圖/Jeff)❼13公里長的漂移礫石長堤(圖/Jeff)

行程規畫小提醒

Blenheim→Nelson車程為1小時40分鐘(鄉村道路,部分彎曲窄狹)。

南島西北端四大國家公園4～5天之旅

「亞伯塔斯曼」、「卡胡郎吉」、「尼爾森湖」及「帕帕羅阿」四大國家公園與周遭地區

(圖／Jeff)

不論由南島的皮克頓西行或由西海岸的格雷茅斯東北行，先拜訪「帕帕羅阿國家公園」，之後還可前往「亞伯塔斯曼」、「卡胡郎吉」及「尼爾森湖」三座國家公園及其周遭景點一遊；只是這四座國家公園區域範圍甚廣，如真要充分拜訪當地的著名景點、步道及體驗水上活動，可能需再增加3～5天(當然部分活動也可濃縮成半～1日遊)。此外，本行程的結束地點亦頗具彈性，可繼續由西港南下銜接西海岸冰河區的行程，或往東於漢默溫泉鎮銜接「南島基督城以北太平洋高山三角觀光公路2天之旅」，或由基督城接續南下的行程。

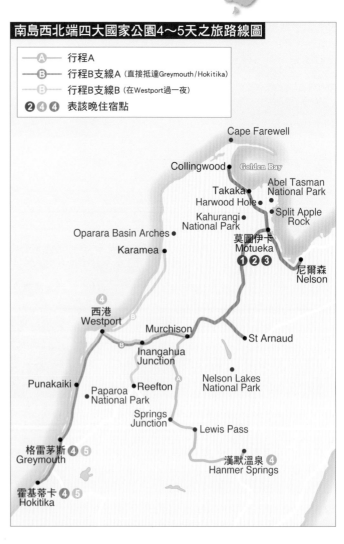

南島西北端四大國家公園4～5天之旅路線圖

- Ⓐ 行程A
- Ⓑ 行程B支線A（直接抵達Greymouth／Hokitika）
- Ⓑ 行程B支線B（在Westport過一夜）
- ❷❹❹ 表該晚住宿點

Cape Farewell
Collingwood　Golden Bay
Takaka　Abel Tasman National Park
Harwood Hole
Kahurangi　Split Apple Rock
National Park
Oparara Basin Arches
莫圖伊卡 Motueka
Karamea　❶❷❸
尼爾森 Nelson
❹ 西港 Westport
Murchison　St Arnaud
Inangahua Junction
Punakaiki　Nelson Lakes National Park
Paparoa National Park　Reefton
Springs Junction
格雷茅斯 ❹❺ Greymouth　Lewis Pass
漢默溫泉 ❹ Hanmer Springs
霍基蒂卡 ❹❺ Hokitika

▲亞伯塔斯曼國家公園東佳岩石拱門受海浪沖蝕的拱門奇石(圖／Jeff)

玩樂篇

Day 1 南島

Nelson ➡ Motueka ➡ Abel Tasman National Park ➡ Motueka

莫圖伊卡(Motueka)是一個肥沃的沿海平原,周邊種植了許多果樹、啤酒花、煙草及葡萄等植物,更因陽光充足,而有「南島蔚藍海岸(Riviera of the South Island)」之美名。由於莫圖伊卡距亞伯塔斯曼國家公園及卡胡郎吉國家公園(Kahurangi National Park)甚為接近,目前已成為很多專事國家公園旅遊和活動公司的設點所在。此外,該鎮也因擁有多個石灰岩洞穴系統,包括「哈伍德天坑」及北邊的「裂痕蘋果石」,每年都吸引成千上萬的遊客,來此參與攀岩、划海上皮艇和步道健行等活動。

目的地主要熱門景點活動

❋皮爾斯河(Pearse River):河底隱藏著一條可能是世界最深的冷水洞穴;潛水夫曾經潛入到194公尺的深度,但仍沒有到達終點。

❋莫圖伊卡區博物館(The Motueka District Museum):於1913年以頗具特色的磚砌建築取代1866年的舊木結構建築,原為當地的高中校舍,後改為博物館。

❋珍妮‧塞登沉船(Janie Seddon Shipwreck):建於1901年,儘管已成岸邊廢墟,但卻擁有豐富的歷史,包含打響了二戰的第一槍。

❋裂痕蘋果石(Split Apple Rock):外型酷似一個蘋果被切了一刀的海邊巨石,係國家公園裡的特色景點。 ☞必玩

❋哈伍德天坑(Harwood/Harwood's Hole):坑口幾乎成圓形,圓周約50公尺,深度達到357公尺,是全紐最深的垂直洞穴。 ☞必玩

❋納魯阿洞穴(Ngarua Caves):挑高的鐘乳石洞內有古代巨型恐鳥摩阿(Moa)的骨骸化石。

❋亞伯塔斯曼國家公園(Abel Tasman National Park):園內充斥小島、數百個海灣及無數的沙灘,更布滿了森林及丘陵,尤以「黃金灣(Golden Bay)」最為著名。公園內有許多景色優美的步道,其中以亞伯塔斯曼海岸步道(Abel Tasman Coast Track)最為著名。 ☞必玩

♥夜宿城鎮的主要採買

當地有中大型超級市場、速食餐廳、加油站、多家住宿旅館及餐廳。

行程規畫小提醒

■Nelson→Motueka車程為40分鐘(鄉村道路但易行)。

■Motueka→Abel Tasman National Park車程為30分鐘～2小時(國家公園範圍廣,視擬拜訪之點來決定車程時間,全線均為鄉村道路,部分彎曲窄狹且起伏;部分路段為碎石子路面,請注意保險公司的理賠規定)。

■Motueka當地在夏季有一些專配合短期遊客需求的活動,通常是半～1天,搭水上計程車往返國家公園海域並走短步道及觀賞裂痕蘋果石,假期不足者可考慮參加此類活動。

■亞伯塔斯曼海岸步道是一個需要3～5天時間的多日健行步道,而且某些路段必須在低潮前後的各2小時內穿越;由於沿途偏僻且中途無交通工具可往返,建議盡可能預約參加當地的旅遊團。

❶外型似一剖半的蘋果,故名裂痕蘋果石,是當地必遊景點之一(圖／蔡朝元)❷搭船遊亞伯塔斯曼國家公園海岸,欣賞南島北端海岸之美(圖／Jeff)❸亞伯塔斯曼國家公園內的山屋,遊客可在較長步道行進中停宿一晚(圖／Jeff)❹亞伯塔斯曼國家公園托塔拉努伊海灘上的登山人群(圖／Jeff)❺獨木舟是南島西北角活動中的重要項目之一,操作簡單上手容易(圖／Jeff)❻亞伯塔斯曼國家公園阿納派海灣受海浪沖蝕的奇岩怪石(圖／Jeff)❼亞伯塔斯曼國家公園馬頓灣美麗的海岸線(圖／Jeff)

Motueka ➡ Abel Tasman National Park／
Kahurangi National Park ➡ Takaka ➡
Collingwood ➡ Motueka

亞伯塔斯曼國家公園、卡胡郎吉國家公園及周遭地區的景致與活動，都與「水」、「林」有關，公園內海灘即占了774公頃，並有約70多公里長的海岸線。園中有從3小時～5天的森林、海岸步道，還有海濱旅館、遊船、野營、水上計程車、海上皮艇及賞野生動物等活動，非常適合愛好大自然的遊客造訪。

銜接提示：
昨、今、明3日規畫拜訪的景點與活動都與「水」及「林」有關，如果對此類活動不感興趣或假期不足者，可考慮捨去今、明2日的行程，直接跳至Day4，或選擇幾個主要景點逛逛，將2日的行程濃縮為1日。

目的地主要熱門景點活動

同本行程Day1。

沿途主要景點

塔卡卡(Takaka)

❄佩尼斯福特攀岩區(Paynes Ford Rock Climbing Area)：攀岩區最高可達30公尺，計有240條路徑，攀爬難度從10～30不等。

❄蒂懷克羅普普冷泉(Te Waikoropupu Springs)：全世界最清澈山泉之一，水質似水晶般的透徹，故被稱為「水晶泉(Pupu Springs)」。☞必玩

❄格羅夫風景保護區(The Grove Scenic Reserve)：全長1公里的環狀步道，遍布古老怪石及老樹，由觀景台可一覽周遭鄉村及黃金灣海域全景。

❄阿納托基鮭魚場(Anatoki Salmon)：一處可免費釣鮭魚的魚場，並可在付費後代為處理所釣漁獲，當場烹調或生食。

❄拉菲蒂洞(Rawhiti Cave)：是全紐陰暗植物群生種類、數量最多的地點，該洞又因洞內植物強烈的趨光性，連帶鐘乳石也跟著出現奇特的趨向光源走勢。☞必玩

❄迷宮岩石(Labyrinth Rocks)：由各式大小不同的石灰岩塊所組成的一座迷宮般的岩石區。☞必玩

❄塔卡卡丘(Takaka Hill)：又稱大理石山，是《魔戒首部曲》中契特伍德森林(Chetwood Forest)的取景點，就是佛羅多跟同伴們從布里酒店逃出後，戒靈追殺而來之處。

科林伍德(Collingwood)

❄黃金灣(Golden Bay)：呈倒勾型的狹長丘陵地，像極了一隻奇異鳥的鳥頭及長喙，有白沙、青山、碧海、野牛動物及步道。

❄費爾威爾沙嘴(Farewell Spit)：黃金灣頂的倒勾型狹長沙洲，屬濕地及鳥類保護區。

❄費爾威爾沙嘴生態之旅(Farewell Spit Eco Tours)：是南島西北角最主要及最吸引遊客的活動，6.5小時的旅途可欣賞沙丘、燈塔、海灣及岬角，還有機會見到信天翁翱翔的英姿。☞必玩

❄費爾威爾角(Cape Farewell)：南島最北端的岬角及海蝕洞。

❄法拉里基海灘(Wharariki Beach)：海灘與離岸僅150～300公尺外，造型各異的三座Archway Islands小島遙遙相對。

行程規畫小提醒

■ Motueka→Takaka車程為1小時～1小時20分鐘(鄉村及山間道路、彎曲窄狹、起伏,尤以Takaka Hill段有多處髮夾彎)。

■ Takaka→Collingwood車程為30分鐘(鄉村道路,部分稍彎曲窄狹)。

■ Takaka→Te Waikoropupu Springs車程不到10分鐘,由其停車場再步行15分鐘左右即可抵達。

■ 計畫深入探訪黃金灣區域者,必須參加當地旅遊團(不開放自助健行也不允許自駕前往);其中位於科林伍德鎮的費爾威爾沙嘴生態之旅有多種行程可選擇。

■ 可考慮花4～5小時從Onetahuti Bay(或3～4小時從Medlands Beach)出發走到Anchorage Hut (附近有著名的Cleopatra's Pool),去程可搭乘水上計程車(Aqua Taxi),但回程:

　1.出發前必須先在莫圖伊卡預訂妥回程的水上計程車。

　2.注意該步道部分點需利用低潮時涉水而過(如Torrent Bay),如非低潮期間,需繞道耗費更多的時間,故事前應掌握低潮時間(當地旅館及活動公司都可提供訊息)。

❶亞伯塔斯曼國家公園法里法郎吉海灣的金黃沙灘(圖／Jeff)❷蒂懷克羅普普冷泉是全世界最清澈的冷泉之一(圖／鄧錦城) ❸亞伯塔斯曼國家公園分離角徜徉於岩石上曬太陽的海豹(圖／Jeff)❹南島最北端的費爾威爾角及海蝕岩洞,立足於此頗有天地壯闊之感(圖／蔡朝元)❺Takaka東北近郊的迷宮岩石,怪石林立的岩峰中處處隱藏神奇景觀(圖／蔡朝元)❻科林伍德雖只是一座人口約300人的迷你小村,但當地的小學及中學卻已有近160年的創校歷史(圖／Jeff)❼費爾威爾沙嘴生態之旅,可見到成群信天翁翱翔的英姿(圖／蔡朝元)

貽貝酒館(Mussel Inn)

　Onekaka小鎮坐落在Takaka到Collingwood間,鎮上這家以供應貽貝著稱的小餐廳,其甜點也頗具知名度。

❶

銜接提示：

因其後目的地之不同，可考慮以下兩種不同的方案，其中行程A計畫由北端前往東岸；而行程B則是繼續南下到格雷茅斯或霍基蒂卡銜接西海岸，亦即可銜接「純南島12天經典精華遊」中Day10或Day11的行程。

行程A

Day 4 （一天內直接抵達東岸的漢默溫泉鎮）

Motueka ➡ St Arnaud ➡ Murchison ➡ Springs Junction ➡ Lewis Pass ➡ Hanmer Springs

今日穿越南阿爾卑斯山，由西岸跨入東岸前，在時間許可及季節恰當的前提下，可考慮多花20分鐘車程由SH6小彎轉入SH63到聖阿諾，去走羅托伊蒂湖湖邊步道，再登上羅伯特山面對高聳雪山，笑看天下；或直接穿越東西必經的李威斯隘口，抵達漢默溫泉鎮。依據毛利傳說，漢默溫泉是「火球落下處」，因此為該地帶來了溫泉；此座擁有溫泉美人湯的spa小鎮設有各種休閒活動，全鎮就是一個度假中心，世外桃源。

目的地主要熱門景點活動

❋漢默溫泉池(Hanmer Springs Spa Pools)：共計有12個不同溫度及造型的室外露天溫泉池、6座室內私人池、桑拿池及蒸氣房。☞ 必玩

❋聖詹姆斯自行車道(St James Cycle Trail)：全紐第一個「超級自行車道」。

❋肯尼克丘步道及看台(Conical Hill Walk & Lookout)：約30分鐘即可抵達丘頂的步道，可鳥瞰鎮區全景。☞ 必玩

❋鎮區活動(Activities in Town)：包括多條由25分鐘～2.5小時的步道、越野腳踏車25K車道(2～4小時)、彈跳、噴射快艇、騎馬、滑雪、迷你高爾夫、越野四輪摩托車等活動。☞ 必玩

沿途主要景點

聖阿諾(St Arnaud)

❋羅托伊蒂湖(Lake Rotoiti)：湖長7.5公里的美麗小湖。

玩樂篇

❊羅伯特山(Mt Robert)：5小時的登頂步道，可鳥瞰羅托伊蒂湖。

默奇森(Murchison)

❊布勒谷吊橋(Buller Gorge Swing Bridge)：長110公尺，是全紐西蘭最長的吊橋。☞必玩

雪南多瓦(Shenandoah)

❊馬魯亞瀑布保護區(Maruia Falls Scenic Reserve)：因地震斷層產生的瀑布，落差雖不大，但面寬及周遭陡峭的石壁岩面，讓瀑布頗具氣勢。

李威斯隘口(Lewis Pass)

❊馬魯亞傳統日式溫泉屋(Maruia Hot Springs-Traditional Japanese Bathhouse)：全紐最具日本風格的溫泉屋，從日式建築物、泡湯禮儀、設施到日式餐飲，在在都顯示出日本傳統的泡湯文化。

❊李威斯隘口高山自然步道(Lewis Pass Alpine Nature Walk)：20分鐘的環型短步道，有特色的南阿爾卑斯高山景觀，是下車活動筋骨的好選擇。☞必玩

❊李威斯頂步道(Lewis Tops Track)：1.5小時(單趟)的步道，可眺望Maruia河谷。

♥夜宿城鎮的主要採買

鎮中有中型超市，小型商店街及餐廳多家。

行程規畫小提醒

■Motueka→Murchison→Lewis Pass→Hanmer Junction→Hanmer Springs車程為4～4.5小時(鄉村及山間道路、彎曲窄狹且起伏)。

■SH6→SH63→St Arnaud往返車程為45分鐘～1小時(山間道路、彎曲窄狹)。

■漢默溫泉池營業到21:00，建議提前用晚餐，小憩後再前往泡湯(較無日曬困擾)，白天則可逛逛鎮區及參與活動(尤其鎮內沿河畔步道及小商店街)。

❶由羅伯特山步道遠眺羅托伊蒂湖(圖／蔡朝元)❷羅托伊蒂湖的碼頭區，環湖區有數條15分鐘～1.5小時的步道(圖／蔡朝元)❸走20分鐘的步道就能欣賞李威斯隘口附近的高山湖泊及景觀(圖／Jeff)❹李威斯隘口係橫跨南阿爾卑斯山，連接東、西海岸的四座隘口其中之一(圖／Jeff)❺漢默溫泉鎮多次獲得「紐西蘭最佳旅遊吸引獎」的榮譽(圖／老包)❻西班牙佛朗明哥式的世襲休閒旅館是漢默溫泉鎮最具特色的旅館(圖／老包)❼默奇森西側全紐最長的布勒谷吊橋(圖／Jeff)

The Lewis Pass Highway
The Heritage Highways

Day 4 (在西港過一夜或當日直接南下抵達格雷茅斯／霍基蒂卡)

行程B

Motueka → St Arnaud → Murchison → Inangahua Junction →
Reefton → Karamea → Westport
或 Motueka → Murchison → Inangahua Junction → Westport →
Punakaiki → Greymouth／Hokitika

　　今日莫圖伊卡至默奇森間的路線與行程A相同,可參閱前頁說明。

　　西港(Westport)是紐西蘭南島西海岸區(West Coast)北端的一個小港,因尼爾森湖國家公園(Nelson Lakes National Park)和帕帕羅阿國家公園(Paparoa National Park)分別坐落在此鎮的東及南側,加上該鎮沿海岸線及河流發展;故水上活動、森林步道及地下迷宮般的石灰岩洞穴探險,都成為該鎮的旅遊特色。

衍接提示:

由於行程B的路線較長且部分繞道,沿途景點亦多,假期不足者,可將2日行程濃縮為1日,割捨繞道及耗時較多的聖阿諾、里夫頓或卡拉米亞,當日經西港直接到達格雷茅斯或霍基蒂卡,衍接「純南島12天經典精華遊」中Day10或Day11的行程。假期時間充足者,可在西港過一夜,甚至直接改在卡拉米亞過夜,就近遊卡拉米亞區及帕帕羅阿國家公園。

目的地主要熱門景點活動

❋ 西港市議會大樓(Municipal Chambers Building):土黃色裝飾藝術(Art Deco)造型的鐘樓建築物,是該鎮的地標。

❋ 鄧尼斯頓高地之旅(Denniston Plateau Tour):舊煤礦產區內有從30分鐘～半天的步道與9條腳踏車小徑;其中尤以鄧尼斯頓地下礦場體驗之旅(Denniston Experience)最為著名。

❋ 福爾溫岬角(Cape Foulwind):可俯瞰「塔斯曼海」的突出岬角,有四處觀光點: ☞ 必玩

　1.毛皮海豹棲息地(Cape Foulwind Seal Colony):由Tauranga Bay停車場步行10分鐘到看台,有機會見到岩石海灘上的毛皮海豹(fur seal)。

　2.福爾溫岬角燈塔(Cape Foulwind Lighthouse):圓柱狀白牆紅門的燈塔,孤立地坐落在岬角頂端。

　3.畢沙瑞礁岩(Bizzare Rock):離岸迷你小礁,造型怪異,鳥不生蛋的礁身,但其礁頂卻又草

木茂密。

　4.大岩洞(Big Blow Hole):海灘邊的一座天然岩洞。

沿途主要景點

里夫頓(Reefton)

❋ 電廠步道(Powerhouse Walk):1860年代南半球唯一設有街燈的城鎮,沿短步道通過吊橋,緬懷此鎮的發電史。

❋ 黑點博物館(Blacks Point Museum):因黃金帶動了當地的發展,館中展示有關該鎮的成長經過。

卡拉米亞(Karamea)

❋ 奧帕拉拉盆地拱門群(Oparara Basin Arches):其中最大一座稱為Oparara Arch的天然巨石拱門,長219公尺,寬79公尺,岩頂距洞面約有43公尺,是南半球最大的石灰石拱門洞穴。 ☞ 必玩

❶希菲步道途中穿越高山草甸區的步道(圖／Jeff)❷希菲步道北端起點就從科林伍德小鎮附近出發(圖／Jeff)❸卡拉米亞北方的史考特海灘是希菲步道西端終點(圖／Jeff)❹卡拉米亞當地最著名及最具特色的最終休閒旅館(圖／Jeff)❺19世紀末熱鬧繁華的淘金小鎮里夫頓,如今成為寧靜的旅遊景點(圖／Jeff)❻裝飾藝術造型的鐘樓建築物是西港市議會大樓,也是該鎮的地標(圖／Jeff)

❊莫里亞拱門(Moria Gate Arch):美得驚人的洞中湖(Mirror Tarn),湖水倒影洞外的蔚藍天空,讓人無法分辨水天之別。☞必玩

❊蜂巢丘洞穴(Honeycomb Hill Caves):蜂窩狀的石灰岩洞穴,洞頂布滿無數的螢火蟲,是受保護的洞穴,必須參團或預先申請才能前往。

❊希菲步道(Heaphy Track)及旺加佩卡步道(Wangapeka Track):南島中西部最受歡迎的兩條步道;其中希菲步道更是一條紐西蘭多天行程大走步道。

♥ **夜宿城鎮的主要採買**

西港當地有中大型超級市場、速食餐廳、加油站、多家住宿旅館及餐廳。

行程規畫小提醒

■Motueka→Murchison→Inangahua Junction→Westport車程為3～3.5小時(鄉村及山間道路、彎曲窄狹、多處髮夾彎)。

■Inangahua Junction→Reefton往返車程為45分鐘～1小時(山間道路、彎曲窄狹)。

■Westport→Karamea往返車程為1.5～2小時(鄉村及沿海岸道路,前段沿海鄉道平坦易行,中段車穿越山區間道路彎曲窄狹,有多處髮夾彎)。

■Karamea→Oparara Basin Arches途經12公里的碎石道路(請注意保險公司的理賠規定)。

行程B *Day 5* (在西港過一夜後抵達格雷茅斯／霍基蒂卡)

Westport → Charleston → Punakaiki → Greymouth/Hokitika

上午可考慮在查爾斯頓或格雷茅斯參加黑水漂活動，之後或之前可順道拜訪帕帕羅阿國家公園的「千餅岩及吹氣孔」，當晚夜宿格雷茅斯；但如未安排黑水漂活動者，可考慮南下至景點更多的霍基蒂卡住宿。

霍基蒂卡這個名稱源自於毛利語，意思是「可再來的地方(place of return)」，此地盛產綠石(pounamu)；1864年因發現黃金而迅速成為西海岸的淘金熱中心，一天內曾有高達41艘船隻靠港，並使霍基蒂卡躍升為全紐西蘭進口量及出口值(主要是黃金)最高的港口，故又被稱為「南半球的奇幻之城」。但後來因黃金量減少而迅速沒落，目前該鎮仰賴酪農業、林業、煤業及觀光業為主要利基。此外，綠石雕飾、吹玻璃、霍基蒂卡織襪機博物館、仿古淘金鎮仙蒂鎮及一年一次的霍基蒂卡野味節，都是招徠觀光客的主要產業或活動。

沿途主要景點

查爾斯頓(Charleston)

✽黑水漂及洞穴探險活動(Norwest Underworld Adventures-Cave Rafting & Adventure Caving)：南島兩處可參與地下河道漂浮活動的所在(另一處在格雷茅斯)。

查爾斯頓→格雷茅斯→霍基蒂卡

同「純南島12天精華遊」Day10。

♥ 夜宿城鎮的主要採買

當地有中大型超級市場、加油站、購物街、多家住宿旅館及餐廳。

銜接提示：

如訂畫參加黑水漂活動，可考慮於查爾斯頓參加；或可考慮改在較順道的格雷茅斯參加，請參考本書「純南島12天經典精華遊」Day10。

行程規畫小提醒

■Westport→Punakaiki→Greymouth車程為1.5～2小時(鄉村及山間道路，中後段沿海道路彎曲)。

■Westport→Charleston車程為30分鐘(山間道路、部分彎曲窄狹)。

■Charleston→Pancake Rocks & Blowholes車程為30分鐘(山間及鄰海山道、彎曲窄狹)。

■Pancake Rocks & Blowholes→Greymouth車程為40分鐘(山間道路及鄰海山道、彎曲窄狹)。

■Greymouth→Hokitika車程為40分鐘(鄉村道路)。

❶南島西北部分地區，原屬溫帶氣候，但因山脈交錯，而呈現了亞熱帶氣候型態，並孕育出了原只應在亞熱帶出現的尼考棕櫚樹(Nikau Palm)(圖／老包)❷布倫那湖過去是蒼鷺棲息地，故毛利人又稱此湖為「蒼鷺之海」，湖中還盛產淡水貽貝(圖／Jeff)❸霍基蒂卡峽谷中的小型吊橋，架設在翠藍溪水的河川上，好似仙境般的景致(圖／Jeff)❹吹氣孔每當漲潮時分，海浪湧入凹型灣口，激起拍岸驚濤，是當地景觀一絕(圖／鄧錦城)❺普納凱基內的千餅岩，因似千層餅而得名(圖／鄧錦城)

南島基督城以北
太平洋高山三角觀光公路
2天之旅

「懷帕拉」品酒、「漢默溫泉」泡湯及「凱庫拉」賞鯨

(圖／老包)

可由「南島西北端四大國家公園4～5天之旅」在漢默溫泉結束遊覽後，繼續往東北銜接本行程；亦可由基督城直接北上參與本行程，再銜接「南島西北端四大國家公園4～5天之旅」的Day1，繞南島北端一遊；還可由基督城北上完成本行程後，再北上至皮克頓搭渡輪至北島的威靈頓，銜接北島其他行程。

▲▼凱庫拉鎮南路邊攤販現烤的BBQ小龍蝦(圖／王新美)

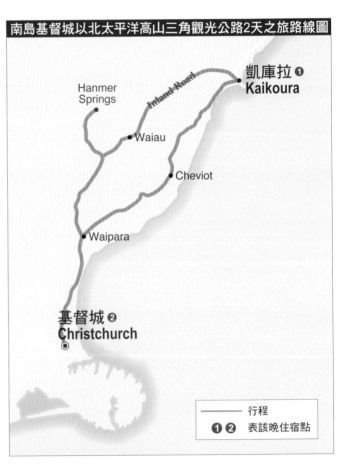

南島基督城以北太平洋高山三角觀光公路2天之旅路線圖

凱庫拉 ❶
Kaikoura

Hanmer
Springs

Inland Road

Waiau

Cheviot

Waipara

基督城 ❷
Christchurch

―――― 行程
❶ ❷ 表該晚住宿點

Day 1 南島

Christchurch／Hanmer Springs ➡ Waiau ➡ Inland Road ➡ Kaikoura

「太平洋高山三角觀光公路(Alpine Pacific Triangle (APT) Touring Route)」坐落在南島基督城北方，而所謂「三角公路」係坐落在南島基督城北方約2～3小時車程的三條公路，該三條公路的起迄點相互結合，剛好構成了一個三角型。這三條公路的首尾三座城鎮分別為凱庫拉(Kaikoura)、懷帕拉(Waipara)及漢默溫泉(Hanmer Springs)，雖然是華人目前較少拜訪此區域，但由於各具特色及可看性，漸會成為未來重點旅遊項目之一。

凱庫拉半島(Kaikoura Peninsula)離岸約3公里之海域即是深達1,000公尺以上之海溝，加上地處北方暖流與南方冷潮交會之地，孕育了豐富的浮游生物、魚蝦及各類海中生物。在具有豐富食物鏈及深邃海域的環境，也吸引了巨型烏賊、海豹、海豚及鯨魚等來此覓食及繁衍後代，是以凱庫拉成為紐西蘭重要賞鯨及觀看海豹、海豚的所在。

凱庫拉在紐西蘭可算是特殊的地域，除了在1950年代，於一處墳墓中發現了一具人骨，其手中拿著紐西蘭歷史上最大且最完整的「摩阿(Moa)」恐鳥蛋化石外，此地也發現過飛碟的蹤跡。另外，該鎮素以出產小龍蝦著稱，很多觀光客為此特來嘗鮮。

目的地主要熱門景點活動

✽ 賞鯨之旅(Whale Watch)：出船看到鯨魚的機會高達95%，是以船公司攬客廣告上大膽寫著「不見鯨魚，退費80%」。 必玩

▲參加凱庫拉賞鯨之旅，先要搭其賞鯨專車前往南灣碼頭，巴士上會播放相關的賞鯨資訊影片(圖／老包)

豆知識

什麼是摩阿？

紐西蘭獨有的「摩阿(Moa)」亦稱「恐鳥」，體型高大，身高約300～350公分，外型類鴕鳥，但卻無任何與翅膀有關的骨架。摩阿曾是毛利人的主食，不過在歐洲人進入紐西蘭前已完全絕跡。

▲恐鳥，展示於奧克蘭戰爭片博物館仿品(圖／老包)

▲恐鳥蛋，右邊較小的是雞蛋(圖／老包)

✿ 與海豚共舞(Swim with Dolphins)或與鯊魚共潛 (Shark Dive)：與海豚共游或與鯊魚共潛，是另類 的海上活動之一。

✿ 肯恩角海豹保護區(Point Kean Seal Colony)：半 島北側海邊礁石上常有海豹出沒。

✿ 半島海豹保護區觀海豹(Peninsula Seal Colony)： 凱庫拉半島突出處附近海岸的礁岩或海灘上， 常可見到毛皮海豹。遊客在看海豹時，宜保持 5公尺以上距離，以免干擾海豹的生活。 ⟨必玩⟩

✿ 凱庫拉半島步道(Kaikoura Peninsula Tracks)：有 多個短步道可供選擇，最吸引人的是Kaikoura Peninsula Walkway。

✿ 哈普庫樹屋旅館(Hapuku Lodge Tree House)：搭 建在10公尺高木椿上的原木屋旅館，園中飼有 鹿群，是其他旅館無法感受的氛圍。

✿ 烤小龍蝦(BBQ Lobster)：蒜蓉燒烤是最熱門的 選項之一，但觀光區費用較高。

■ 沿途主要景點

有關漢默溫泉資訊，同「南島西北端四大國家公 園4～5天之旅」Day4行程A。

♥ 夜宿城鎮的主要採買

當地有中大型超級市場、速食餐廳、加油站、 禮品店、商店街、多家旅館及餐廳。

豆知識

毛利人的「碰鼻禮」

毛利人傳統中最尊貴的見 面禮誼就是「碰鼻禮——杭基 (Hongi)」，主、客間彼此以鼻尖互相輕觸(無 性別之分，男女均同)。當毛利人主動進行此 碰鼻禮時，觀光客也應以鼻相迎，否則不知 所措，甚至退避都是非常不禮貌的。

(圖／Jeff)

私房推薦

沃德海灘圓石(Ward Beach Boulders)及聖 凱特岩(Chancet Rocks)

沃德海灘位於凱庫拉北方的沃德小鎮東側海 岸，車程約1小時多。2017年11月凱庫拉發生規 模7.8的大地震，將該處海底抬升2.2～2.6公尺， 原海面下的古老地質隆起，暴露了大約6,600萬 年前白堊紀-古近紀(K-T)邊界的沉積岩層，包含 4個主要區塊：

(1)沃德海灘圓石(Ward Beach Boulders)：海灘 以北約500公尺處，地震隆起暴露原位於海平 面下的岩石凝結物，其外觀似小尺寸的 Moeraki圓石。

(2)聖凱特岩(Chancet Rocks)：海灘以北約1公 里處，散布面頗廣的純白石灰岩露頭，為世界 稀有地質保護區。

(3)地震地質和K-T邊界(Earthquake Geology and K-T Boundary)：Chancet Rocks保護區 內沉積岩中一層薄薄的深灰色粘土，是高濃 度稀有元素銥(Iridium)由古老巨大隕石撞擊 留下的沉降物。

(4)針尖角(Needles Point)：海灘以南約3公里處 的沿海石灰岩露頭，多層次且不同顏色的岩 石結構。

行程規畫小提醒

■Hanmer Springs→Inland Road→Kaikoura 車程為2.5～3小時(鄉村及產業道路，部分彎 曲窄狹，道路品質不佳，抵達Kaikoura前的 最後30分鐘環海岸路段，道路彎曲狹窄、臨 海面崖)；凱庫拉地震後該段山路受損，雖已 全線通車，但車程時間應從寬估算(視天候 及路況)。

■賞鯨船上無食品及飲水販售，宜自行攜帶； 另海上氣候變化無常且風勢較強，易暈船者 宜預服暈船藥，並隨身攜帶防風、寒衣物。 此外，海上日照強烈，宜事先擦拭防曬油品。 易暈船的自駕者，下船後應預留恢復體力的 時間，不可立即開車上路。

❶凱庫拉賞鯨之旅辦公室，也是參團的出發點(圖／老包)
❷凱庫拉賞鯨之旅的快艇，外觀有海洋哺乳動物及毛利圖
騰之圖案，每艘船約可搭乘50人左右(圖／老包) ❸漢默溫
泉鎮區的商鋪(圖／老包) ❹凱庫拉半島步道南灣起點的毛
利文化圖騰(圖／Jeff) ❺凱庫拉半島海濱及礁岩上棲息的
海豹群(圖／Jeff) ❻凱庫拉海灣棲息豐富的海生物，吸引各
種海鳥來此覓食及繁衍後代，有Bird City之稱(圖／Jeff)
❼凱庫拉北方不遠的Ohau Point Lookout，是另一處欣賞
海豹群的地點(圖／Jeff)

懷帕拉的葡萄酒莊之旅(圖／老包)▶

Day 2 南島

Kaikoura → Cheviot → Waipara → Christchurch

基督城以北約40分鐘車程的懷帕拉(Waipara)，是紐西蘭最新的葡萄園區之一，觀光客可於酒莊中享用午餐，品嘗甘醇葡萄所製的佳釀。當地除了葡萄酒著名外，在地產的榛果、橄欖油和薰衣草也非常誘人。

銜接提示：

如果行程係由漢默溫泉出發且計畫直接由凱庫拉北上，銜接「南島西北端四大國家公園4～5天之旅」的旅客，則可考慮改到凱庫拉或布蘭尼姆品酒。

目的地主要熱門景點活動

同「純南島12天經典精華遊」Day2。

沿途主要景點

切維厄特(Cheviot)

✽大教堂峭壁(Cathedral Cliffs)：一座座像教堂尖塔的風化岩石峭壁，組成了一個造型奇特的景致，尤其在太陽照射之下，更是金黃一片，像極了一群林立的教堂尖頂。

✽高爾灣(Gore Bay)：是沖浪的好地點，海釣也是受歡迎的活動之一。

懷帕拉(Waipara)

✽葡萄酒莊之旅(Wine Tour)：有多個酒莊可拜訪，其中以懷帕拉村中的六座酒莊較著名。

✽威卡隘口懷舊火車之旅(The Weka Pass Railway)：全長12.8公里的懷舊老火車，一趟穿越威卡隘口之旅。

行程規畫小提醒

Kaikoura→Waipara→Christchurch地震前車程為2.5～3小時(部分為鄉村道路，離開Kakoura後約30分鐘沿海岸路段，道路彎曲狹窄、臨海面崖)。

▲懷帕拉至基督城間的牧場(圖／老包)

▲維多利亞廣場是基督城第一個市場，目前是公園，園中設有庫克船長雕像(圖／老包)

▲凱特薛伯特雕像，因她的推動，使紐西蘭成為世界上第一個女性有選舉權的國家(圖／老包)

南島法國風情小港村 阿卡羅阿半～1天之旅

基督城東南方特殊法國風情小鎮

(圖／Jeff)

　　南島整體行程規畫完成後，若仍有時間，可增加去基督城東南方約1.5小時車程處的阿卡羅阿一遊；此增加的行程，可安排在一抵達基督城後或於結束基督城行程前加入。

▲阿卡羅阿鎮中心商店街(圖／Jeff)

南島法國風情小港村阿卡羅阿半～1天之旅路線圖

基督城 ❶
Christchurch

Burnham

Dunsandel

Barrys Bay
Traditional
Cheese Factory

Shamarra
Alpacas
Farm

阿卡羅阿
Akaroa

── 主線

── 支線 (由Tekapo北上彎去 Akaroa或遊完Akaroa 後擬南下去Tekapo)

❶ 表該晚住宿點

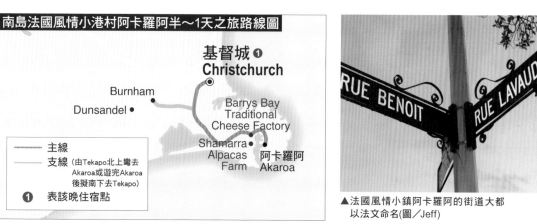

▲法國風情小鎮阿卡羅阿的街道大都 以法文命名(圖／Jeff)

▼搭乘黑貓郵輪與美麗的海洋哺乳類動物海豚共游(圖／老包)

Day **1** 南島

Christchurch ➡ Akaroa ➡ Christchurch

1840年從法國來的63位移民即於阿卡羅阿港(Akaroa Harbor)登陸,這也是紐西蘭唯一的法國移民村,即使到現在仍存有濃郁的法國風情。

阿卡羅阿坐落火山丘陵地上,在山、林及海的相互輝映下,加上港內常有海豚的蹤跡,使得該小港灣成為遊客在夏天度假的另一選擇。

目的地主要熱門景點活動

✽阿卡羅阿港灣及碼頭(Akaroa Harbor & Wharf):灣區及碼頭景致,包含Darly's Wharf碼頭、French Bay及Beach Rd周遭的小商店街等。 ☞ 必玩

✽與海豚共游(Swim with Dolphins):有機會與世界上最小、最友好、最稀有的「赫克特海豚(Hector's Dolphins)」一起游泳,感受令人難以置信的體驗。

✽巨人之屋(The Giant's House):一座充滿風味的法式建築物,包含造型特殊的雕塑、色彩繽紛的馬賽克裝飾花園,恰似童話世界裡的巨人之屋。 ☞ 必玩

✽阿卡羅阿燈塔(Akaroa Lighthouse):3公尺高,白身、紅門、黑頂的老燈塔,可遠眺灣區景致。

✽阿卡羅阿博物館(Akaroa Museum):針對基督城之南的班克斯半島為展覽主軸,藏品包括檔案、藝術、攝影、服裝和紡織品。

✽班克斯半島戰爭紀念碑(Banks Peninsula War Memorial and Grounds):以黑灰色花崗岩為主材質的戰爭紀念碑,高聳的十字架及特殊四腳亭造型,搭配一般在歐式老教堂屋頂才可見到的飛扶壁,是當地的地標。

✽巴里斯灣傳統乳酪工廠(Barrys Bay Traditional Cheese Factory):每年10～隔年5 月,可參觀此座仍採用原始工序來生產乳酪的工廠。 ☞ 必玩

✽夏瑪拉羊駝牧場(Shamarra Alpacas Farm):海邊山坡上一座私人羊駝牧場,青山碧海,風景迷人,也可在此住宿。

✽卓越顧客服務獎牌(The Customer Service Award for Excellence):該村每月舉辦的活動之一,鼓勵遊客推舉每月最佳服務的人或商家,在碼頭區上有此標示介紹。

行程規畫小提醒

■Christchurch→Akaroa車程為1.5～2小時(部分為鄉村山間道路,在抵達半島後,部分路段相當崎嶇、蜿蜒與陡峭)。

■雖說由Christchurch直接往返Akaroa只需3小時的車程,但加上賞景等活動可能就需約一天的時間;如果假期不長,但又很想拜訪此小鎮,可利用「純南島12天經典精華遊」的Day3一大早由Christchurch南下之時,先彎去Akaroa,花費2小時左右的時間遊覽一下Akaroa村區,之後再由Burnham附近南下到Tekapo,會較節省行車時間(如由Tekapo反向行亦如此,可在Burnham附近轉往Akaroa小遊後,再直接北返Christchurch)。由於鎮區範圍不大,除非要參加與海豚共游的活動,否則花費半日逛逛當地景點即可北返或南下。

玩樂篇

 豆知識

赫克特海豚

「赫克特海豚(Hector's Dolphins)」係由James Hector首先發現,故以其姓命名。目前全世界僅存約5,000～7,000隻(經常於南島東側海域出現的赫克特海豚約有1,000隻),其上背呈淡灰黑色,嘴下至腹部另有弧狀白色條型紋飾,體型較小、個性溫馴;與一般海豚最大的不同在該類海豚長有弧狀背翅,而一般海豚的背翅則呈三角形狀(像鯊魚的背翅)。

私房推薦

丘頂酒館(Hilltop Tavern)

坐落在Akaroa西北山頂公路旁的特色餐廳,可鳥瞰Barry's Bay及Lucas Bay雙海灣的美景,以窯烤披薩著稱,曾獲寂寞星球的推薦。

❶頗具創意造型的阿卡羅阿戰爭紀念碑是當地地標(圖／Jeff)❷阿卡羅阿聖派翠克天主教堂由當初最早抵達的法國及德國教徒推動興建(圖／Jeff)❸阿卡羅阿港灣及碼頭清晨靜謐的景象(圖／Jeff)❹阿卡羅阿鎮區內承辦「與海豚共游」活動的黑貓郵輪辦公室(圖／Jeff)❺阿卡羅阿港邊的捕鯨設備遺跡(圖／Jeff)

南島基督城以南東海岸1天之旅

農牧鎮「阿許伯頓」、青石鎮「蒂馬魯」、白石鎮「奧瑪魯」

(圖／Jeff)

　　本行程可改為由基督城沿南島東岸直接南下到奧瑪魯，銜接「純南島12天經典精華遊」Day4～5的行程，或由但尼丁直接北上到基督城。

▲ 奧瑪魯小藍企鵝棲息地入口(圖／Jeff)

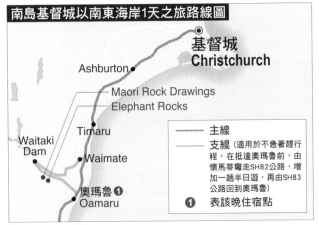

南島基督城以南東海岸1天之旅路線圖

基督城
Christchurch

Ashburton

Maori Rock Drawings
Elephant Rocks

Timaru

Waitaki Dam

Waimate

奧瑪魯 ❶
Oamaru

───── 主線
───── 支線（適用於不急著趕行程，在抵達奧瑪魯前，由懷馬蒂彎走SH82公路，增加一趟半日遊，再由SH83公路回到奧瑪魯）
❶ 表該晚住宿點

▲ 奧瑪魯市區石灰岩建築(圖／Jeff)

Day 1 南島

Christchurch → Ashburton → Timaru → Oamaru

歐洲移民於1866年來到奧瑪魯(Oamaru)，在當時坐落其南方的全紐第一大城但尼丁的帶動下，推升了該鎮的經濟發展，興建很多雄偉且具特色的「古希臘羅馬式」及「維多利亞式」建築，而這些建築物都以該鎮出產的「奧瑪魯白石(Oamaru Whitestone)」為建材，為該鎮帶來了「白石鎮(Whitestone City)」的封號。後來，奧瑪魯再因觀賞企鵝歸巢活動的吸引力，使其成為東岸重要的觀光城。

今日途中會順道經過阿許伯頓(Ashburton)及以出產青石著稱的蒂馬魯(Timaru)，都可以順道拜訪。

■ 目的地主要熱門景點活動

同「純南島12天經典精華遊」Day4～5行程B。

■ 沿途主要景點

拉卡西(Rakaia)

❈鮭魚世界(Salmon World)：可入館參觀水族館，了解鱒魚及鮭魚生態，其餐廳(Salmon Tales Café)亦供應鮭魚餐點，但以紐式燒烤為主。

阿許伯頓(Ashburton)

❈阿許伯頓鐘樓(Ashburton Clock Tower)：為慶祝建鎮100年所搭建的鐘樓，除了頂層分朝四面的四座時鐘，中層還有懸掛銅鐘的鐘樓。

❈農夫角(Farmers Corner)：臺灣人所經營的禮品店，屋舍後設有一個羊駝牧場，可免費參觀。

❈阿許福特手工藝村(Ashford Craft Village)：由產製手工紡織所用的紡紗機與紡織機的Ashford

Co. 所設，展示了一些藝術家與工藝家的作品。

❈阿許伯頓博物館(Ashburton Museum)：展示該鎮的建築物照片及紀念品。

蒂馬魯(Timaru)

❈南坎特伯雷博物館(South Canterbury Museum)：展示紐西蘭的自然遺產和南坎特伯雷地區的文物，更保留有紐西蘭最早研究載人飛行器的研究成果。

❈蒂阿納毛利岩石藝術中心(Te Ana Maori Rock Art Centre)：世界最大的毛利石雕藝術品的展示中心；屋前一尊「孤獨老人坐在船桅間」的雕像，述說老鎮長Cain船長，不平凡的一生故事。

❈艾格泰爾藝術館(Aigantighe Art Gallery)：南島第三大藝術博物館，擁有從16世紀至今紐西蘭、太平洋、亞洲和歐洲等區的各類藝術品。

❈崔弗格理菲斯玫瑰花園(Trevor Griffiths Rose Garden)：珍藏超過1,200個品種的玫瑰花，而且大多都是稀有的珍品。

❈理查皮爾斯紀念碑(Richard Pearse Memorial)：懷特兄弟在美國試飛前的4個月，Richard Pearse就在紐西蘭試飛了全世界第一架飛機，並創下飛行140公尺的紀錄，紀念碑就是該原型飛機的複製品，當時飛機係由竹片及鐵絲製成。

❈朗吉塔塔泛舟(Rangitata Rafts)：基督城以南最著名的泛舟活動，全程約3小時，刺激程度達4～5級(最高為6級)。

❈卡洛琳灣海灘(Caroline Bay Beach)：紐西蘭排名前10的美麗海灘，有著超級柔軟的白色沙灘和清澈海水，有機會觀賞到小藍企鵝。

♥ 夜宿城鎮的主要採買

同「純南島12天經典精華遊」Day4～5行程B。

私房推薦

可在奧瑪魯市區的i-SITE租借腳踏車，前往以下景點。

白石鎮的復古風建築

St Luke's Anglican Church、Harbour St.、Harbour-Tyne Historic Precinct歷史城區、The Last Post、Steampunk HQ、i-SITE、The National Bank Building、Oamaru Whitestone Civic Trust、Tourism Waitaki、Forrester Gallery、North Otago Museum、舊倉庫區、Oamaru Old Station、Waitaki District Council、Livery Stables。

▲奧瑪魯蒸氣機博物館(圖/老包)

▶福里斯特藝廊(圖/老包)

Tiger Lily Antique shop二手店、Michael O'Brien Bookbinder

皆坐落於Tyne St.，後者曾經是書本的印刷與製作所，店裡滿是濃濃的復古書卷味，推薦可去逛逛。

福爾摩沙餐廳(Formosa Restaurant)

坐落在Ashburton，由台灣人經營的亞洲美食餐廳，裝潢華麗高雅且具亞洲風格，擺盤講究，頗受洋人喜愛。

行程規畫小提醒

■ Christchurch→Ashburton→Timaru→Oamaru車程為3～3.5小時(省道或鄉村道路，少部分為山間或沿海道路，Timaru前後部分路段稍有起伏)。

■ 補充行程：Christchurch→Ashburton→Timaru→Waimate→Waitaki Dam→Maori Rock Drawings→Elephant Rocks→Oamaru

如果今日不急著趕行程，可考慮在抵達奧瑪魯前，由懷馬蒂(Waimate)先彎走SH82公路，增加一趟半日支線遊，再由SH83公路回到奧瑪魯(本行程亦可因應由但尼丁北上的規畫，而採反向行進)。

由Waimate西行改走SH82轉跨Waitaki River到Kurow西行在路右側，停車觀賞懷塔基水壩，之後原路折向沿SH83公路改東行(由Waimate彎走此趟車程約需增加1.5小時，建議再增加30分鐘～1小時沿途停留觀景的時間)。在抵達Duntroon村區約2分鐘車程前，路的右側岩壁上(岩壁前有鐵絲網保護)就是紐西蘭著名的懷塔基毛利石壁畫(其紀念館設在Timaru鎮區的Te Ana Maori Rock Art Centre)，之後再由Duntroon小繞彎去鄧楚倫象石群。以上詳細資訊，請參考「純南島12天經典精華遊」Day5行程A。

▲壩高36公尺的懷塔基水壩，其發電量約可供應51,000戶的電力所需(圖/老包)

①

②

③

①聖路加聖公會教堂白石黑頂及高聳的鐘樓,係當時全鎮最高的建築物(圖/老包)②建於1900年的奧瑪魯老火車站,木製粉色板房,曾附設有一座南島最大的餐廳,現已停止營運(圖/老包)③拉卡亞鎮上鮭魚世界門前所立的大鮭魚雕像招徠遊客,並成為當地地標 (圖/Jeff)④奧瑪魯的蒸汽機博物館展出很多利用蒸汽帶動引擎的機器(圖/老包)⑤怪石林立的鄧楚倫象石群為電影《納尼亞傳奇》取景點(圖/老包)⑥為慶祝建鎮100年所搭建的阿許伯頓鐘樓(圖/老包)⑦建於1883年的懷塔基區政府大樓原為郵局,現為區政府所在地(圖/老包)⑧黃眼企鵝及其巢穴(圖/老包)⑨奧瑪魯小藍企鵝棲息地,每天太陽下山後,坐在面海的看台上,觀賞小藍企鵝歸巢奇景(圖/Jeff)

④

⑤

⑥

⑦

⑧

⑨

南島最南端
南方景觀公路2天之旅

南島南方景觀公路、最南城鎮「因弗卡哥」及以牡蠣著稱的「布拉夫」

(圖/Jeff)

本行程結束後可由西北方前往蒂阿瑙，銜接「純南島12天經典精華遊」Day6的行程；如假期足夠還可由布拉夫搭乘渡輪南下到史督華島一遊，請參考「野性之島史督華島2~3天之旅」。

由但尼丁經因弗卡哥和蒂阿瑙到皇后鎮這條公路是南島知名的「南方景觀公路(Southern Scenic Route)」，本行程屬這條景觀公路的東南及南段的海岸線部分；其中尤以卡特林斯(卡特林斯海岸)最為知名，除了風景迷人外，又有很多特殊的景觀及動植物觀賞點。在假期寬裕的前提下，可考慮捨去一般常走的但尼丁—高爾—

▲由懸崖頂穿越階梯下至隧道海灘，三面垂直高挑的沉積岩壁，氣勢壯觀(圖/Jeff)

蒂阿瑙段的SH1公路，改以1.5~2天來完成此段海岸風景線公路之旅。

南島最南端的南方景觀公路2天之旅路線圖

但尼丁 Dunedin
Tunnel Beach
Milton
Balclutha
Kaka Point
Nugget Point & Nugget Point Lighthouse
❷ 因弗卡哥 Invercargill
Owaka
Waimatua
Papatowai
Bluff
Fortrose
❶ Waikawa
Cathedral Caves
Stirling Point
Slope Point
Curio Bay ❶
Petrified Forest

——— 行程
❶ 表該晚住宿點

Day 1 南島

Dunedin ➡ Tunnel Beach ➡ Milton ➡
Balclutha ➡ Kaka Point ➡ Nugget Point ➡
Owaka ➡ Papatowai ➡ Waikawa／Curio Bay

全長185公里的卡特林斯海岸(Catlins Coast)公路,沿途風光迷人,野生動植物頻現,加上地勢高低起伏,景觀豐富層次多變,因此很多觀光客並不以路稍遠且難行而退縮不前。

目的地主要熱門景點活動

✽庫力歐灣(Curio Bay):沙灘上可見到海獅,或在海灣中看到「赫克特海豚」,傍晚時分則可能見到歸巢的黃眼企鵝;海灣附近有兩處必遊景點,皆需在低潮前後各2小時內拜訪,可上網查其低潮時間。 ☞ 必玩

http www.cathedralcaves.co.nz/pages/13/Tide-Times

1.教堂洞穴(Cathedral Caves):由兩個洞穴組成一座總長199公尺及高30公尺的巨大海蝕岩洞,是全紐第二大海蝕岩洞。

2.石化森林(Petrified Forest):海岸邊充斥了圓或橢圓盤柱狀物,這些帶有年輪或樹紋的硬石古董,就是著名的原木樹型化石。

✽卡特林斯海岸雨林公園(Catlins Coastal Rainforest Park):距庫力歐灣不遠的原始雨林森林公園,園內有野性幽靜的步道、溪流及瀑布等。

沿途主要景點

✽隧道海灘(Tunnel Beach):由150公尺高崖頂下行,並穿過狹長的人工隧道,踏著72層陡峭的石梯,由懸崖頂逐步下至海灘,一面是陡峻的垂直峭壁,另一面則是廣闊的海洋。 ☞ 必玩

✽納蓋特角(Nugget Point)及納蓋特角燈塔(Nugget Point Lighthouse):白底黑頂的燈塔出現在納蓋特角的頂端,放眼望去,無涯的藍天碧海,有種無限寬廣的感覺。 ☞ 必玩

✽肯尼伯灣／蘇拉特灣(Cannibal Bay／Surat Bay):原始海灘上可近距離見到海獅、海豹、企鵝和各類的鳥類,其中以seal watching活動最為著名。

✽傑克吹氣孔(Jack's Blowhole):步行時間約1小時的步道(其中一段為私人土地,穿越時請維持應有的尊重),抵達55～200公尺高的懸崖頂,俯瞰海浪湧入窄灣時激起的澎湃浪花。

✽普拉考努伊瀑布(Purakaunui Falls):多層次的美麗瀑布,獲得世界最上鏡頭景點的榮耀(The most photographed in the world)。 ☞ 必玩

✽吹哨青蛙咖啡屋(The Whistling Frog Cafe & Bar):距Lake Wilkie僅約5分鐘車程的咖啡屋,綠白相間並掛著粉色領巾的青蛙造型店標,設有綠色燒材的窯爐,各式美味的菜肴,都頗具特色,值得推薦。

▲ 教堂洞穴因洞口石柱狀如哥德式教堂的列柱而得名(圖／Jeff)

行程規畫小提醒

■計畫前往南方景觀公路、卡特林斯地區、卡特林斯海岸公路之旅客,應注意以下事項。

1. 紐西蘭租車公司各有不同的規定,部分保險不允許駛入危險地區及非柏油平整路面的道路,而卡特林斯地區的一部分道路為碎石子路面。

2. Dunedin→Catlins Coast→Invercargill純車程就需5.5~6.5小時(不含前往支線景點的時間),安排行程時需預留更多景點停留及休息用餐的時間。且庫力歐灣的兩處景點需配合退潮時間才能進入,使得「南方景觀公路之旅」成為一個需安排1.5~2天才能真正走完的行程。

3. Day1晚到底應住宿在哪,絕對要依當日及次日庫力歐灣的低潮時間及日出/日落時間而定,並非隨便選個住宿點那麼簡單(當地非常偏僻,能選擇的住宿點有限,整段路的車程很長且彎窄,何況還需配合潮汐及日出、日落時間,會更增安排食宿點的難度)。一般建議Day1晚可優先考慮住在Curio Bay或附近的Waikawa。

■隧道海灘必須在低潮前後各2小時內拜訪,該步道全長1,500公尺,其中大約800公尺是陡峭的連續坡道(垂直落差150公尺),去程下坡雖稍輕鬆,回程時就會比較費力。且該步道需穿越私人牧場,每年8/1~10/31因值牧場生養小羔羊季節,暫停外人穿越。

■各段路線車程:

1. Dunedin→Tunnel Beach車程為15分鐘左右(前2/3為市區及市郊道路,後1/3為鄉村道路,均易行)。

2. Tunnel Beach→Kaka Point車程為1小時20分鐘~2小時(主要為鄉村,極少部分為沿海道路,但都算易行)。

3. Kaka Point→Nugget Point車程為10分鐘左右(全線均為鄉村及沿海道路,少部分彎曲窄狹,部分路段為碎石子路面)。

4. Nugget Point→Waikawa/Curio Bay車程為1小時40分鐘~2小時(全線均為鄉村或沿海/湖道路,部分彎曲窄狹起伏且鄰斷崖)。

5. 肯尼伯灣/蘇拉特灣、傑克吹氣孔、普拉考努伊瀑布等景點,都分散在納蓋特角前往庫力歐灣的沿途支線上,是否繞道拜訪及何時拜訪,都應先視教堂洞穴及石化森林的低潮時間調整(低潮時優先去教堂洞穴及石化森林,再視時間及其他景點的坐落先後順序,選擇或逐一拜訪)。

▲石化森林係海岸邊布滿帶有年輪或樹紋的硬石古樹化石,可追溯回1億6千萬年前侏羅紀時代(圖/Jeff)

❶麥克林瀑布係由兩層的瀑布組成，上層細長，下層寬短(圖／Jeff)❷巴爾克盧薩橋橫跨南島第一大河的巴爾克盧薩河，該河曾因發現紐西蘭恐鳥骨骸，而聲名大噪(圖／Jeff)❸納蓋特角南側下的咆哮灣，散布諸多三角型礁岩，是黃眼企鵝的棲息地(圖／Jeff)❹Milton Chrystalls Beach又被稱為「水晶海灘」，因為布滿晶瑩剔透、各色橢圓形水晶般的透明小石，讓此海灘名實相符(圖／Jeff)❺徜徉在肯尼伯灣沙灘上曬太陽的海獅群(圖／Jeff)❻通往海灣72層陡峭梯階的岩洞，雖是人為開鑿，但就像是一座天然隧道，讓隧道海灘名符其實(圖／Jeff)❼20分鐘的彎曲步道即可抵達76公尺高，白底黑頂的納蓋特角燈塔(圖／Jeff)❽威爾基湖是罕見的沼澤湖泊，水質因接觸有機酸及含泥炭的土壤，而呈淺褐色(圖／Jeff)❾三段多層次的普拉考努伊瀑布(圖／Jeff)❿奧瓦卡小村距納蓋特角約只有30分鐘的車程，是途中休憩及採買的好選擇，村中一戶住家造景的花園，常吸引遊客取景照相(圖／Jeff)⓫美麗白色的水晶海灘及24公尺高火山錐狀的庫克頂岩礁(圖／Jeff)

Day 2 南島

Waikawa／Curio Bay ➡ Slope Point ➡ Fortrose ➡ Invercargill ➡ Bluff ➡ Invercargill

❶斜坡角是紐西蘭南島的最南端，距南極頂點尚有4,803公里(圖／Jeff) ❷因弗卡哥市中心的皇后公園是當地人休閒的好去處(圖／Jeff) ❸古老火山地型的布拉夫丘，由山頂觀景台可鳥瞰布拉夫全景(圖／Jeff)

因弗卡哥(Invercargill)是紐西蘭最南端的城鎮，也是大英國協中坐落在緯度最南的城鎮，很多觀光客即衝著全世界最南城鎮之名，刻意拜訪留念。該鎮南地博物館中的活化石，有一隻已高齡110多歲的斑點囓齒蜥蜴，仍享有一夫多妻的齊人之福，是讓人好奇駐足的所在，世界各博物館中展示活體動物的前例並不多見，這也是該館特色之一。另本地早期移民大多來自蘇格蘭，故市中心有多座古典的維多利亞與愛德華式建築。

布拉夫(Bluff)是紐西蘭南島最南端的一個小鎮，也是號稱全世界質地最佳的「布拉夫生蠔(牡蠣)」的產地，如在4～7月盛產季來訪，一定要大快朵頤一番！該鎮也是前往紐西蘭第三大島史督華島的門戶。

▌目的地主要熱門景點活動

❋南地博物館(Southland Museum)：迷人金字塔造型的博物館，尤以觀看擁有活化石之稱的「斑點囓齒蜥蜴(Tuatara)」最為特別，其中高齡已達110多歲的亨利(Henry)更是著名「蜥瑞」。☞ 必玩

❋皇后公園(Queens Park)：城中最大的公園，占地約80萬平方公尺。☞ 必玩

❋斐德威克門(Feldwick Gate)：為紀念約翰斐德威克(John Feldwick)捐款建蓋因弗卡哥皇后公園所設立。他是該市第一份報紙──南地每日新聞(The Southland Daily News)的創辦人。

❋因弗卡哥水塔(Invercargill Water Tower)：建於1889年，高42.5公尺，擁有羅馬式紅磚建築風格的水塔，是本地地標。☞ 必玩

❋第一教堂(First Church)：紐西蘭境內少見的羅馬風格式教堂，興建於1915年。☞ 必玩

❋聖母聖殿教堂(St. Mary's Basilica)：屬「古羅馬長方形大教堂(Basilica)」型式，又具蘇格蘭風情的教堂，已列入紐西蘭歷史保護建築，雖有聖殿之名卻未被教廷承認。☞ 必玩

❋騎兵紀念碑(Troopers Memorial)：紀念南非「波爾戰爭(紐西蘭協助英國在南非與荷蘭人的戰爭)」的紀念碑。

❋比爾理查森交通博物館(Bill Richardson Transport World)：展示各類交通工具、設備及交

玩樂篇

通理念的博物館。

❊世界最南端的企業(The World's Southernmost Shops or Business)：設店於因弗卡哥就能夠博得「世界最南」商店的別稱，其中最吸引人的就是世界最南的Starbucks(星巴克)。 ☞ 必玩

沿途主要景點

❊斜坡角(Slope Point)：紐西蘭南島最南的端點，也是南島最接近南極的地方。 ☞ 必玩

❊懷帕帕角(Waipapa Point)：海灘上有機會見到海豹，13公尺高懷帕帕角燈塔更是全紐碩果僅存兩個木製燈塔中的一個。 ☞ 必玩

布拉夫(Bluff)

❊斯特林點(Stirling Point)：1836年斯特林船長(Captain Stirling)以自己的姓命名；附近還有三處景點： ☞ 必玩

1.紐西蘭公路極南點(Southernmost End of State Highway 1)：紐西蘭1號國道公路的最南點。

2.布拉夫鐵鏈圖騰(Bluff Chain-Link)：深入海中的巨大鏈條雕塑，述說毛利古老傳說中，天父及地母收養的兒子「毛伊(Maui)」身上所發生的故事；據說紐西蘭的三大島，也都是因其調皮搗蛋所造就的。

3.斯特林點燈塔(Stirling Point Lighthouse)：一座約1.5～2層樓高的白色圓形老燈塔。

❊布拉夫丘(Bluff Hill)：265公尺高的布拉夫丘，山頂設有觀景台，可鳥瞰布拉夫全景。山頂尚保留著二戰時的軍事設施。可由斯特林點步行登上山頂或開車抵達。 ☞ 必玩

❊島嶼港(Island Harbour)：一座人造島，最主要的建築就是「紐西蘭鋁冶煉廠」。

❊布拉夫牡蠣與南地海鮮節(Bluff Oyster and Southland Seafood Festival)：每年的5月底舉辦以海鮮美食為主題的海鮮節，活動高潮包括開牡

蠣與吃牡蠣比賽、大廚烹飪比賽，和以包裝牡蠣的布袋為想像主題的創意服裝秀等。 ☞ 必玩

❊鮑魚殼屋(Paua Shell House)：一座貼滿鮑魚殼的小型博物館。住在布拉夫的Fred Flutey夫婦，1960年起從客廳鏡子周圍開始懸掛裝飾鮑魚殼，最後全屋增至1,170個鮑魚殼。 ☞ 必玩

行程規畫小提醒

■因應低潮位時間變化，昨天未完成的庫力歐灣海邊景點可改今天進入；喜歡徒步者，亦可選擇今早到卡特林斯海岸雨林公園，悠哉地漫步，享受原始雨林森林浴。

■各段路線車程：

1.Waikawa／Curio Bay→Slope Point車程為20～30分鐘，停車後需再走20分鐘的步道(全線均為鄉村或沿海道路，部分彎曲窄狹起伏且鄰斷崖，部分路段為碎石子路面，請注意保險公司的理賠規定)。

2.Slope Point→Invercargill車程為1～1.5小時(不含彎去懷帕帕角的時間；全線均為鄉村或沿海道路，部分彎曲窄狹起伏且鄰斷崖)。

3.Invercargill→Bluff車程為30分鐘(全線均為鄉村或沿海道路，部分彎曲窄狹起伏)。

■如果在斜坡角計畫彎去西南的懷帕帕角看燈塔，車程會增加30～40分鐘，而由停車場步行至燈塔還需10分鐘(單趟)，故連同賞景時間約至少增加1～1.5小時以上。

▼1884年啟用的懷帕帕角燈塔是紐西蘭目前唯一還在運作的木製燈塔(圖／Jeff)

❶一座1889年建成的羅馬式因弗卡哥水塔,如果不特別提示,很難聯想它是水塔(圖/Jeff)❷布拉夫的紐西蘭公路極南點,設有一支全紐最著名的路標牌,標示通往世界各主要城市(包括赤道和南極)的距離及方向(圖/Jeff)❸因弗卡哥市中羅馬式的聖母聖殿教堂,紅牆圓穹,造型極為特殊(圖/Jeff)❹布拉夫鐵鏈圖騰表徵將南島與史督華島相串連(圖/Jeff)❺駝峰嶺步道是條需走3天的環山步道,其山頂的小湖及岩石景致極為迷人(圖/Jeff)❻1915年建成的因弗卡哥基督教長老教會第一教堂(圖/Jeff)❼福維克斯步道可登至布拉夫丘頂(圖/Jeff)

野性之島史督華島 2～3天之旅

紐西蘭第三大島、幽靜小鎮「奧本」及全紐最南「拉奇烏拉國家公園」

(圖／Jeff)

本行程可單獨進行，或由「南島最南端南方景觀公路2天之旅」之前或之後接續。本書規畫的3天行程，可依個人喜好調整，將時間彈性變動為2天。

去過紐西蘭的人常說「紐西蘭是世界上僅存的一塊淨土」，而史督華島(Stewart Island)更可以說是「淨土中的淨土」，它的美是美得自然、美得簡樸，如一塊未雕琢的璞玉，懸垂在南冰洋的邊陲，冬季更有機會見到南極光。

野性之島史督華島2～3天之旅路線圖

- - - - - 飛機
- - - - - 渡輪
❶　表該晚住宿點

因弗卡哥 Invercargill

布拉夫 Bluff

❶❷ 奧本 Oban — Halfmoon Bay

Ackers Point

Ulva Island

Paterson Inlet

Rakiura National Park

▼俯瞰菖余灣及灣中的各式船舶(圖／Jeff)

▶ 建於1908年，白色方型外觀
的耶克角燈塔(圖／Jeff)

Day **1** 南島

Invercargill／Bluff ➡ Oban ➡ Ackers Point ➡ Oban

史督華島是紐西蘭第三大島，毛利人稱之為Rakiura，位於南島最南端大約30公里外海，隔著福維克斯海峽與南島最南端的布拉夫港遙遙相望；整個島面積約85%是國家公園，因地處邊陲且人跡罕至，國家公園內保有相當多未開發天然粗獷的原始森林，並闢有280公里長的步道，走入其間離群索居，遺世獨立如入荒寂仙境，故有「野性之島」美稱。

今日一早搭飛機或渡輪由因弗卡哥或布拉夫前往史督華島，首先抵達該島唯一的小港鎮奧本(Oban)，可參觀小鎮於捕鯨與伐木等時期的古典建築遺跡，另可觀望半月灣的景致，去拉奇烏拉博物館參觀其館藏；之後驅車、騎車或步行前往耶克角及半島，欣賞美麗的海灘及燈塔，更有機會見到可愛的小藍企鵝。

目的地主要熱門景點活動

✸ 奧本(Oban)：島上唯一的小鎮，幾乎全島的人口都集中在這走路半小時可達的海灣內小土地上。 ☞ 必玩

✸ 半月灣(Halfmoon Bay)：鄰接奧本小鎮的海灣，也是渡輪碼頭的所在點。

✸ 拉奇烏拉博物館(Rakiura Museum)：收藏了史督華島早期豐富多采的歷史文物和照片，包括毛利人遺跡、歐洲捕鯨漁業、木業等遺物。 ☞ 必玩

✸ 耶克角(Ackers Point)：坐落在半月灣南側半島的尖端，海灘上有機會見到小藍企鵝；在半島南側的林佳林佳海灘(Ringaringa Beach)上優遊散步，也是一種享受。 ☞ 必玩

✸ 耶克角燈塔(Ackers Point Lighthouse)：坐落在耶克角頂端的白色燈塔，於1927年才移至此地。 ☞ 必玩

沿途主要景點

✸ 海灣之旅(Bays Visit)：半島北側的Lonnekers Beach、Leasky Bay和Harrold Bay；半島南側的Ringaringa Beach和Evening Cove都有不錯的海景。

✸ 耶克石頭屋(Ackers Cottage)：位在Harrold Bay，於1835年建造的石屋，是紐西蘭最古老的房屋之一。

♥ 夜宿城鎮的主要採買

當地有小型超級市場、旅遊中心、加油站、多家住宿旅館及餐廳。

▲ 因弗卡哥往返史督華島的九人座飛機(圖／Jeff)

玩樂篇

行程規畫小提醒

■前往史督華島的交通方式如下：

1. 搭飛機：由因弗卡哥搭飛機到奧本，有史督華島航空(Stewart Island Flights)提供定期航班，九人座飛機每日由因弗卡哥往返史督華島，飛行時間約20分鐘。而史督華島航空也提供四人座小型飛機給登山或打獵者租用，這種小型飛機可以降落在沙灘或平整空地上。當地機場地處偏僻，建議透過旅館安排接駁服務。

2. 搭渡輪：由布拉夫搭史督華島渡輪(Stewart Island Experience)到奧本，該船公司提供定期航班，航行時間約1小時，渡輪公司亦提供由Invercargill、Queenstown、Te Anau出發的巴士接駁服務。渡輪不大，無法乘載車輛過海；若遇海上風浪較大，搭乘者可能會身體不適。

■奧本渡輪碼頭附近的旅遊資訊中心，設有租車服務(轎車、摩托車及越野腳踏車)；不過史督華島範圍不大，在島上旅遊可考慮不租車(最遠到Lee Bay路程僅5公里，走路1小時可達)，改以徒步當車；如不想走路，可考慮租用摩托車或越野腳踏車，也可透過當地旅館安排接駁車輛代步(單趟約紐幣10元)。

■各段路線車程：

1. Oban→Harrold Bay(Ackers Cottage)車程為10分鐘；單趟步行約50分鐘(鄉村沿海道路，窄狹部分稍有彎曲，後段為碎石子路面)；由路底停車場步行約30分鐘可達Ackers Point。

2. Harrold Bay→Ringaringa Beach車程為9分鐘(經由Wohlers Road到海邊)；單趟步行約30分鐘(經由Ringaringa Road路底步道)。

■因Ackers Point、Harrold Bay、Ackers Cottage與Ringaringa Beach在同一方向，建議先拜訪Ackers Point，再續往Ringaringa Beach，會較節省徒步時間。

▲史督華島上唯一也是最大的拉奇烏拉博物館(圖／Jeff)

▲耶克石頭屋是紐西蘭最古老的石造房屋之一(圖／Jeff)

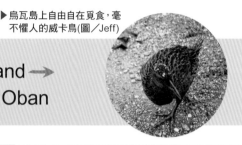

▶烏瓦島上自由自在地覓食，毫
不懼人的威卡鳥(圖／Jeff)

Day
2
南島

Oban → Ulva Island → Paterson Inlet → Oban

烏瓦島(Ulva Island)因長期不受外來動植物的侵擾，彷彿與世隔絕，是雀鳥的天堂，島上可輕易看見一些稀有或特有的鳥類，如圖伊鳥(Tui)、卡卡鸚鵡(Kaka)、紅梢鸚鵡(Kakariki)等，而最常見的是威卡鳥(Weka，臺灣稱為威雀)，甚至還有機會看到野生的奇異鳥(Kiwi)，常吸引世界各地的觀鳥者前來朝聖。

早上步行到黃金灣碼頭(Golden Bay Wharf)，搭水上計程車到烏瓦島，島上有平坦的步道及清晰的指示牌；可以盡情漫步在杳無人煙的荒島上，靜聽雀鳥的叫聲，與不懼人類的野生動物近距離接觸；可在島上停留2～3小時，感受純淨的大自然氛圍；中午前後回到黃金灣，下午可前往幾處步道健行賞景。

目的地主要熱門景點活動

❋烏瓦島(Ulva Island)：在奧本鎮南方的派特森內灣中，面積約2.7平方公里，是鳥類及野生動物的天堂。👉 **必玩**

❋黃金灣(Golden Bay)及深海灣步道(Deep Bay Track)：這區域有幾條相當不錯的短距離步道及高點，沿途可以見到沃勒斯牧師紀念碑(Reverend Wohlers Monument)、石造十字架(Stone Cross)，還可俯瞰派特森內灣(Paterson Inlet)及鄰近的海灣。👉 **必玩**

❋銀蕨谷步道(Fern Gully Track)及萊恩溪步道(Ryans Creek Walk)：兩條景致幽美的短步道，鎮區邊緣就可以體驗拉奇烏拉國家公園(Rakiura

▼奧本鎮區及半月灣倩影(圖／Jeff)

National Park)的美；而萊恩溪步道可以欣賞廣闊的派特森內灣及沿岸長滿苔蘚的岩石。前者來回徒步需2小時，後者需3.5～4小時。

行程規畫小提醒

■Oban→Golden Bay Wharf車程為3分鐘；單趟步行約15分鐘(鄉村道路)。

■由黃金灣搭水上計程車到烏瓦島全程約8分鐘；島上無任何賣店，請自備飲水及食物。

■由奧本鎮區沿公路徒步前往黃金灣及深海灣步道，全程來回約3小時。

▲由黃金灣搭水上計程車到烏瓦島(圖／Jeff)

▲烏瓦島上寧靜原始的巨石海岸及散布著海帶的沙灘(圖／Jeff)

▲沿老鋸木廠軌道及布滿蕨類的小河，漫步銀蕨谷步道(圖／Jeff)

Day 3 南島

Oban → Rakiura National Park & Short Walks → Invercargill／Bluff

早上前往拉奇烏拉步道，可考慮由步道起點的利灣出發，抵達曾經是伐木時期相當繁忙的毛利海灘，這是該步道最精華路段；之後再原路回到利灣，全程來回約2小時。成立於2002年拉奇烏拉國家公園，是全紐最年輕的國家公園，而此條步道則是該公園數條長程步道中的一部分；傍晚搭飛機或搭渡輪返回因弗卡哥或布拉夫；若不計畫去走步道，則可提前在Day2午後或今日午前返回紐西蘭南島。

▲拉奇烏拉國家公園擁有未遭受破壞的生態系統和動植物(圖／Jeff)

目的地主要熱門景點活動

❀拉奇烏拉國家公園(Rakiura National Park)：成立於2002年，面積約占整個史督華島的85%，公園內以拉奇烏拉步道(Rakiura Track)、鳥類和原始森林聞名。

❀拉奇烏拉步道(Rakiura Track)：紐西蘭10條多天行程大走步道(Great Walk)中最短、最容易完成的一條，環形步道總長32公里，步行2～3天；步道大都位於國家公園內，沿途有布滿海帶、海草、平坦而原始的沙灘，有翁鬱茂密的海岸雨林，隨時有鳥雀婉轉的歌聲陪伴著。

❀利灣(Lee Bay)：拉奇烏拉國家公園大走步道的起點，距離奧本鎮中心約5公里。利灣也設有和布拉夫造型相同的紅褐色鐵鏈圖騰，與布拉夫隔著福維克斯海峽遙遙相對。伸入海中的巨大鏈條雕塑，代表史督華島與本土南島間的鏈結。 ☞必玩

❀毛利海灘(Maori Beach)：在伐木時期，此處曾是該島相當繁忙的區域，尚留有當年伐木時期的遺跡。 ☞必玩

行程規畫小提醒

Oban→Lee Bay車程為11分鐘；單趟步行約1小時15分鐘(前段為鄉村沿海道路，中段以後均為稍狹窄的林區道路，部分稍有彎曲，後段為碎石子路面)。建議無車者可以付費請旅館安排車輛，往返鎮區與利灣間的交通，以節省時間和體力。

❶利灣設有和布拉夫造型相同的紅褐色鐵鏈圖騰(圖／Jeff)❷拉奇烏拉步道沿途有原始的沙灘和茂密的海岸雨林(圖／Jeff)❸❹毛利海灘上布滿粗厚的海帶，遠處是步道會經過的索橋(圖／Jeff)

純北島6天
經典精華遊

以北島中線地區為此行程的主軸,由奧克蘭出發,於威靈頓結束,舉凡北島最主要的景區,都一一拜訪,是假期稍短之首遊族優先考慮的行程。

(圖/Jeff)

Day 1 北島

自臺灣離境 ➡ 飛往美麗的「長白雲故鄉」紐西蘭

▲ 遠眺奧克蘭市區(圖/老包)

▲ 漢密爾頓花園(圖/Jeff)

奧克蘭 ❷❻
Auckland

Hamilton
Cambridge
Matamata
Tirau
Otorohanga
Waitomo
羅托魯阿 ❸❸
Rotorua
陶波 ❹❹
Taupo
❹ 東佳里諾國家公園
Tongariro National Park
Turangi
Nationl Park
Ohakune
Waiouru
Napier
Hastings
Palmerston North
威靈頓 ❺
Wellington

Ⓐ	行程A
Ⓑ	行程B
Ⓐ	Day4~5支線A
Ⓑ	Day4~5支線B
❷❸❹	表該晚住宿點

Day 2 北島

飛抵北島奧克蘭(Auckland)

▶由奧克蘭最高的火山口遺址伊甸山頂，可鳥瞰奧市全景，兩側分別為太平洋和塔斯曼海(圖／Jeff)

奧克蘭係紐西蘭第一大城，幅員相當廣闊，其面積幾乎較臺北市大20倍有餘，俗稱之奧克蘭市過去由6個不同的城市所組成，各有各的市長，不過已於2012年合併為一個大奧克蘭市，目前只設單一市長；整體而言奧克蘭屬丘陵地型(奧市歷經超過50座火山爆發，是以全市只要是凸起的山丘，就是火山口)，海岸線曲折多變，海灣常深入內陸，地勢更是起伏不一；市中心區在奧克蘭港的南岸，也是觀光客主要拜訪的地區。

銜接提示：
可於本行程Day2後，改由奧克蘭北上先走「北島北端島嶼灣3～4天之旅」，於該行程結束後回到奧克蘭，再回接本行程Day3的活動。

目的地主要熱門景點活動

奧克蘭中心區

- 皇后街(Queens St.)：全紐西蘭最熱鬧的街道，每週四、五晚為late night(商家延長營業時間至20:00～21:00)。必玩
- 天空塔(Sky Tower)及天空城(Sky City)：南半球第一高塔(328公尺)及全紐西蘭最大賭場。必玩
- 伊甸山(Mt Eden)：奧克蘭最高的山丘，火山爆發所留下的火山口，山頂上設有紀念碑，站立山巔鳥瞰奧市全景，海空一色，美不勝收。必玩
- 帕尼爾路(Panell Rd.)：雅客人士最愛逛的藝術小街，連前美國總統柯林頓都三度前往逛街購物及喝咖啡。必玩
- 渡輪碼頭(Ferry Building)：巴洛克式古雅鐘樓，奧克蘭古蹟之一。
- 奧克蘭戰爭紀念博物館(Auckland War Memorial Museum)：陳列與紐西蘭有關的戰爭事物，展示紐西蘭的自然生態、動植物。
- 奧克蘭中央公園(Auckland Domain)及冬宮(Winter Garden)：市中心最大的公園，設有著名的「冬宮」玻璃花房。
- 阿爾伯特公園(Albert Park)：設有全紐西蘭第一尊女王雕像並距奧克蘭市中心最近的公園、奧克蘭大學隔街相望，可順道拜訪。
- 美國盃帆船比賽場(Viaduct Harbour)：位於威爾達港，這是耗時最長的單一運動比賽(一次賽程6個月)，紐西蘭在此領域數度揚名於世。必玩
- 國家海事博物館(National Maritime Museum)：展示紐西蘭經由海上交通帶來文明成長的所在，還可參加帆船遊港灣的活動。
- 帕尼爾玫瑰花園(Parnell Rose Garden)：五彩繽紛的玫瑰花，爭奇鬥豔，園側白色維多利亞式老屋及盤根錯結的古樹，更襯托出了玫瑰的嬌豔。
- 奧克蘭港灣大橋(Auckland Harbour Bridge)：奧克蘭最美海景的跨海灣大橋，橋頂的鐵架設有高架步道，橋面板下另設有高空彈跳塔，是年輕人挑戰的地點。

✽維多利亞公園市集(Victoria Park Market)：市集內上百家各式各樣的商店，是觀光客的好去處。

✽懷西基島(Waiheke Island)：又稱激流島，豪拉基灣(Hauraki Gulf)第二大島嶼，以海景及葡萄酒著稱，是旅遊、品酒與度假勝地。

✽朗吉托托島(Rangitoto Island)：奧克蘭現存唯一的活火山，可搭渡輪前往，徒步登上火山。

奧克蘭中心區中南側

✽康沃爾公園(Cornwall Park)：與獨樹山公園合計是奧克蘭市中心區最大的公園，也是當地人平日最喜愛的休閒運動公園，公園草地上常見成群牛羊。

✽獨樹山公園(One Tree Hill Domain)：與康沃爾公園緊鄰，全奧克蘭第二高峰，充斥蒼松古木、奇花異草、火山坑洞，山頂設有紀念碑，原為毛利人山寨(Pa)。

✽塞西莉亞丘公園(Monte Cecilia Park)：電影《納尼亞傳奇》中老教授豪宅的取景點。

✽亞歷山卓跑馬場(Alexandra Park)：每週五晚上可前往觀賞賽馬比賽，並買張馬票賭賭手氣。

奧克蘭中心區中東側

✽凱利塔頓南極世界(Kelly Tarltons Antarctic Encounter World)：是世界第一座海底玻璃展示隧道，可搭乘軌道車進入冰雪天地的南極世界，觀賞企鵝的生態。☜必玩

✽麥克紀念公園(Michael Savage Memonal Park)：奧克蘭最美海景的公園，是為紀念紐西蘭勞工黨第一任黨魁麥克．約瑟夫．瑟魏奇(Michael Joseph Savage)所設。

✽傳道灣(Mission Bay)：奧克蘭最著名的海灘，沿海岸地區的商鋪供應各式餐飲。

奧克蘭中心區中西側

✽西泉公園(Western Springs)：別稱「天鵝湖」，是奧克蘭最早的水源地，清澈的池水中徜徉著野鴨及天鵝。

✽奧克蘭動物園(Auckland Zoo)：擁有超過120個品種、一千多隻動物，是紐西蘭最多樣化的動物園，緊鄰西泉公園。

✽奧克蘭交通與技術博物館(Museum of Transport and Technology)：簡稱MOTAT，由舊自來水處理廠改建而成，緊鄰西泉公園。

奧克蘭北岸區

✽德文港(Devonport)：坐落在奧克蘭港灣最北岬角，殖民地時代的房舍及維多利亞式的古蹟旅館，風光秀麗。

✽塔卡普納跳蚤市場(Takapuna Flea Market)：北岸區週日上午跳蚤市場。

✽普普奇湖(Lake Pupuke)：奧克蘭第二老的水源地，湖上野鴨及天鵝成群，湖畔的豪宅頗具風情。

奧克蘭西區

✽塘鵝保護區(Gannets Reserve)：黑色發亮沙質的繆雷瓦海灘(Muriwai Beach)，是奧克蘭人衝浪的好所在，礁岩上住有近千隻塘鵝，隨風展翅，氣象萬千。☜必玩

✽庫縂(Kumeu)：奧克蘭近郊的葡萄酒產區，設有多家酒莊，可隨意拜訪品酒。

♥夜宿城鎮的主要採買

中大型超級市場、華人超市、購物中心、禮品店、加油站多家及餐廳。

行程規畫小提醒

Auckland Airport→Auckland City車程為40～50分鐘(前半為快速及高速公路，後半為市區道路)。

①南半球第一高的雲霄塔及坐落其邊上的全紐西蘭最大賭場天空城(圖／老包)②奧克蘭戰爭紀念博物館係奧克蘭最大的博物館，大理石建築物本身就是座古蹟(圖／老包)③奧市中南側的獨樹山公園山頂及紀念碑(圖／Jeff)④以海景及葡萄酒著稱的懷西基島，也是紐西蘭人口最密集的島嶼(圖／Jeff)⑤奧克蘭市中心區、港灣及朗吉托托火山島的黃昏景致(圖／老包)⑥奧市西區的塘鵝保護區，島上正值覓偶及交配期的「塘鵝」(圖／老包)⑦奧克蘭的帆船碼頭區(圖／Jeff)⑧占地64公頃的奧克蘭植物園是大奧克蘭市最大的植物園(圖／Jeff)

❾ 擁有奧市最美海景的麥克紀念公園，也是很多希臘神話電影的取景點(圖／Irene曾)**❿** 德文港最北岬角的隱形炮和戰壕地道，原是捍衛奧市的軍事重地，目前皆可參觀(圖／Jeff)**⓫** 電影《納尼亞傳奇》取景點的塞西莉亞丘公園(圖／老包)**⓬** 位於獨樹山公園中的「奧克蘭之父」約翰羅根肯伯爵士之老木屋，現已改成遊客中心及咖啡館(圖／Jeff)**⓭** 有天鵝湖別稱的西泉公園，也是奧市最早的水源地(圖／老包)**⓮** 威爾達港人口處展示了獲得世界冠軍的帆船，是紐西蘭人的榮耀(圖／Martin Yeh)

Day
3
北島

衝接提示：

近年來因電影《魔戒》的崛起，很多到紐西蘭旅遊者將該片取景點之一的「馬塔馬塔哈比屯」視為必遊景點之一；此外，許多人也對被列入全紐十二大必遊景點的「懷托摩螢火蟲洞」非常嚮往。但因這兩處景點方向不同，對於假期不足，又希望南島與北島均遊者，在行程規畫上就很難兩全其美了(尤其冬季晝短夜長，各景點活動都提早休息打烊；不過也可將拜訪螢火蟲洞的活動改到南島蒂阿瑙進行)。是以為因應此類需求者，建議就下列兩路線中擇一進行即可。

行程A

Auckland ➝ Hamilton ➝ Otorohanga ➝
Waitomo ➝ Otorohanga ➝ Cambridge ➝ Rotorua

行程A的詳細內容與景點資訊，請參考本書「北島西岸3～4天之旅」Day1及「螢火蟲之旅」的內容。如假期足夠，亦可在懷托摩住宿一晚，隔天再前往羅托魯阿。

行程B

Auckland ➝ Hamilton ➝ Cambridge ➝ Matamata ➝ Rotorua

羅托魯阿(Rotorua)係紐西蘭北島的第一大觀光城市，也是僅次於皇后鎮的全紐西蘭第二大觀光城，素有「硫磺之城(Sulphur City)」的別稱，此地匯聚了地熱與毛利文化精髓，要觀賞火山及地熱之美、要了解毛利文化的內涵，捨羅托魯阿即無處可得。如選擇此行程，可順路經過《魔戒》電影取景點的「哈比屯」，既可一圓魔戒夢，又可拜訪此被列為紐西蘭十二大必遊景點之一的溫泉鄉「羅托魯阿」。

❶ 波胡圖間歇性噴泉係蒂普亞谷內65座噴泉中最活躍的一座，也是全紐西蘭及南半球最活躍的間歇性噴泉(圖／Jeff)
❷ 蒂普亞有超過500個地熱池和65個地熱噴泉，毛利人在這裡生活了近700年，因此此地可說是了解毛利文化及土地的活教材(圖／Jeff)

目的地主要熱門景點活動

❀ 政府花園(Government Gardens)及羅托魯阿博物館(Rotorua Museum)：園中蒼松古木、錦簇花圃，原名大澡堂的博物館是當地地標。 🔖必玩

❀ 蒂普亞(Te Puia)：毛利文化村及地熱谷。

❀ 天際線纜車(Skyline Skyride Gondola)：纜車觀景台高度487公尺，有餐廳及溜溜車等遊樂設施。

❀ 羅托魯阿湖(Lake Rotorua)：湖中的莫庫亞島(Mokoia Island)上所發生的愛情故事，是毛利最著名的愛情傳說。

❀ 彩虹鱒魚村(Rainbow Springs)或天堂溪谷村(Paradise Valley Springs)：觀賞鱒魚、各種原生鳥類(含奇異鳥)、原生動植物的小型園區。

❀ 湖上皇后遊輪(The Lakeland Queen)：靠船尾滾動的大水輪帶動，可於船上用餐並賞湖景。

❀ 庫伊勞公園(Kuirau Park)：免費觀賞熱泥漿池、免費泡腳池。

❀ 愛歌頓農場(Agrodome)：剪羊毛秀、逛奇異果園、斜盪式彈跳、快艇活動，可餵食牛、羊、羊駝等。 🔖必玩

❀ 埋葬村(Buried Village)：地震走山的泥石流掩蓋了蒂懷羅阿(Te Wairoa)村的遺跡。

❀ 波里尼西亞溫泉池(Polynesian Spa)：南半球排名第一的溫泉，共設有26個大小不同的泉池。 🔖必玩

❀ 紅木森林(Red Wood Forest)：羅托魯阿的觀光森林步道；也可考慮去走553公尺長、12公尺高的紅木森林樹頂步道。

❀ 藍湖和綠湖(Blue and Green Lakes)：兩座相鄰的湖泊，因湖水分呈藍色和綠色故得名。

❀ 夯吉(Hangi)：毛利人傳統食物，羅托魯阿當地毛利人利用取之不盡的地熱，以類似蒸籠的烹煮工具，利用地底冒出的熱蒸氣蒸煮食物。 🔖必吃

❀ 哈姆拉納冷泉(Hamurana Springs)：泉口深度約17公尺，深澈見底，每小時湧出約5萬公升的泉水。

▲被允許游泳的藍泉已成旅遊熱門景點(圖／Jeff)

❀ 地獄之門(Hell's Gate)：是羅托魯阿地區地熱及泥漿最活躍的所在，可享受熱溫泉及泥漿浴。

❀ 藍泉(Blue Springs)：此座被允許游泳的天然冷泉，每分鐘有48立方公尺的流量，終年水溫在11℃上下，紐西蘭60%的瓶裝水取自此冷泉。

沿途主要景點

奧克蘭(Auckland)→漢密爾頓(Hamilton)

❀ 胡努瓦區域公園(Hunua Regional Park)：奧克蘭自來水集水區之一，蓄水庫、花瓣般造型之洩洪道及胡努瓦瀑布，常有機會見到燦爛彩虹。

❀ 杭特利火力發電廠(Huntly Power Station)：紐西蘭第一大火力發電廠，提供全紐20%用電量。

❀ 杭特利礦石文化館(Huntly Mining Cultural Museum)：展示不同於一般礦坑採礦的工序方式，透過展品及影帶介紹先民採礦與生活。

❀ 格連布魯克復古蒸汽火車之旅(Glenbrook Vintage Railway)：老式蒸汽火車、黃色車廂、鏤空式座椅、古董老燈，一路重返懷舊年代。

❀ 基石羊駝場(Cornerstone Alpaca Stud)：可餵食並與羊駝親密接觸，還有餐廳、羊駝產品賣場，且竟販售活的小羊駝！

漢密爾頓

❀ 漢密爾頓花園(Hamilton Gardens)：紐西蘭最具特色的花園，內有日式、中式、英式、美式、義式、印式等各國花園，在「龜池」畔點杯香郁的咖啡，鳥語花香，好不自在。 🔖必玩

❀ 葛爾乾燥花中心(Gail's of Tamahere)：占地14英畝之花圃，可欣賞乾燥花製作；裡頭有座復古式的老教堂結婚禮堂，更是賞心悅目。

❀ 新娘面紗瀑布(Bridal Veil Falls)：55公尺高的瀑布，由三面環山的谷頂奔騰而下，10分鐘的步道可至谷底看台。

❀ 懷卡托河之旅(Waikato River Tour in Hamilton)：全紐西蘭最長的河流，可沿河堤步道徒步或騎腳踏車遊逛漢密爾頓、或搭船沿河賞景。

❀ 熱氣球嘉年華會(Hot Air Balloon Festival)：每年秋季於漢密爾頓湖(Hamilton Lake)畔舉行的嘉年華會，上百個熱氣球緩緩升空，好不壯觀。

漢密爾頓→馬塔馬塔(Matamata)→羅托魯阿(Rotorua)

❀ 劍橋小鎮(Cambridge Township)：沿用英國劍橋之名，具有濃厚英國風情的鄉村小鎮，街道兩旁種植許多樹木，保存大量的古典建築，臨近的農場以培育駿馬聞名於世。

❀ 蒂勞(Tirau)：又稱「浪板村」，商家以鐵製浪板裝飾成狗、羊等各式各樣動物造型的房屋或看板，顏色鮮豔，頗具藝術氣氛。 ☞ 必玩

❀ 哈比屯之旅(Hobbiton Tour)：《魔戒》取景點的「亞歷山大農場」，丘陵地上高大滾圓之橡樹、湖泊及哈比人小屋，是《魔戒》電影中小哈比人居住之地。 ☞ 必玩

▲英國風味十足的劍橋小鎮，主街道上隨時呈現一派悠閒的氣氛(圖／Jeff)

♥ 夜宿城鎮的主要採買

大型超級市場、華人超市、購物中心、禮品店、加油站多家及餐廳。

行程規畫小提醒

Auckland→Hamilton→Matamata→Rotorua車程為3～3.5小時(其中Auckland→Hamilton段為高速公路及快速道路，易於行駛；Hamilton→Matamata→Rotorua段為一般道路，部分路面較狹、地勢有少許起伏)。

私房推薦

塔瑪啼卡浦啊毛利會堂(Tamatekapua Meetinghouse)

湖畔毛利村莊中真正的毛利會堂，內有很多毛利族群珍貴的雕飾。

聖公會聖費斯教堂(St Faith's Anglican Church)

教堂面湖彩繪玻璃窗，因特殊設計，乍看極似基督的畫像站立在「羅托魯阿湖」湖面上，讓人訝異不已。

▲毛利會堂(圖／阿泰)

▲聖公會聖費斯教堂(圖／阿泰)

塔馬基毛利村(Tamaki Maori Village)

全紐最富盛名的仿毛利村，除了山、河、森林實景及毛利村寨外，還有毛利祠堂每晚都有毛利歌舞表演及正統毛利餐點「夯吉」，來羅托魯阿不能不訪。

❶漢密爾頓的熱氣球嘉年華會(圖/Martin Yeh)❷搭乘天際線纜車可鳥瞰羅托魯阿全鎮的湖光山色 (圖/Jeff)❸30公尺高的胡努瓦瀑布曾是廣告片取景的熱門點，夏天更是戲水的最佳場所(圖/Jeff)❹胡努瓦區域公園自來水集水區的Mangatangi水庫，花瓣造型的洩洪口與傳統的堤壩型洩洪道完全不同(圖/Jeff)❺紐西蘭排名第一的愛歌頓農場剪羊毛秀(圖/老包)❻毛利人以傳統方式燒煮的食物稱為夯吉(圖/Gary Huang)❼愛歌頓農場的農莊之旅，搭乘耕耘車進入牧場(圖/老包)❽蒂普亞入口處12支圍成圈、內斜且高聳的圖騰木柱，是導引毛利人靈魂回到古老神聖家園哈瓦基的神聖之路(圖/老包)❾鳥瞰羅托魯阿湖的全景(圖/老包)❿沿著羅托魯阿湖畔的木棧道可抵達充滿硫磺味的硫磺角(Sulphur Point)(圖/Jeff)

⓫湖上皇后遊船有安排早餐，可邊賞景邊享受美味餐點(圖／老包)⓬埋葬村是紐西蘭的「龐貝古城」，1886年火山泥石流掩蓋了蒂懷拉阿村，事後經挖掘整理並設博物館(圖／Jeff)⓭馬塔馬塔街頭上的鎮標也改為Hobbiton字樣(圖／Jeff)⓮在熱泉環繞的羅托魯阿，哈姆拉納冷泉卻大相逕庭，每小時湧出約5萬公升的清涼泉水，是當地非常特殊的景觀之一(圖／Jeff)⓯馬塔馬塔街頭的商家也把店面裝潢的類似《魔戒》影片場景(圖／Jeff)⓰漢密爾頓市區靜謐的漢密爾頓湖，亦是著名的漢密爾頓年度熱氣球的舉行場地(圖／Jeff)⓱馬塔馬塔鄰近的農業小鎮Morrinsville，街道上遍布數十座彩色乳牛塑像(圖／Jeff)⓲1886年火山大爆發所形成的塔拉威拉火山口，產生至少七座湖泊、一條河流及7公里長的裂谷 (圖／Jeff)⓳羅托魯阿博物館的前身就是「大澡堂」(圖／老包)⓴號稱南半球最佳的溫泉出水口，水泥矮牆上標示水溫為華氏220度，毛利人稱此泉為惡臭之地 (圖／老包)㉑庫伊勞公園到處可見煙霧迷漫的熱泥漿池(圖／Jeff)

玩樂篇

Day **4** 北島

Rotorua → Taupo

▲ 陶波湖畔最熱門的打卡點(圖/Jeff)

陶波(Taupo)因陶波湖(Lake Taupo)而得名,鎮與湖可謂唇齒相依,互相扶持發展成為北島重要的觀光勝地。陶波湖是紐西蘭第一大湖,幾乎坐落在紐西蘭北島的中心部位,其外型剛好也酷似心臟。火山爆發後形成了龐大火山口,其後滾滾流水注入而成陶波湖,除了湖光山色及火山熔岩景致,還有不少觀光資源及特色景點。觀光客如到羅托魯阿一遊,不妨再多花1小時南下,觀賞這座煙波浩瀚的超級火山口。

目的地主要熱門景點活動

✽ 胡卡瀑布(Huka Falls):水流湍急(每秒流量可灌滿兩座奧運泳池),氣勢令人咋舌。 ☞ 必玩

✽ 胡卡噴射快艇(Huka Jet):上溯至胡卡瀑布底層,在翻騰的白色漩渦中挺進,感受沖擊的快感。

✽ 懷歐拉谷(Waiora Valley):3公里長的地熱收集場,共計鑽探有50多座地熱蒸汽井,最深的井達1,500公尺。 ☞ 必玩

✽ 陶波公園(Taupo Domain):鎮內最大公園,可下至湖濱沙灘,體驗當地「浮石」的漂浮能力。 ☞ 必玩

✽ 胡卡蜂蜜蜂巢(Huka Honey Hive):通過現場蜜蜂展示、活動、視頻等,可更了解蜂蜜的優點,店裡還供應特製的冰淇淋,務必品嘗。

✽ 月世界(Craters of the Moon):陶波附近最大的地熱區,全區充斥原始的地熱噴口、熱泥漿池、硫磺氣味及特殊植物。

✽ 麥灣石刻(Mine Bay Rock Carvings):大型毛利石刻圖騰,是紐西蘭少數幾個無道路可通的觀光點,須搭船由水道進入麥灣,方能一睹其貌。

✽ 胡卡養蝦園(Huka Prawn Park):紐西蘭唯一的地熱溫水養蝦場,附設餐廳。

✽ 德布列特地熱池(DeBrett Thermal Pools):有120年歷史,曾獲得「消費者圈選陶波地區最佳旅遊景點獎」。

✽ 陶波高空彈跳(Taupo Bungy):47公尺高的崖頂,20公尺長的懸臂跳臺,可眺望懷卡托河風光,及附近如詩如畫的櫻桃島。

✽ 懷拉基地熱發電廠(Wairakei Geothemal Steam Power Station):世界第二座地熱發電站。

✽ 戶外地熱溫泉(Spa Thermal Pools):陶波湖北的露天免費泡湯場,坐落於全紐最長的懷卡托河畔之地熱野溪公園中(需穿泳衣下水)。

沿途主要景點

✽ 懷緬古火山谷(Waimangu Volcanic Valley):著名的「粉紅與白矽土台階地」因「塔拉威拉火山」爆發而沉於湖底;觀光客可徒步參觀地熱生態,及世界最大的熱泉「地獄坑(Inferno Crater)」、「煎鍋湖(Frying Pan Lake)」。

✽ 奧拉基克拉克洞穴及地熱公園(Orakei Korako Cave and Thermal Park):由火山熔岩溢出的「二氧化矽梯田」所組成的天然景觀,步道尾端有一處毛利女人視為聖地的「聖洞穴(Sacred Hole)」。

✽ 懷歐塔普地熱仙境(Wai-O-Tapu Thermal Wonderland):全紐最多樣化的火山地熱區,也是熱泉分布最多之區域,景觀包含火山口、冷熱泥池、間歇泉,及每天10:15噴發的諾克斯夫人泉(Lady Knox Geyser)。 ☞ 必玩

✱懷基蒂谷熱泉池(Waikite Valley Thermal Pools)：坐落在羅托魯阿到陶波湖途中的懷基蒂山谷，是紐西蘭最大的純淨單一沸水泉源Te Manaroa所在地，因觀光客不多，泡湯時較少被人打擾。

♥ 夜宿城鎮的主要採買

中大型超級市場、購物中心、禮品店、加油站多家及餐廳。

行程規畫小提醒

■Rotorua→Taupo車程約為1小時(一般道路，部分路面較狹、彎曲、地勢少許起伏)。

■拜訪懷歐塔普地熱仙境注意事項：

1、園區介紹：

懷歐塔普分主園及坐落在附近約2分鐘車程處的諾克斯夫人泉，一張套票可參觀兩處，但諾克斯夫人泉只有每天早上10:15才噴發。

主園內分三大區塊，彼此互通，其中A區塊(紅線)最接近入口，所有特色景點都在本區，也是熱溫泉分布最多之區域，景觀包含火山口、冷熱泥池、間歇泉，以及會噴水、泥、氣的火山噴孔等；C區塊(黃線)最遠，但走完任何一區塊，都可在各區塊的交會口折回主入口。也可擇區參觀，原則上每一區約需耗時40分鐘～1小時。

2、行程安排：

建議早上07:50離開羅托魯阿或陶波，務必在早上08:30前抵懷歐塔普園口，主園一開門就進場，先在主園參觀A、B區，10:00前開車離開，前往諾克斯夫人泉，之後可再折返回主園看C區(但出園時要蓋章，才能再回園)，或直接離開；也可改在早上09:20離開羅托魯阿或陶波，先去諾克斯夫人泉觀賞噴泉，再去逛園區。

❶藝術家調色盤是懷歐塔普地熱仙境的招牌景觀，不同的礦物質呈現出不同顏色，似畫家手中七彩調色盤而得名(圖／Jeff)❷胡卡瀑布每秒流量高達90,000公升(圖／Jeff)❸胡卡養蝦園利用地熱間接加熱純淨溪水後再注入蝦池(圖／老包)❹陶波湖南畔的托卡阿努天然熱溫泉池，是當地著名的泡湯所在(圖／Jeff)❺全紐唯一設有飛機艙的陶波鎮麥當勞分店(圖／Jeff)❻陶波湖北畔的月世界(圖／Jeff)

Day **4** 北島 ～ Day **5** 北島

支線行程補充包

玩樂篇

銜接提示：
如果多出1~3天的時間，在Day4~5可考慮安排往北島東部的內皮爾及海斯汀斯來趟1~2日遊；或往北島中部最高山脈東佳里諾國家公園，來場「魔戒之旅」、走一趟著名的「東佳里諾越嶺步道」、參加半一日的「滑雪之旅」。Day5以後的行程則順延1~3天。

🚩 行程A　Taupo ➡ Napier ➡ Hastings ➡ Taupo

　1931年紐西蘭北島的內皮爾(Napier)及海斯汀斯(Hastings)發生規模7.8地震，係紐西蘭史上死傷最慘重的一次地震；因正值上午燒煮早茶的時間，震後的大火幾乎焚毀了全鎮建築物。當時布拉夫丘下沉，海岸上升了2公尺，致使陸地突然增加343公頃，冒出的海岸新生地中，到處可見到活蹦亂跳的魚蝦。重建委員會決定採用「裝飾藝術」型式的建築，來復建內皮爾鎮區，使得內皮爾成為紐西蘭的「裝飾藝術之都」。

■ 目的地主要熱門景點活動

❋ 裝飾藝術之都(Art Deco City)：因重建而帶出的「裝飾藝術型」建築物，彷彿進入了50年代之好萊塢。 ☞ 必玩

❋ 布拉夫丘(Bluff Hill)：車輛可直接開上山頂，鳥瞰內皮爾市區、內皮爾港及整個霍克灣(Hawke's Bay)全景。 ☞ 必玩

❋ 內皮爾樂亭與柱廊(Napier Sound Shell & Colonnade)：特殊造型的露天地震紀念碑，花園中尚設有花鐘及噴泉。 ☞ 必玩

❋ 沉陷花園(Sunken Gardens)：在海灘公園內，造景別具匠心。 ☞ 必玩

❋ 帕妮亞礁岩雕像(Pania of the Reef Statue)：毛利傳說中美人魚，因愛而無法歸回海中的淒美故事。

❋ 紐西蘭國立水族館(National Aquarium at Napier)：館內有海豚表演。

❋ 霍克灣博物館(Hawkes Bay Museum)：展示與地震有關的訊息及照片，此外，館中存有英國軍艦「瓦羅尼卡號(Veronica)」上的警鐘；地震當時該艦正停泊在內皮爾港灣中，是第一個把地震消息送出的單位。

❋ 內皮爾市中心(Napier CBD)：各種特色小店，可開逛購物(夏季開放)。 ☞ 必玩

❋ 拐子角(Cape Kidnappers)：欣賞礁岩平台上超過萬隻的塘鵝隨風展翅，變化萬千之美姿。

❋ 閃靈瀑布(Shine Falls)：位於Boundary Stream Mainland Island保護區內，58公尺的多層次瀑布是Hawke's Bay地區最高的瀑布，保護區內遍布石灰岩地型及數段步道。

■ 沿途主要景點

❋ 海斯汀斯果園(Hastings Orchards)：海斯汀斯擁有「紐西蘭水果盤」之稱號，拜訪觀光果園，品嘗各種新鮮水果。

♥ 夜宿城鎮的主要採買

請參考本行程Day4。

行程規畫小提醒

■ Taupo→Napier車程為2~2.5小時(穿越山谷,路面狹窄、彎曲、地勢起伏)。

■ Napier→Hastings車程為20分鐘(一般鄉鎮路面)。

❶美人魚帕妮亞礁岩,述說被丈夫阻礙無法回返大海的毛利傳說❷海斯汀斯鐘樓是為緬懷因大地震死亡者所建❸內皮爾的商業街設有各式商鋪❹金色女性裸體雕塑伸出雙臂,代表了內皮爾之魂從地震的灰燼中重建與復甦的精神❺拐子角觀賞塘鵝團所搭乘的高輪海灘車❻蒂馬塔山頂可直接開車上山,也可走步道❼58公尺的閃靈瀑布是霍克灣地區最高的瀑布❽拐子角塘鵝保護區孕育了超過萬隻塘鵝,是世界上最大且可達的陸基塘鵝繁殖棲息地❾內皮爾樂亭與柱廊是為紀念大地震所建(本頁圖片／Jeff)

行程B

Taupo → Turangi → Tongariro National Park

◀紐西蘭頗負盛名的東佳里諾越嶺步道,全程徒步約需7～8小時(圖/Jeff)

玩樂篇

　　紐西蘭政府在1887年設立了東佳里諾國家公園,亦為紐西蘭最早設立之國家公園,園區內主要由魯阿佩胡火山(Ruapehu)、東佳里諾火山(Tongariro)及瑙魯霍伊火山(Ngauruhoe)組成,該公園係世界上火山爆發頻率最密集之區域之一,亦是世界上最容易觀察火山動態之區域之一,更是世界上少見火山與冰河(遺跡)同時存在之處。

　　此外,該地也是電影《魔戒》主要取景點之一,除了可拜訪《魔戒》取景點外,冬季時還可來此滑雪。另外,著名的東佳里諾越嶺步道(Tongariro Alpine Crossing)更是對步道行有興趣者的偏愛,被列入紐西蘭十二大必遊景點之一。

目的地主要熱門景點活動

✽魔戒之旅:可拜訪景點計有東佳里諾城堡旅館、魯阿佩胡旅遊資訊中心、東佳里諾火山、法卡帕帕滑雪場附近山谷、東佳里諾越嶺步道、莽佳費羅瀑布(Mangawhero),詳細介紹請參考本書「魔戒之旅」。 ☞(必玩)

■塔懷瀑布(Tawhai Falls):在抵達東佳里諾城堡旅館前,由馬路左側步道進入,是電影《魔戒》中,咕嚕池場景的拍攝地。

✽法卡帕帕遊客中心(Whakapapa Visitor Centre):

▼魯阿佩胡火山是世界上最為活躍的火山之一,也是紐西蘭最大的活火山(圖/Jeff)

介紹東佳里諾國家公園、火山及動植物等展品,值得一看。 ☞(必玩)

✽塔拉納基瀑布(Taranaki Falls):法卡帕帕遊客中心旁進入,東佳里諾國家公園最著名的瀑布,巨流由溶岩懸崖頂沖擊而下。

♥夜宿城鎮的主要採買

　　拜訪東佳里諾國家公園時,除了本書「北島西岸3～4天之旅」Day3行程A的四處住宿點,亦可考慮住宿在陶波。

行程規畫小提醒

■Taupo→Tongariro National Park車程為1.5～2小時(離開陶波後約30分鐘的沿湖路段,道路窄狹、彎曲、起伏。Turangi→Tongariro National Park段道路進入山區,部分道路窄狹、彎曲)。

■如由陶波出發經塔懷瀑布、東佳里諾城堡旅館、東佳里諾國家公園旅遊資訊中心、法卡帕帕遊客中心回到今晚住宿點,全部行程約半～1天可完成;但若計畫去走東佳里諾越嶺步道,就需預留整天的時間(步道時間需7～8小時)。

■次日由住宿點前往威靈頓的交通路線,將視今晚住宿點的不同而異:住宿Taupo／Turangi者,由Taupo／Turangi走SH1公路,亦可走SH54小彎去北帕馬斯頓逛逛,再前往威靈頓。住宿東佳里諾國家公園者,直接由國家公園走SH4－SH49於Waioura轉SH1南下,也可去北帕馬斯頓逛逛,再前往威靈頓。

Day 5 北島

Taupo → Palmerston North → Wellington

威靈頓(Wellington)坐落在北島的西南端,面對南北島間的庫克海峽(Cook Strait),原來只是一個三面丘陵的小漁村,卻因緣際會,雀屏中選成為紐西蘭的首都,更是坐落在世界最南端的首都。素有「風城」之稱的威靈頓,經歷過最強的地震,也擁有南半球最大的木造建築物、造型特殊的議會大廈、永遠無法完工的國會大廈,及紐西蘭排名第一的蒂帕帕博物館;此外《魔戒》、《阿凡達》及《金剛》等電影,也以此城作為主要取景點、後製中心,與奧克蘭並列為紐西蘭十二大必遊景點之一。

目的地主要熱門景點活動

❉ 舊政府大樓(Old Government Buildings):全世界第二大木造建築,僅次於日本東大寺,總計耗用超過110萬立方公尺的高級木材。

❉ 紐西蘭國會建築群(New Zealand Parliament Buildings):包含了國會大廈(Parliament House)、行政部(Executive Wing)即蜂巢(Beehive)、國會圖書館(Parliamentary Library)和波文大廈(Bowen House)。 ☞ 必玩

❉ 維多利亞山(Mt Victoria):觀賞威靈頓市區、海港和海峽全景的最佳所在地。 ☞ 必玩

❉ 威靈頓鋼纜車(Wellington Cable Car):以鋼纜索牽引的高斜角度觀光鐵路系統,全程雖僅612公尺,但爬升了約120公尺的高度,是威靈頓的地標。 ☞ 必玩

❉ 威靈頓鋼纜車博物館(Wellington Cable Car Museum):由原山頂高端車站的「動力房」改建的博物館,陳列舊火車及相關設施。

❉ 威靈頓植物園(Wellington Botanic Gardens):占地25公頃,以大型玻璃花房,及分隔成500多區塊如輪盤設計的「諾伍德夫人的玫瑰花園(Lady Norwood Rose Gardens)」最具吸引力。 ☞ 必玩

❉ 紐西蘭國家戰爭紀念館(New Zealand National War Memorial):以「紀念廳」及「演奏鐘塔樓」最為著名,其中塔樓內目前共有74個大小不同的鐘,是世界第三大鐘組。

❉ 蒂帕帕博物館(Te Papa Museum):南半球最大的博物館,建築風格獨特,採不對等、多邊及多角度設計,除展示紐西蘭的史地及人文資訊外,尤以「地震館」及「虛擬世界遊樂場」最吸引觀光客。 ☞ 必玩

❉ 魔戒的心臟:《魔戒》取景點及後製中心,含威塔工作室、電影開鏡處、首演的大使電影院(Embassy Theatre)、聖盔谷及精靈族故鄉(Rivendell)等多處地點可供參觀。

❉ 舊聖保羅主教座堂(Old St Paul Cathedral):1866年完工的英國聖公會主教座堂,以木材為主,外觀採少見的白牆藍頂塗飾,內部是原木結構,拱形廊柱、祭壇、彩繪玻璃,顯出單純質樸的美感。

沿途主要景點

陶波→圖朗伊(Turangi)→泰哈皮(Taihape)

❉ 沙漠公路(Desert Road):沿公路南下,右側過芒草高原後,平地拔起的3座火山,其中最北也是最矮的東佳里諾火山,就是電影《魔戒》鑄造地「末日山脈」的取景點。

❈國家陸軍博物館(Waiouru National Army Museum)：介紹紐西蘭過往的參戰歷史、武器陳設。

北帕馬斯頓(Palmerston North)→威靈頓

請參考「北島西岸3～4天之旅」Day4行程C。

♥ 夜宿城鎮的主要採買

中大型超級市場、華人超市、購物中心、禮品店、加油站多家及餐廳。

玩樂篇

行程規畫小提醒

- Taupo→Palmerston North→Wellington車程為4.5～5小時。離開陶波南下的沿湖公路段，彎曲、狹窄、起伏、臨山壁、接斷岩，要小心駕駛。

- Turangi→Taihape段的SH1又稱沙漠公路，因地勢較高，冬季偶因雪封道，上路前請先了解當地路況及是否要備雪鏈。

- Taihape→Palmerston North→Wellington 段的路況雖有起伏，但尚稱良好，抵達威靈頓前約20～30分鐘路段為高速公路。進入威靈頓市區後，單行道充斥、停車不便、丘陵地形、馬路起伏較大，應事先備妥市區地圖或GPS導航軟體。

Day 6 北島

Wellington → Auckland → Taiwan

關於本日的行程路線與景點，請參考「北島西岸3～4天之旅」Day4行程C。

衛按提示：

今日搭機經奧克蘭機場，再轉機回臺。如假期充足，可銜接「北島西岸3～4天之旅」，反向走回奧克蘭；或可由威靈頓走北島東南區後，再經丹尼弗克到內皮爾接續本行程Day4，反向回抵奧克蘭。另外，也可搭機飛往南島基督城機場，銜接本書中由基督城出發的多個行程；或搭渡輪至南島皮克頓，銜接「南島東北端2天之旅」。

行程規畫小提醒

- Wellington City→Wellington Airport車程為20～30分鐘(市區一般道路)。

- Wellington→Auckland飛行時間約1小時。

- Wellington→Picton的渡輪航行時間為3小時10分鐘。計畫搭渡輪南下到Picton者，若擬將在北島所租的車輛或露營車隨搭渡輪過海，可能極耗費預算。如單人搭渡輪過海約NZ$65～75，但單人加一台小型露營車則約NZ$280～330(車種更大費用更高)。

- 如果飛機是Day6上午由奧克蘭機場離境，那最遲Day5晚要回到奧克蘭；如果是下午離境，那Day6一早飛離威靈頓，隨即轉機回家即可。

北島北端島嶼灣
3〜4天之旅

「派希亞」、「懷唐伊」、「九十哩海灘」、「雷恩加角」、「凱里凱里」

(圖／Jeff)

　　本行程可單獨進行，或放在「純北島6天經典精華遊」之前或之後，由奧克蘭北上。

　　毛利人傳說，約在700多年前，來自哈瓦基(Hawaiki)的馬塔阿圖阿(Mataatua)搭乘大型的獨木舟，順著北風南下到了「島嶼灣(Bay of Islands)」，是以此處對毛利人而言是一個神聖發跡的所在。

　　庫克船長於1769年拜訪紐西蘭時，因灣區多達144座島嶼，而命名此區為島嶼灣；該區也是歐洲人來紐西蘭後的第一個定居區，充斥著很多早期歐洲移民及毛利文化的歷史遺跡，來此旅遊不啻是一趟紐西蘭歷史之旅。當然，灣區的風景及海上活動更是吸引遊客的利器，使得島嶼灣也成為訪紐十二大必遊景區之一。

▲ 在九十哩海灘的蒂帕奇沙丘小河上高速奔馳，刺激感萬分(圖／Jeff)

▲ 繆雷瓦海灘塘鵝保護區(圖／Jeff)

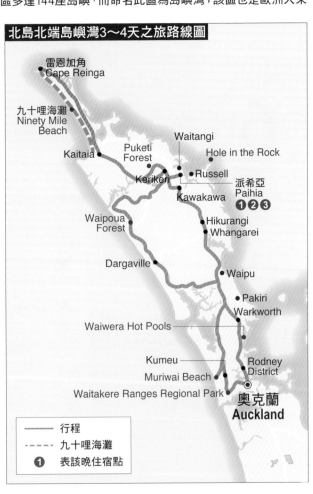

北島北端島嶼灣3〜4天之旅路線圖

雷恩加角
Cape Reinga

九十哩海灘
Ninety Mile
Beach

Kaitaia

Puketi
Forest

Kerikeri

Waitangi

Hole in the Rock

Russell

派希亞
Paihia
❶❷❸

Kawakawa

Waipoua
Forest

Hikurangi

Whangarei

Dargaville

Waipu

Pakiri

Warkworth

Waiwera Hot Pools

Kumeu

Muriwai Beach

Rodney
District

Waitakere Ranges Regional Park

奧克蘭
Auckland

───── 行程
------- 九十哩海灘
❶ 表該晚住宿點

Day 1 北島

Auckland → Rodney District → Warkworth → Whangarei → Kawakawa → Waitangi → Russell → Paihia

派希亞(Paihia)及懷唐伊(Waitangi)兩個小鎮是島嶼灣的旅遊重心,也是通向該區其他旅遊景點的門戶,兩鎮僅以一橋彼此相鄰;來到島嶼灣當以選擇住宿在派希亞最為方便,更可以此為中心向東、北及西北,各做多個1日遊的旅程安排。

坐落在島嶼灣東側半島尖端的羅素(Russell),一度成為紐西蘭的第一個首都,不過在建都2個月後就改遷都至奧克蘭,目前的羅素以觀光為主,鎮中的龐帕里爾教堂、具歷史性的印刷廠及制革廠等早期工業的設施,及全紐最昂貴的旅館「鷹巢(Eagles Nest)」,都值得一覽;由派希亞搭渡輪約10分鐘即可抵達。

目的地主要熱門景點活動

懷唐伊(Waitangi)

❈懷唐伊國家保護區(Waitangi National Reserve):毛利語中的「wai」代表「水」,而「tangi」代表「地方」,十分貼切地描述這個被海洋及河川所環繞的小鎮,保護區是英國人與毛利人簽訂〈懷唐伊條約〉的所在,也是紐西蘭建國的根本;園內包含: 必玩

1.懷唐伊條約紀念館(Waitangi Treaty House):紐西蘭建國史上最著名的建築物,係1833年英國派紐第一位官方代表詹姆士布斯貝(James Busby)的宅邸,也是全紐現存最古老的民宅;館內展示與條約相關的照片、文物及原始條約的複製本。

2.懷唐伊條款廣場(Waitangi Treaty Grounds):係當時毛利酋長們為簽約與否的爭議之處,臨

海的草坪上有一座旗台,旗桿上飄揚著英國、紐西蘭國旗和毛利旗。

3.毛利集會所(Maori Centennial Memorial):1940年為了慶祝〈懷唐伊條約〉簽約100周年而建的會所,內部展示各個主要毛利部落的精美木雕。

4.獨木舟之屋(Waka House):36.5公尺長及2公尺寬的毛利「戰鬥獨木舟(War Canoe)」,由三株巨型考里松樹拼製而成,需76人才能操控,戰舟雕滿了毛利圖飾。

5.哈布森海灘(Hobson Beach):當年第一位副總督威廉哈布森(William Hobson)登陸之處。

❈與海豚共游及賞鯨之旅(Swim with Dolphins and Whale Encounters):搭船出海與海豚共游,並可近距離接觸鯨魚,有時還能見到鯊魚。

羅素(Russell)

❈布萊特岬角(Cape Brett):坐落在羅素東北端的半島頂點,岬角上有1910年完工的布萊特岬角燈塔,遊客可乘船或徒步登上岬角。

❈龐帕里爾老屋(Pompallier House):維多利亞式白牆黑頂的兩層老屋,屋中曾設置印刷廠、制革廠及書籍裝訂生產線,是紐西蘭最古老的羅馬天主教建築,也是歷史最悠久的夯土建築,更擁有紐西蘭最古老的印刷工業資歷。

❈鷹巢休閒級旅館(Eagles Nest Leisure Hotel):曾獲「世界最佳海岸休閒級旅館」的美名。沿著山脊線搭蓋的旅館,可以俯瞰島嶼灣的壯麗景色,是紐西蘭最精緻、最特殊,也是最昂貴的旅館。占地75英畝,擁有絕佳的海灣及森林景致。

沿途主要景點

羅德尼區(Rodney District)→沃克沃思(Warkworth)

✻ **蜜蜂中心(Honey Centre)**：透明之玻璃窗，可一覽蜜蜂的動態生活方式，養蜂人除介紹蜜蜂築巢及採蜜過程外，更會教導辨識蜂后的竅門。

✻ **衛星接收站(Satellites and Earth Station)**：負責紐西蘭對環太平洋國家間之電(視)訊的傳送及接收，參觀中心以卡通圖片配上電視遊樂器的螢幕設計，讓小朋友愛不釋手。

✻ **巴理考里松公園(Parry Kauri Park)**：占地8.5公頃，園區中有兩棵樹齡600～800年的考里松樹，經由步道可親睹各類原生植物；博物館陳列19世紀先民所使用的器物、伐木工具及琥珀。 ☞ 必玩

✻ **沃克沃思(Warkworth)**：可愛的小鎮，可至小店享受一杯味香濃郁之咖啡，或漫步河畔小徑。

帕基瑞(Pakiri)

✻ **山羊島海洋生態保護公園(Goat Island Marine Reserve)**：為紐西蘭最著名的生態保護公園之一，參差不齊的礁岩，吸引各類魚群在此覓食、產卵。遊客立足岸邊，可以遠眺山羊島景致，亦可餵食魚群，觀賞海中成群游魚覓食的奇景，這裡也是浮潛的熱門地點。

懷普(Waipu)

✻ **懷普洞穴(Waipu Caves)**：完全未開發的鐘乳石洞穴，必須涉水及攀爬類泥濘的河床，洞內可見螢火蟲，2公里長的步道可欣賞石灰岩地貌。

旺格雷(Whangarei)

✻ **旺格雷內灣(Whangarei Town Basin)**：旺格雷最熱鬧的鎮區中心，也是內河灣的碼頭區，各式遊艇及美輪美奐的建築物，都是吸睛點。 ☞ 必玩

✻ **鐘錶博物館(Claphams Clock Museum)**：陳列了1,600種各式各樣的鐘錶，外觀各異，用途不一。

✻ **翰得瓦瑟藝術中心及懷勞毛利藝廊(Hundertwasser Art Centre with Wairau Maori Art Gallery)**：翰得瓦瑟建築風格，並結合當地毛利文化特色，於2022年興建完成。

✻ **旺格雷瀑布(Whangarei Falls)**：26公尺高的瀑布，坐落在旺格雷鎮北，有多條人工步道，密布的松林景致迷人。 ☞ 必玩

✻ **歐比岩洞區(Abbey Caves)**：1.3公里長的環狀步道，除了沿途散見的各式奇岩怪石外，還隱藏了3座未經開發的洞穴，除了鐘乳石、洞中小溪，還可見螢火蟲。

希庫朗伊(Hikurangi)

✻ **瓦羅石林保護區(Waro Limestone Scenic Reserve)**：占地約7.5公頃，由石灰岩喀斯特地質風化而成的怪石林區，號稱「紐西蘭的石林」。

卡瓦卡瓦(Kawakawa)

✻ **翰得瓦瑟廁所及紀念公園(Hundertwasser Toilets & Memorial Park)**：全紐最上鏡的公共廁所之一，是奧地利藝術家翰得瓦瑟在南半球唯一，也是生前的最後一項作品，廁所旁邊及後方為其紀念公園及紀念館。 ☞ 必玩

♥ 夜宿城鎮的主要採買

當地有中小型超級市場、便利商店、加油站、禮品店、多間餐廳及住宿點。

▲ 未經人工雕琢天然鐘乳石的懷普洞穴，洞內可見到螢火蟲(圖／Jeff)

行程規畫小提醒

■Auckland市中心→Rodney District→Warkworth→Whangarei→Kawakawa→Paihia車程為3～3.5小時(其中Auckland到Johnstone Tunnels約50分鐘～1小時的車程為高速公路,其他為鄉村及山間道路,部分彎曲狹窄)。

■高速公路SH1從Orewa→Puhoi附近的Johnstone Hills(即Northern Gateway Toll Road)是收費路段,應注意收費點並建議先備妥零錢。

■如果計畫彎去山羊島海洋生態保護公園,那由Warkworth→Goat Island Marine Reserve往返車程需再增加1小時(不含賞景及活動時間)。

■如果只有3天的假期,那當日一早由奧克蘭出發,沿途停留賞景,並在抵達派希亞後先去懷唐伊及羅素逛逛,第三天傍晚駕車南返奧克蘭。

❶旺格雷鐘錶博物館門前被花海包圍,像日晷造型的圖騰(圖／Jeff)❷瓦羅石林保護區有「紐西蘭石林」之稱(圖／Jeff)❸旺格雷瀑布及其周遭的短步道,一直是高吸引人氣的旅遊區(圖／Jeff)❹翰得瓦瑟廁所,旁邊及後方為其紀念公園及紀念館(圖／Jeff)❺布萊特岬角步道是島嶼灣最著名的步道之一,步道頂端即是布萊特岬角燈塔(圖／Jeff)❻旺格雷內灣區係當地最熱鬧的鎮區中心(圖／Jeff)❼羅素一度是紐西蘭的第一個首都,不過2個月後就改遷都至奧克蘭(圖／張秀霞)❽懷唐伊附近的哈魯魯瀑布(Haruru Falls),河水在充斥巨大岩石的河床中奔騰而下(圖／Jeff)❾旺格雷近郊的歐比岩區(Abbey Caves)是探索石灰岩洞穴的熱門地點(圖／Jeff)❿由布萊特岬角步道鳥瞰島嶼灣中羅列的諸多島嶼(圖／Jeff)

Day 2 北島

Paihia ➡ Puketi Forest ➡ Kaitaia ➡ Ninety Mile Beach ➡ Cape Reinga Lighthouse ➡ Paihia

　　九十哩海灘(Ninety Mile Beach)之名，源自早期的傳教士，因依賴騎馬走此海灘需花三天時間(平均一匹馬一天只能走30英里)，故以馬程推算予以命名。不過此海灘長度實際上只有55英里。

　　當地的旅遊公司都有一日遊行程，經九十哩海灘前往北端，沿途會小彎去普卡蒂森林看千年的神木，然後在九十哩海灘體驗滑沙及高速奔馳於沙灘的快感，最後抵達全紐最北的雷恩加角(Cape Reinga)及燈塔。但如採自駕前往，就不可直接開上九十哩海灘(除非是四輪傳動車)，而應改由SH1公路直接北上。

目的地主要熱門景點活動

❀雷恩加角(Cape Reinga)：紐西蘭本島最北的岬角，也是毛利人的聖地；毛利人稱此處為「靈魂跳越的所在」，依據毛利人的傳說，凡是過世先人的靈魂都由雷恩加角躍入海中，回到毛利祖先最早生活之地哈瓦基(Hawaiki，據了解可能就是臺灣)。☞ 必玩

❀雷恩加角燈塔(Cape Reinga Lighthouse)：彎曲狹窄半島尖端，擁有10公尺高、白底及黑色蒼穹式圓頂的雷恩加角燈塔，是全紐西蘭最北的燈塔。☞ 必玩

沿途主要景點

普卡蒂森林(Puketi Forest)

❀普卡蒂考里松森林(Puketi Kauri Forest)：植物、步道及野生動物充斥，曾經密布著高大的考里松。

凱塔西(Kaitaia)

❀琥珀公園(Gumdiggers Park)：被紐西蘭AA協會列為101個必遊之地，園中可見到各式各樣超大、黃色且晶瑩剔透的琥珀，步道間充斥先民挖掘樹膠的遺跡。

❀可口可樂湖(Coco Cola Lake)：實際名稱為Rotopokaka Lake，因湖水長期呈深茶色而得名，當地毛利土著相信湖水對皮膚肌肉骨骼等病痛具有療效。

九十哩海灘(Ninety Mile Beach)

❀蒂帕奇沙丘(Te Paki Sand Dunes)：可攜滑沙板登上沙丘頂端，享受一衝而下的快感；如正值退潮，或有機會嘗試從沙灘下挖掘pipi(蚌殼的一種)的新鮮感！☞ 必玩

❶北島最北的雷恩加角毛利語意也表「陰間」，毛利族人認為此處是死後靈魂回歸故鄉的起點(圖／Jeff)❷派希亞是島嶼灣的旅遊重心(圖／Jeff)❸琥珀公園內所挖掘出數萬至數十萬年的考里松材，到底是千年琥珀，還是萬年蜜蠟，何不親臨判斷(圖／Jeff)❹可口可樂湖因湖水長期呈深茶色而得名，據稱湖水對病痛具有療效。(圖／Jeff)❺九十哩海灘旅遊公司的專屬沙灘車，其後裝載著滑沙板(圖／Jeff)❻蒂帕奇沙丘是紐西蘭最大的沙丘，也是最著名的滑沙區，可由140公尺高處快速滑沙而下(圖／Jeff)❼全紐最北的雷恩加角燈塔，孤立卻遊客如織(圖／Jeff)

玩樂篇

行程規畫小提醒

■由島嶼灣的南側進入最北端的雷恩加角,一般有兩條道路選擇,其中較快也較易走的道路,就是沿著SH1及SH1F公路駕車前往;另一條道路就是沿著半島西側海岸線的沙灘前往,即所謂的九十哩海灘,不過由於沙灘路況複雜且無明顯的道路標示,需四輪傳動的車輛方得安全行駛於此條路徑,故最好參加當地的旅遊團。

■參團:一大早出發,傍晚回到派希亞。需提前預約,冬季時人數較少,注意是否成團。因路程長及活動多,一般需10個小時來回,應自備飲水、食物、禦寒衣物(秋冬季)及防曬品。

■自駕:去程雖可考慮走Paihia→Puketi Forest→Kaitaia→Ninety Mile Beach→Cape Reinga Lighthouse,車程為4～4.5小時(鄉村及山間道路、彎曲窄狹);不過一般租車業者不允許所租之車行駛於九十哩海灘路線,部分保險公司有不理賠的規定,建議自駕遊客應改由Kaitaia走SH1及SH1F公路約1小時40分鐘～2小時可抵達Cape Reinga Car Park;如由Paihia出發,經由SH10、SH11、SH1及SH1F等公路約3小時～3小時20分鐘可抵達。

■回程Cape Reinga→Kaitaia→Paihia車程為3～3.5小時。

■抵達Cape Reinga Car Park下車後沿下坡步道步行約10分鐘即可抵達雷恩加角燈塔,但附近無任何採購點,燈塔也不對外開放,當地風勢頗大,冬季尤其寒凍。

■雷恩加角屬毛利人的聖地,為尊重毛利習俗,請勿攜帶食物在此區進食,但飲水不限,特此提醒!

Day 3 北島

Paihia ➡ Hole in the Rock ➡ Kerikeri ➡ Paihia

▶ 石棧房是歐洲人與毛利人第一座貿易基地(圖/Jeff)

上午可來趟岩洞石之旅,搭船穿越海中岩洞、賞海豚及登上小島,是當地最著名的活動之一,此外也可考慮搭乘直升機降落島上或來一趟夜宿船上的奇幻之旅。

下午前往凱里凱里(Kerikeri)遊覽;1814年傳教士以48把斧頭,向毛利人購入此區土地,使得該鎮成為全紐最早的歐洲人移居地,區內有不少古蹟值得一覽;1819年歐洲移民更在此種植了100株紫葡萄,使此區成為紐西蘭葡萄園的濫觴,奠定下紐西蘭葡萄酒的發展契機。

目的地主要熱門景點活動

派希亞(Paihia)

✽ 岩洞石(Hole in the Rock):海與洞的結合是當地最著名的景點之一,巨岩突出於海平面,洞高約18公尺,遊船可穿越岩洞,是一種頗為特殊的體驗。 ☞ 必玩

✽ 夜宿船舶之旅(Overnight Cruise):下午登船後,除參與各式水上活動,還可觀落日、享用BBQ晚餐;晚上可在月光下划舟、觀星及欣賞水中的螢光藻;次日還可參加浮潛、去小島健行及從事各項水上活動,更有機會享用自己捕撈的海膽、貽貝或自釣海魚所做成之生魚片。

凱里凱里(Kerikeri)

✽ 傳教士屋(Mission House):全紐最古老的木結構建築之一,原由「傳教士協會」於1822年所建,之後鐵匠詹姆斯坎普(James Kemp)和其家族在此生活了142年,故此屋又被稱為坎普之屋(Kemp House)。 ☞ 必玩

✽ 石棧房(The Stone Store):紐西蘭第一座石造建築物,亦為當地地標。以火山岩和貝殼砂岩為建材,原為倉庫,現與鄰近的傳教士屋組成了一個小博物館區,需付費參觀,不過石屋1樓的小型商店是可以免費進入的。 ☞ 必玩

✽ 雷瓦毛利村(Rewa's Village):仿建歐洲人進入前的毛利村落,並以當年的酋長「雷瓦」命名,是了解毛利先民日常生活的好地點。 ☞ 必玩

✽ 聖詹姆斯教堂(St James Church):全紐第一座設於私人土地上的教堂,1878年於原址重蓋了新的教堂,白牆紅頂、彩繪玻璃、教堂內的原木椅子及牆面,相當具有可觀性,非布道期間可免費進入。 ☞ 必玩

✽ 紐西蘭最長壽的水果樹(The Oldest Fruit Tree in New Zealand):全紐最長壽的水果樹(pear tree),1819年栽植,到目前依然枝葉繁盛。該樹邊設有一招牌,上繪有樹狀的圖騰,下書「Notable Tree(著名之樹)」。 ☞ 必玩

✽ 彩虹瀑布(Rainbow Falls):27公尺高的瀑布,毛利人稱此地為「彩虹的水域」。

行程規畫小提醒

Paihia→Kerikeri車程為30分鐘(鄉村道路、彎曲窄狹)。如果只有3天的假期,可在遊完凱里凱里後,即驅車南返奧克蘭。

❶與海豚共游及賞鯨之旅的遊艇半日遊行程,是島嶼灣相當吸引人的活動之一(圖╱Jeff)❷1823年完工的聖詹姆斯教堂,1878年復建完成(圖╱Jeff)❸突出於海面的岩洞石,因藍海與洞穴的組合,成為全紐最自然美麗的景點之一(圖╱Jeff)❹堅硬的玄武岩沖擊而成27公尺高的彩虹瀑布(圖╱Jeff)❺可以考慮參加當地的腳踏車之旅(圖╱阿泰)

Day 4 北島

Paihia ➡ Waipoua Forest ➡ Dargaville ➡ Muriwai Beach ➡ Kumeu ➡ Waitakere Ranges Regional Park ➡ Auckland

今日由島嶼灣南返,沿途可小彎去奧克蘭北區及西北的幾個主要景點一遊。

▼達格維爾西側海岸的金黃色沙質沙灘,因百里之長而被稱為百里長灘(圖╱Jeff)

目的地主要熱門景點活動

同「純北島6天經典精華遊」Day2。

沿途主要景點

奧波諾尼(Opononi)

❀庫圖圓石(Koutu Boulders)：歷時超過500萬年，經由自然凝結而成直徑約3公尺的「石灰石碳酸鹽塊」球狀體，羅列在海灘上。

◀庫圖圓石係因沙中的「碳酸鹽微粒」，經自然結晶凝結成群的灰色球狀物體(圖／Jeff)

懷普瓦森林(Waipoua Forest) 必玩

❀蒂馬圖阿納戈西里(Te Matua Ngahere)：毛利人稱它為「森林之父」，29.9公尺高的巨大考里松，是全紐第二高的杉木，樹圍16.4公尺，也是全紐樹幹最粗的杉木，樹齡估計有兩千餘年。

❀塔尼馬胡塔(Tane Mahuta)：高51.2公尺，是全紐最高的考里松，毛利人將它命名為「森林之王」，樹齡在2,000年上下。

達格維爾(Dargaville)

❀凱伊威湖(Kaiiwi Lakes)：白沙所形成的淡水湖泊群，是度假及水上活動的好去處，與周遭的幾個淡水湖及鄰近的平直海灘，建構成相當特殊的景觀。

❀貝利斯海灘(Baylys Beach)：通往長達百里的「百里長灘(100km Long Beach)」入口，金黃色的沙質沙灘，是沙灘車活動的好去處。

繆雷瓦海灘、庫淘 必玩

同「純北島6天經典精華遊」Day2。

懷塔克里山脈區域公園(Waitakere Ranges Regional Park)

❀阿拉塔基遊客中心(Arataki Visitor Centre)：著名的森林公園，景觀迷人；木造遊客中心前造型怪異的圖騰，述說了毛利的先民文化。

❀考里松教堂叢林(Kauri Cathedral Grove)：由阿拉塔基遊客中心，依路標穿過馬路地下道，沿森林步道抵達奧克蘭近郊最壯觀的考里松叢林。

❀皮哈(Piha)：著名的沖浪海灘，也是國際沖浪比賽場地。

行程規畫小提醒

■各段路線車程：

1.Kerikeri→Waipoua Forest車程為2小時～2小時10分鐘(鄉村道路、彎曲窄狹)。

2.Waipoua Forest→Dargaville車程為1小時～1小時10分鐘(鄉村道路、彎曲窄狹)。

3.Dargaville→Muriwai Beach車程為2～2.5小時(鄉村道路、彎曲窄狹)。

4.Muriwai Beach→Kumeu車程為20～30分鐘(鄉村道路、彎曲窄狹)。

5.Kumeu→Waitakere Ranges Regional Park車程為35～50分鐘(鄉村道路、彎曲窄狹、部分道路起伏)。

6.Waitakere Ranges Regional Park→Auckland車程為50分鐘～1小時。

■在Dargaville→Muriwai Beach半途雖可考慮由Wellsford改東南行到Waiwera Hot Pools享受泡湯之樂，但就需割捨當日之後的行程，晚上直接由Waiwera Hot Pools回到Auckland；或也可改在另日抽空直接由Auckland北上泡湯。

❶塔尼馬胡塔考里松被稱為「森林之王」(圖／Jeff)❷蒂馬圖阿納戈西里考里松被稱為「森林之父」(圖／Jeff)❸懷塔克里山脈區域公園全木造的阿拉塔基旅遊中心及紅色的毛利圖騰，是紐西蘭少有的特色建築(圖／Jeff)❹繆雷瓦海灘塘鵝保護區棲息於礁岩上的塘鵝(圖／Jeff)❺白沙碧玉般淡水的凱伊威湖，是舉辦鐵人三項競賽的主要場地(圖／Jeff)❻貝利斯海灘旁的硬質沙丘，嵌入了褐煤、石化貝殼、杉木及葉片，經自然蝕刻而成的深溝與陡崖，似一座精美且龐大的砂岩雕塑(圖／Jeff)❼皮哈附近40公尺高多層次的基蒂基蒂瀑布(圖／Jeff)❽首潤藝斯泰德酒莊是奧市西區眾多酒莊中的一家，除了葡萄園外還設有餐廳(圖／老包)❾皮哈海灘是紐西蘭著名沖浪活動的絕佳場地，常在此舉辦國際沖浪比賽。(圖／Jeff)

北島科羅曼多半島及東岸3天之旅

金礦懷舊、「教堂拱門灣」、「熱泉海灘」及北島東岸精華地區

(圖／Jeff)

參考本書「純北島6天經典精華遊」Day3，途中先轉往泰晤士，銜接本行程，最後結束於陶朗加，再折回羅托魯阿或陶波，接回該「純北島6天經典精華遊」Day3或Day4。

科羅曼多半島(Coromandel Peninsula)位於紐西蘭北島中部的東北端；1820年英國海軍一艘名為「HMS科羅曼多(HMS Coromandel)號」的軍艦，抵達此地購買考里松時，以其船名為此半島命名。

▲造型特殊的石頭拱門似教堂殿堂，故被稱為教堂拱門灣(圖／Jeff)

半島及附近島嶼目前仍有明顯的火山活動，致使該區充斥火山遺跡及溫泉資源；半島南區過去蘊藏很多山金，雖然挖金熱已退，不過目前少部分礦區仍以新技術繼續開採中。此地豐富的森林景觀、錯綜的海岸線，點綴著美麗的海灘與極好的景致，使得半島成為一處生態旅遊的勝地，每年吸引相當多的人潮來此遊覽，連同其南的豐盛灣(Bay of Plenty)及霍克灣(Hawke's Bay)，共成紐西蘭十二大必遊點之一。遊客不妨由泰晤士(Thames)周邊開始，一路北上到半島西側科羅曼多鎮，再折往東經著名的The 309 Road到半島最熱門的景區「教堂拱門灣」及「熱泉海灘」，續經豐盛灣的陶朗加到北島東中段的霍克灣區，在此結束這趟特殊的「北島科羅曼多半島及東岸3天之旅」。

北島科羅曼多半島及東岸3天之旅路線圖

Coromandel
Cathedral Cove
Hahei
奧克蘭 Auckland
Tairua ❶ ─ 熱泉海灘 ❶ Hot Water Beach
Thames
Paeroa ─ Waihi
Te Aroha ─ Karangahake
Katikati
Okauia ─ 陶朗加 ❷ Tauranga
Whakatane
Opotiki
吉斯本 ❸ Gisborne

────── 行程
────── 309道路線(The 309 Road)
❶ 表該晚住宿點
────── 如假期不足，可直接由Waihi經Katikati南下到Tauranga

Day **1** 北島

Auckland → Thames → Coromandel → The 309 Road → Cathedral Cove → Hot Water Beach／Hahei／Tairua

玩樂篇

由歷史的採金重鎮泰晤士開始遊覽,參加科羅曼多半島上的各項活動,並拜訪教堂拱門灣、享受特殊的海灘泡熱泉奇特經驗;若遇潮水高位,無法進入海灘,可改隔日早上進入,或改住鄰近的旅遊小鎮Tairua或Hahei。

目的地主要熱門景點活動

❀ 教堂拱門灣(Cathedral Cove):海邊巨大的拱門海蝕洞穴,洞外另有一塊聳立在海中的三角錐形巨石,遙相呼應;是電影《納尼亞傳奇》的取景點。☞ 必玩

❀ 熱泉海灘(Hot Water Beach):64℃的熱泉從沙灘中湧出,遊客自掘洞坑,混以海水降溫後,即可享受奇特的露天沙灘熱泉。☞ 必玩

❀ 帕庫山頂(Mt Paku Summit):15分鐘的步道可抵達此座錐形火山頂,360度觀覽河海及島嶼的美景,讓人感到窒息般的震撼! ☞ 必玩

沿途主要景點

米蘭達(Miranda)

❀ 普克羅克羅米蘭達濱海賞鳥中心(Pukorokoro Miranda Shorebird Centre):約1萬多隻的海鳥棲息於此海濱,是紐西蘭最佳賞海鳥的所在之一。

❀ 米蘭達溫泉(Miranda Hot Springs):奧克蘭東南區著名溫泉,有數個不同溫度的溫泉池。

泰晤士(Thames)

❀ 泰晤士金礦之旅(Thames Gold Mining):拜訪舊金礦區,了解由石煉金之過程;坑道探險中可見到器材、設備及運輸工具等。

❀ 泰晤士超迷你小火車(Thames Small Gauge Railway):週末或假日可搭乘超迷你小火車。

❀ 卡瓦伊朗加峽谷(Kauaeranga Valley):舊原木重要產區,除博物館外,還可參觀模型水閘,了解先民伐木及利用水力運送原木之巧思。

❀ 豪拉基舊鐵道腳踏車之旅(The Hauraki Rail Trail):119公里長,利用廢棄鐵路系統發展成的腳踏車路線,尤以穿越挖掘山金的峽谷及廢棄的鐵路隧道最為吸睛。

▲ 坐落在教堂拱門灣西北約70公尺處的怪異三角造型的蒂霍霍礁岩(Te Hoho Rock),更增顯了灣內的魅力(圖／Jeff)

▲ 卡瓦伊朗加峽谷有「紐西蘭太魯閣峽谷」之稱(圖／Jeff)

❋拉帕烏拉水景花園(Rapaura Water Gardens)：占地64英畝的私人豪宅花園，以梯階式波浪花邊的「七階天堂瀑布(The Seven Stairs to Heaven)」及花瓣造型之水中雕塑最為著名。

科羅曼多(Coromandel)

❋方形考里松(Square Kauri)：已有1,200年壽命的考里松，也是半島上第15大松樹，最大特色就是其樹幹呈方形。

❋山谷動力小火車(The Driving Creek Railway)：整個公園就是一個巨型的火車模型組，從火車、廠站、標示、錯綜複雜的設施，樣樣俱全。 ☞ 必玩

309道路(The 309 Road)

❋水設施主題公園(The Waterworks)：將水與遊憩設施相互結合的小型主題公園。

❋城堡岩石(Castle Rock)：一個老火山錐，步行約1小時可抵達頂部的看台。

行程規畫小提醒

■各段路線車程：

1. Auckland→Thames車程為1小時30分鐘～1小時40分鐘(其中Auckland→Pokeno的SH1及Pokeno之後的SH2及SH25均為高速公路，尖峰時段塞車嚴重；之後則為鄉間道路，彎曲但起伏不大)。

2. Thames→Coromandel車程為1小時10分鐘(鄉間道路，彎曲且起伏)。

3. Coromandel→The 309 Road的起點車程為10分鐘；其中309 Road由頭至尾約30分鐘車程(全段為鄉間道路，彎曲窄狹且起伏)。

4. The 309 Road終點→Cathedral Cove Car Park車程為40分鐘(全段為鄉間道路，彎曲且起伏)。

5. Cathedral Cove Car Park→Hot Water Beach車程為10分鐘(全段為鄉間道路，稍彎曲)。

❋懷奧考里松群(Waiau Kauri Grove)：13株巨大神木，竟長在一個奇特的南洋杉森林群中。

❋懷奧瀑布(Waiau Falls)：距懷奧貝殼杉群約1公里路旁高約7公尺的小巧瀑布。

❋309蜂蜜小店(309 Honey Shop)：自產蜂蜜的小店，以「瑪努卡蜂蜜」最受歡迎。

♥夜宿城鎮的主要採買

當地無超級市場及便利商店，雖有幾家簡單的餐廳，但營業時間只到16:00左右(冬季可能不營業)，另有一家迷你加油站及多家住宿點。附近不遠的Hahei(車程約7分鐘)有迷你超市、加油站、雜貨店、賣店及旅館，但最晚都只營業到17:00。位於熱泉海灘稍南約25分鐘車程的Tairua，其住、食及採購機能都方便許多(尤其是由南部北上，採反向行進的旅遊者，更應考慮住在順路的Tairua)。

▲在會湧出熱泉的熱泉海灘，以鏟挖坑即會湧出約64℃左右的熱泉(圖／Captain Wang)

行家密技 如何拜訪「教堂拱門灣」及「熱泉海灘」

雖說教堂拱門灣及熱泉海灘相距只有10多分鐘的車程，但拜訪這兩處都必須在最低潮的前後各約2小時才可進出，抵達前應查妥海潮時間，否則因潮水淹沒沙灘，根本無法進入；一般會考慮Day1先去拜訪教堂拱門灣，Day2再去熱泉海灘泡湯(也可反向拜訪)，並應事先了解：

1. 由Cathedral Cove Car Park到教堂拱門灣的海灘需先走單趟40分鐘～1小時的Cathedral Cove Walk步道(如沿途照相賞景，或進入支線步道，時間需再增加)，回程一路上坡會較辛苦。

▲ 熱泉海灘的入口(圖／Captain Wang)

2. 可向坐落在熱泉海灘附近的旅館或商店租借挖沙鏟，於沙灘挖坑，導引海水與湧出的熱泉混合，降低水溫後再泡湯。

3. 若抵達熱泉海灘當日潮水過高，無法進入海灘，亦可改隔日早上進入，如抵達當日時間仍足，多出時間可逛Tairua此座河海交會處旅遊小鎮，並可再考慮去帕庫山頂賞景。

4. 不論先去教堂拱門灣還是先拜訪熱泉海灘，都建議當晚住宿在熱泉海灘或附近的Hahei、Tairua，方便泡湯後的沐浴及休息。

5. 熱泉海灘當地有2座停車場，一處免費但除較偏遠外，也無任何設施，另主要付費停車場(The main "Pay and Display" car park)，除邊上有cafe並可租借挖鏟的商店外，邊上還有洗手間及淋浴間，距當地的旅館也不遠。

6. 如果因行程規畫上實在無法於低潮期間抵達教堂拱門灣，可考慮由Hahei Beach的carpark，搭乘每30分鐘發船一梯次的水上計程車，約10分鐘航程可抵教堂拱門灣前海灘。水上計程車無需預約，但因受季節(10月中下旬開始營運)及海象影響，故出發前建議先以電話了解。

http www.hahei.co.nz/Cathedral-Cove-Water-Taxi.html

7. 請參考以下網址，查詢熱泉海灘及教堂拱門灣的潮汐變化(洞穴部分崩塌暫時關閉，拜訪前請查證)。

http www.thecoromandel.com/weather-and-tides

▲ 教堂拱門灣是夏天熱門的旅遊嬉浪點(圖／Jeff)

❶虹魚灣是前往教堂拱門灣前的一個海灣(圖／Jeff)❷斷山中的舊金礦洞穴遺跡(圖／Jeff)❸超過120年歷史的羅伯羅伊旅館是懷希鎮中最古老的建築之一(圖／Jeff)❹泰晤士附近海拔759公尺的大尖山，是Pinnacles Walk的終點(圖／Jeff)❺科羅曼多半島上排名第十五大的方形考里松，樹齡1,200年，樹圍8.8公尺(圖／Jeff)❻站立帕庫山頂鳥瞰七、八百萬年前因火山爆發造成的海口(圖／Jeff)

Day 2 北島

Hot Water Beach／Hahei／Tairua ➡ Waihi ➡ Karangahake ➡ Paeroa ➡ Te Aroha ➡ Okauia ➡ Tauranga

陶朗加(Tauranga)是紐西蘭北島中部東側豐盛灣(Bay of Plenty)地區最大的城市；陶朗加及豐盛灣雖位於斷層帶，且周邊地區還有好幾個火山(大部分是休眠火山)，但隨時煙霧迷漫的「白島」和濱海的「莽格努伊火山」，卻很少發生地震。

目的地主要熱門景點活動

❊ 貝費爾購物中心(Bayfair Shopping Centre)：是紐西蘭北島除奧克蘭和威靈頓以外的最大購物中心。

❊ 莽格努伊火山(The Mount)：232公尺高的錐形休眠火山，過去是毛利人的山寨(pa)，有兩條步道可登頂。 ☞ 必玩

1. 莽格努伊山頂步道(Mt Maunganui Summit Track)：全長3.8公里，坡度頗大，步道狹窄且有長階梯。

2. 莽格努伊山腳步道(Mt Maunganui Base Track)：3.5公里長，可登上面海的半山腰坡地及山頂，步道易行。

❊ 海洋沙灘(The Ocean Beach)：不論戲水、玩沙、日光浴及賞景都是不錯的選擇。

❊ 沙灘滾輪風帆娛樂公園(Blokart Recreation Park)：「沙灘滾輪風帆」專用沙灘，利用風力鼓動風帆，享受奔馳快感。

❊ 陶朗加港邊餐廳(Harbourside Restaurant at Tauranga)：擁有美麗的港灣海岸景觀，享受浪漫休憩的氣氛。

❊ 白島之旅(White Island Tours)：世界上最活躍的活火山小島之一，遊客可利用船舶或直昇機直接登島，並踏入崩塌的火山口中，近距離一窺火山口的祕密。

❊ 麥克拉倫瀑布公園(McLaren Falls Park)：占地190公頃的湖濱公園，包含麥克拉倫瀑布、麥克拉倫湖、螢火蟲洞等，以及多條森林步道，尤其秋天湖中的落羽松及湖畔的銀杏樹，有如圖畫一般。

沿途主要景點

懷希(Waihi)

❊ 瑪莎金礦之旅(Martha Mine Tour)：紐西蘭現存最具規模的現代大型金礦坑，以現代露天開採技術，並利用最新之化學分解法，快速點石成金。

▲ 曾擁有200座碎石機的維多利亞礦場，現已成一座採金遺跡的觀光景點(圖／Jett)

❊ 老金礦火車懷舊之旅(Goldfields Railway)：搭乘老金礦火車，行駛於舊金礦鐵道上。

❊ 卡朗加哈基峽谷古蹟步道(Karangahake Gorge Historic Walkway)：深谷溪流，步道沿山壁修建，充斥舊金礦廢墟，單趟約2小時。

帕羅阿(Paeroa)

❊ 帕羅阿旅遊中心(Paeroa Information Centre)：憑弔舊運河中的古船。

❊ L&P飲料模型(Giant Lemon & Paeroa Bottle)：享譽全紐的巨瓶鎮徽，利用檸檬香味之天然礦泉水，生產特有的「L&P」飲料。 ☞ 必玩

蒂阿羅哈(Te Aroha)

✻蒂阿羅哈公園(Te Aroha Domain)：具歷史傳承的池泉村落，除了古蹟建築物外，還有冷、熱雙溫的蘇打泉及噴泉。

1.摩奇納噴泉(Mokena Geyser)：唯一熱蘇打間歇泉，每天午間由70公尺深的地底噴發，高度可達4公尺，水溫約在75～85℃間。☞ 必玩

2.飲用泉水(Drinking Fountain)：與摩奇納噴泉來自同一泉眼，帶有檸檬味，含有各種礦物質的清澈蘇打冷泉水，清新甘甜，可惜現在已不供飲用。

3.蒂阿羅哈鎮及區域博物館(Te Aroha & District Museum)：當地第一座以吸引觀光客為目的而興建的建築物。

卡蒂卡蒂(Katikati)

✻卡蒂卡蒂(Katikati)：鎮上房屋牆面繪滿了各式精美的壁畫，素有「紐西蘭壁畫之都」的美名。

奧卡烏亞(Okauia)

✻懷雷雷瀑布(Wairere Falls)：45分鐘的步道可抵達觀景台，觀賞這座高153公尺的瀑布。☞ 必玩

♥夜宿城鎮的主要採買

超級市場、華人超市、便利商店、購物中心、禮品店、加油站及多家旅館及餐廳。

行程規畫小提醒

■各段路線車程：

1.Hot Water Beach→Waihi車程為1小時30分鐘(鄉間道路，彎曲且起伏)。

2.Waihi→Karangahake車程為20～30分鐘(鄉間道路，彎曲窄狹且起伏)。

3.Karangahake→Paeroa車程為11～15分鐘(鄉間道路，彎曲且起伏)。

4.Paeroa→Te Aroha車程為15分鐘(鄉間道路)。

5.Te Aroha→Okauia車程為25分鐘(鄉間道路)。

6.Okauia→Tauranga車程為40分鐘(鄉間道路，稍起伏)。

■Tauranga市中心外環道路的SH2及SH29路段(Takitimu Drive Toll Road)是收費路段，建議先備妥零錢。

■卡朗加哈基峽谷古蹟步道最後一段需穿越「舊運金鐵路隧道」，全長1,100公尺(請自備手電筒)，該條似短實長之隧道，讓人摸黑兼懷古。

■如果為了配合潮汐時間，將拜訪熱泉海灘改至今日上午，那建議改走Hot Water Beach經Katikati到Tauranga，車程只需2小時20分鐘(鄉間道路，道路平坦易行)，還可順道拜訪Katikati這座紐西蘭的壁畫之都。

1

2

❶卡蒂卡蒂小鎮是紐西蘭的壁畫之都(圖／Jeff)❷懷雷雷瀑布是懷卡托近郊知名的瀑布之一(圖／Jeff)❸莽格努伊沙灘常成為藝術家的畫布(圖／Jeff)❹帕羅阿小鎮鎮區古董店林立,有「紐西蘭古董之鎮」的別稱(圖／Jeff)❺走一圈莽格努伊山腳步道,輕鬆賞港灣美景(圖／Jeff)❻海獅就棲息在緊臨莽格努伊市區的莫圖里基島馬路旁岩石上,毫不畏懼人類(圖／Jeff)❼走莽格努伊山頂步道,市區海岸盡收眼底(圖／Jeff)❽古典建築的帕羅阿旅遊資訊中心(圖／Jeff)❾陶朗加東岸的海洋沙灘是夏季活動的最佳去處 (圖／Jeff)❿卡朗加哈基峽谷古蹟步道中最具特色的舊火車隧道改建成的山洞步道(圖／Jeff)⓫陶朗加近郊的麥克拉倫瀑布公園(圖／Jeff)⓬帕羅阿是紐西蘭知名飲料L&P產地,巨型飲料模型立於鎮口,來訪紐西蘭當然應嘗試此種只在紐西蘭供應的飲品(圖／Jeff)

Day 3 北島

Tauranga → Whakatane → Opotiki → Gisborne

▲庫克船長登陸點紀念碑(圖╱Jeff)

吉斯本(Gisborne)坐落在紐西蘭北島中段的東側,是紐西蘭本島最東邊的城市,也是最早觀賞旭日的所在;以早期地方官威廉吉斯本(William Gisborne)的名字命名。此城是庫克船長登陸紐西蘭的地點,也是紐西蘭葡萄酒重要產地之一。

當地人自稱吉斯本為「河流之城(City of Rivers)」,因為市中心有三條不同水系的河流貫穿,其中Turanganui River還是紐西蘭境內最短的河流(1,200公尺);由於穿越河川所搭建的橋梁甚多,故又有人稱吉斯本為「橋梁之城(City of Bridges)」。

目的地主要熱門景點活動

❋吉斯本海灘(Gisborne Beaches):市區東海岸邊的Waikanae Beach及Midway Beach兩座海灘,都是觀賞第一道曙光的好所在。☞必玩

❋吉斯本植物園(Gisborne Botanical Gardens):占地5.1公頃的公共花園,沿河道旁的白楊木大道(Poplar Avenue)每當深秋之際,葉由綠變為鮮黃,極為迷人。

❋羅賓遜紀念鐘塔(Robinson Memorial Town Clock Tower):以鋼筋混凝土為底,彩繪的石膏為表,高17公尺的新鐘樓;以照顧原老鐘樓長達43年的魯濱遜(Robinson)之名命名。☞必玩

❋紐西蘭夏多內之都(Chardonnay Capital of New Zealand):紐西蘭第三大葡萄種植地;尤以夏多內(Chardonnay)葡萄,因品質優良而博得該名。

❋庫克船長登陸點國家歷史保留地(Cook's Landing Site National Historic Reserve)及庫克船長登陸點紀念碑(Cook Landing Site Memorial):1769年10月8日庫克船長首次登陸紐西蘭的地點,設有一座石刻尖塔型的紀念碑。☞必玩

❋庫克船長雕像(Captain Cook Statue):半球型底座,球體上有庫克船長雕像。

❋楊尼克雕像(Young Nick's Statue):紀念當初發現白色懸崖「楊尼克岬角(Young Nick's Head)」的船隊廚師雕像。

❋詹姆士庫克紀念雕像(James Cook Memorial Statue):凱蒂丘上仿塑的庫克雕像,居高臨下俯瞰吉斯本及海灣;是當地啤酒廠為招攬觀光所設計的廣告花招。

❋威利小屋(Wyllie Cottage):1872年所建,吉斯本現存最古老的歐式建築物。

❋莫雷雷溫泉(Morere Hot Springs):占地360公頃的美麗森林天然溫泉區,每日可湧出約25萬公升冷及熱的地下天然泉水。☞必玩

❋雷雷石滑梯(Rere Rock Slide)及雷雷瀑布(Rere Falls):高5公尺、寬25公尺瀑布,可順著60公尺長的天然河道,以滑板或膠墊由頂端滑衝而下,刺激無比。

▲位於東地,係全紐最老、最大的原生樹種波胡圖卡瓦樹(圖╱Jeff)

✽泰拉菲蒂博物館(Tairawhiti Museum)及蒂莫阿納摩海事博物館(Te Moana Maritime Museum)：前者藏有毛利、歐洲文物、攝影及藝術展品等；後者則藏有從1912年沉沒於Kaiti Beach的「S.S. Star of Canada」船上搶救出之文物，及其他的海事相關展品。

✽希庫朗吉山(Mt Hikurangi)：毛利人的聖山，除了是全世界第一個迎來曙光的地方，毛利部落更在此山上豎立了九尊巨大雕像。

✽全紐最大的波胡圖卡瓦樹(Largest Pohutukawa)：這棵位於東地(Eastland)約600歲的紐西蘭最老最大的原生波胡圖卡瓦樹，每年12月間樹梢開滿了針狀紅花，又名「紐西蘭聖誕樹」。

沿途主要景點

法卡塔尼(Whakatane)

✽馬塔阿圖阿保留區(Mataatua Reserve)：法卡塔尼是毛利人的大本營之一，設有毛利文化保留區。

✽奧希瓦生蠔農場(Ohiwa Oyster Farm)：法卡塔尼往吉斯本的路旁相當有名的生蠔農場。

奧波蒂基(Opotiki)

✽勞克克雷基督教堂(Christ Church Raukokore)：小巧精緻的白色黑尖頂教堂，面對碧海青天，是吸引人駐足的所在。 👉必玩

✽陶朗加古蹟吊橋(Historic Tauranga Bridge)：為方便當地牧羊場對外連繫所興建的一座鋼索吊橋，因外型似豎琴，被稱為豎琴吊橋，已被列為一級古蹟。

♥夜宿城鎮的主要採買

當地有超級市場、便利商店、百貨公司、禮品店、加油站、多家旅館及餐廳。

行程規畫小提醒

■Tauranga→Whakatane→Opotiki→Gisborne車程約為3小時30分鐘(鄉間道路，後段彎曲且起伏)。

■其中SH2公路從Tauranga東南的Domain Road到Papamoa及Paengaroa圓環交會口附近的路段(Tauranga Eastern Link Toll Road)是收費路段，建議先備妥零錢。

■Opotiki到Gisborne間約150公里無加油站，本日出發前應加滿油。

 豆知識

何謂夏多內？

釀造頂級白酒所需的葡萄品種之一，也是釀製香檳的主要原料，經常與黑皮諾(Pinot Noir)、皮諾莫尼耶(Pinot Meunier)混合；若以單一夏多內釀造的香檳稱為「白中白(blanc de blanc)」。通常，夏多內葡萄釀製的白酒甜度適中、口感濃郁，如置放於橡木桶中，在醇化的過程會結合橡木的香味，而把酒質提升至另一完全不同之新境界。

▲坐落在道路旁小巧精緻的勞克克雷基督教堂(圖／老包)

①凱蒂丘是吉斯本沿海的最高觀景台,也是觀賞日出的好地點,啤酒廠為求廣告效果,特於山頂設仿庫克船長雕像一座(圖/Jeff)②吉斯本東邊Spongy Bay岬角的老燈塔,海面下也是黑鮑魚的棲息地(圖/Jeff)③霍克灣區所生產的白葡萄酒(圖/老包)④從法卡塔尼港出航的白島之旅,讓你感受海中活火山的威力(圖/Jeff)⑤豎立在庫克船長登陸點國家歷史保留地的庫克船長雕像(圖/Jeff)⑥莫雷雷溫泉是吉斯本最著名的天然鹹水溫泉(圖/Jeff)⑦途經奧希瓦生蠔農場怎能不停車,享受一頓肥美甘甜的鮮蠔大餐(圖/Jeff)⑧庫克船長登陸點國家歷史保留地上豎立的毛利戰船圖騰(圖/Jeff)

⑩

⑨ ⑪

⑫

❾多條河流貫穿的吉斯本市區，有著許多美麗的河畔公園(圖／老包)❿吉斯本南方的馬希亞半島海岸，以雪白且怪異的海岸礁岩聞名(圖／Jeff)⓫毛利人聚集大本營的法卡塔尼角上豎立的毛利圖騰柱(圖／Jeff)⓬道路開通導致托拉佳灣碼頭關閉，仍可由步道徒步30分鐘去一覽這座全紐最長的碼頭棧道(圖／老包)⓭馬希亞半島上著名的車軌礁岩，係因海水侵蝕形成類火車軌道般的礁石岩岸(圖／Jett)⓮由庫克灣步道鳥瞰吉斯本北方全紐最長的托拉佳灣碼頭，棧道全長660公尺(圖／Jeff)

⑬ ⑭

北島西岸 3～4天之旅

「懷托摩」、「新普利茅斯」、「東佳里諾國家公園」、「旺格努伊」及「北帕瑪斯頓」

(圖／Jeff)

此行程雖由奧克蘭出發，但也可改由漢密爾頓或羅托魯阿轉往西岸(參考「純北島6天經典精華遊」Day3)，或改由東佳里諾國家公園經過懷托摩，再轉往西岸(參考「純北島6天經典精華遊」Day4～5行程B)。本行程在威靈頓結束後，還可搭渡輪南下皮克頓，繼續在南島的活動；也可由威靈頓走北島東南區，經丹尼弗克到內皮爾及海斯汀斯接續「純北島6天經典精華遊」Day4，反向回抵奧克蘭；或沿東海岸北上吉斯本，銜接「北島科羅曼多半島及東岸3天之旅」Day3。

從北島西部中段地區以螢火蟲及鐘乳石著稱的懷托摩(Waitomo)為始，經以「紐西蘭富士山」享譽世界的新普利茅斯(New Plymouth)，再登上東佳里諾國家公園後，沿西部地區素有「河之城」美名的旺格努伊(Whanganui)及戰時陪都的北帕瑪斯頓(Palmerston North)南下到威靈頓，這一線路的旅遊景點及其支線都頗具特色，且是電影《魔戒》及《末代武士》的多個取景區，是一趟值得一走的行程。

◀ 查理斯孟羅銅像，他於1870年將橄欖球比賽引入紐西蘭(圖／Jeff)

北島西岸3～4天之旅路線圖

- —A— 行程A
- —B— 行程B
- —C— 行程C
- ❶❸ 表該晚住宿點
- —— 行程C補充包路線

奧克蘭 Auckland ④

Hamilton
Cambridge
Tirau

懷托摩 ❶ Waitomo　Otorohanga
Piopio　Te Kuiti
Tongaporutu

羅托魯阿 ❸ Rotorua

陶波 ❸ Taupo

新普利茅斯 ❷ New Plymouth　Uruti

Mt. Taranaki　Whangamomona

東佳里諾國家公園 ❸ Tongariro National Park

Stratford
Manaia　Hawera　Ohakune

旺格努伊 Whanganui ❸

Hastings

Dannevirke

Foxton　Palmerston North　Taumata
Levin

Masterton

Picton　庫克海峽 Cook Strait

威靈頓 ④④ Wellington

玩樂篇

Day 1 北島

Auckland → Hamilton → Otorohanga → Waitomo

▲漢密爾頓花園玫瑰園(圖／Jeff)

1887年毛利首領與英國測量師由河水流入岩洞的洞口(即目前參觀螢火蟲洞的出口),搭乘亞麻筏,憑藉著微弱的燭光划入地下河流中,發現了洞內一種會放出螢火的蠕蟲,聚集在黑暗的壁頂,好似萬千星辰於夜空;另外還有千變萬化且龐大的鐘乳石洞穴系列;從此這些無法用筆墨形容的奇妙景觀,開始揚名於世,也開啟了各種在螢火蟲及鐘乳石洞穴內的活動項目。

目的地主要熱門景點活動

❀奧托羅杭加奇異鳥園(Otorohanga Kiwi House):全紐養育原生鳥類最具規模的鳥園之一,亦是奇異鳥主要孕育中心。

❀奧托羅杭加鎮區主街(Otorohanga Town Centre):鎮民依賴遊螢火蟲洞的人潮營生,卻選奇異鳥作為鎮徽。 ☞ 必玩

❀懷托摩各種洞穴之旅(Waitomo Caves Tours):詳見「特殊體驗活動──尋找螢火蟲」。 ☞ 必玩

❀懷托摩螢火蟲洞(Waitomo Glowworm Caves):鐘乳石洞穴、地底河船、賞螢光。 ☞ 必玩

❀懷托摩黑水漂(Waitomo Black Water Rafting):鐘乳石洞穴、地底河流、漂浮探險。

❀莽佳普乎伊天然橋(Mangapohue Natural Bridge):約700公尺的環形步道,17公尺高的天然拱形石門,可見到2萬年前的貝殼化石。

❀皮利皮利洞步道(Piripiri Cave Walk):300公尺的短步道,立足於步道底的看台,可一觀多個天然石洞內景觀。

❀馬羅克帕瀑布(Marokopa Falls):600公尺的短步道,感受馬羅克帕河由35公尺高處奔騰而下的氣勢。

沿途主要景點

同「純北島6天經典精華遊」Day3。

♥夜宿城鎮的主要採買

懷托摩當地只有幾家旅館,無商店、加油站,餐廳不多且多附屬於各旅遊活動點(只在日間營業);一般採購、用餐可開車前往附近的The Big Apple Cafe或奧托羅杭加鎮區(但夜間較早關門),奧鎮設有小型超市、加油站、雜貨店及i-SITE等。

▲大蘋果餐廳係懷托摩附近最大的餐廳及禮品賣場,附設花園、果園及各種水果農產賣場(圖／Jeff)

行程規畫小提醒

■Auckland→Hamilton→Waitomo車程為2小時30分鐘(其中Auckland→Hamilton前半段為高速公路,交通尖峰時段塞車嚴重,後半段為快速道路;Hamilton→Waitomo為鄉村道路,稍有起伏及彎曲)。

■懷托摩地區經營螢火蟲洞穴相關活動的公司甚多,不過所有活動都需事前預約,有些活動還有最低出團人數及最低年齡的要求,大部分的活動都需提前20～30分鐘報到。

❶全紐最具特色的漢密爾頓花園，義大利花園是眾多各國花園中的一座(圖／Jeff)❷600公尺的步道可抵達35公尺高多層次的馬羅克帕瀑布(圖／Jeff)❸聖安卓斯教堂是寧靜可愛康橋小鎮的地標(圖／Jeff)❹全紐最大的杭特利火力發電廠，擁有極佳的集塵設備(圖／Jeff)❺摩門教漢密爾頓紐西蘭聖殿教堂，塔尖高達157公尺，造型宏偉(圖／Jeff)❻聞名遐邇的懷托摩螢火蟲洞門口建築(圖／Jeff)❼基里蒂西里化石海灘龜紋狀、陡峭、傾斜的沙岩壁中，蘊藏著大量的化石，令人印象深刻(圖／Jeff)❽沿著莽佳普乎伊天然橋步道，可見到2,500萬年前的貝殼化石裸岩(圖／Jeff)

Day 2 北島

Waitomo → Te Kuiti → Tongaporutu → Uruti → New Plymouth

新普利茅斯(New Plymouth)是紐西蘭最接近澳洲的城市,坐落在北島中部西側海岸;該城擁有陽光明媚的氣候、藝術畫廊和美麗的公園,普基伊蒂杜鵑花公園更是紐西蘭排名第一的杜鵑花公園;整個區域在城鎮、火山、杜鵑花及電影《哈比人》、《末代武士》的招徠下,吸引不少觀光客。

◀位於半山腰的普基伊蒂杜鵑花公園係全紐最著名的杜鵑花公園(圖/Jeff)

目的地主要熱門景點活動

✤普基庫拉公園(Pukekura Park):位於市區,園內的詩橋跨越噴泉湖,與遠處的塔拉納基山遙遙相對,是全公園最美的所在。☞必玩

✤塔拉納基山(Mt Taranaki):是世界最對稱的火山錐體之一,因外型酷似日本富士山,又被稱為「紐西蘭富士山」,也是電影《末代武士》的取景點。☞必玩

✤北埃格蒙觀光資訊中心(North Egmont Visitor Centre):坐落在塔拉納基山半山腰,可遙望東佳里諾國家公園的三座火山。

✤塔拉納基山頂步道(Mount Taranaki Summit Track):單趟全程6.3公里,於雲層上鳥瞰整個「塔拉納基」地區。☞必玩

✤Mt Taranaki周邊的短步道:

　　1.安伯雷石碑步道(Ambury Monument Walk):在Egmont國家公園觀光資訊中心附近,約10分

鐘的步道可抵此石塊紀念碑(紀念於1918年為救人而摔落冰谷犧牲的Arthur Ambury),由此可仰望Mt Taranaki,回程可改走Nature Walk回觀光資訊中心。

　　2.自然步道(Nature Walk):約15分鐘的環狀步道,由Egmont國家公園觀光資訊中心出發,部分路段陡峭。

✤海岸線步道(Coastal Walkway):10公里長沿海步道,其中最著名的兩處景點:☞必玩

　　1.蒂雷瓦雷瓦橋(Te Rewa Rewa Bridge):人與自行車共用的橋梁,造型像魚骨,透過魚骨型的鋼管,可遠眺塔拉納基火山,景致極為迷人。

　　2.風之杖(The Wind Wand):48公尺高的動態藝術品,可隨風彎曲,係新普利茅斯的地標,

✤埃格蒙角燈塔(Cape Egmont Lighthouse):20公尺高的白色燈塔,可將燈塔及遠處的埃格蒙火山一起入鏡。☞必玩

✤普基伊蒂杜鵑花公園(Pukeiti Rhododendron Garden):位於市郊半山腰,是全紐最著名的杜鵑花公園,每年杜鵑花節(Rhododendron Festival)期間,萬紫千紅,如彩繪般地妝點了整個公園,煞是好看。☞必玩

✤帕里圖圖岩(Paritutu Rock):一座錐形的火山殘餘體,100多公尺的高度,陡峭及凹凸不平的岩塊,山頂除了有毛利的老山寨遺跡,更有360度的視野,可遠眺白雪封頂的塔拉納基山。

✤白壁懸崖步道(The Whitecliffs Walkway):全程5小時,途中會經過三姊妹岩及象岩、蒂霍羅牲畜隧道及白壁懸崖等景點,海灘路段需在低潮前後各2小時內拜訪。

沿途主要景點

皮奧皮奧(Piopio)

❉海莉費特峭壁(Hairy Feet)：高約80公尺的石灰岩峭壁，是《哈比人》系列電影中的取景點之一，須跟團才可進入。☞ 必玩

蒂庫伊蒂(Te Kuiti)

❉剪羊毛者雕像(Statue of Shearer)：6公尺高的剪羊毛者的雕像，是為紀念David Fagan贏得超過30次剪羊毛比賽冠軍所建。

東佳普魯圖(Tongaporutu)

❉三姐妹岩及象岩(Three Sisters & Elephant Rock)：兩座25公尺高，由海中拔起的錐狀礁岩，連同另一塊已崩塌的礁岩，併稱為三姐妹岩，與其附近幾塊貌似象型的巨石，都很熱門；需在低潮前後各2小時內拜訪。☞ 必玩

尤魯蒂(Uruti)

❉尤魯蒂山谷(Uruti Valley)：電影《末代武士》在綠色山坡草地上，仿造了數十棟1860年代的日本老木屋，是湯姆克魯斯與女主角會面的日本農村；目前只剩下一棟木造日式建築，可遠眺。

♥ 夜宿城鎮的主要採買

超級市場、便利商店、購物中心、百貨公司、禮品店、加油站、多家旅館及餐廳。

行程規畫小提醒

■Waitomo→Uruti→New Plymouth車程為2小時30分鐘(鄉村道路，起伏多彎)。

■如果在Uruti擬彎去Uruti Valley看《末代武士》拍攝點，需再多開11～12公里，沿途道路狹窄、彎曲、部分為碎石子路面、全線極為偏僻，且車輛最後不易掉頭，提醒讀者注意。

❶塔拉納基大教堂是全紐最古老的石造教堂之一(圖／Jeff)❷歌維特布魯斯特藝術畫廊係紐西蘭唯一的現代藝術博物館，弧形鏡面及不銹鋼外牆的造型，極其摩登與超現代(圖／Jeff)❸白色魚骨造型的蒂雷瓦雷瓦橋，曾因造型特殊而獲獎(圖／Jeff)❹1985年興建的鐘樓是新普利茅斯當初最高建築物之一(圖／Jeff)❺塔拉納基山旁的次高峰芬申斯峰是登山者喜歡挑戰的步道之一(圖／Jeff)❻塔拉納基山山頂是個終年冰雪覆蓋的火山口(圖／Jeff)❼13公里長的塔拉納基海岸線步道途中的奇岩怪石(圖／Jeff)❽塔拉納基山又稱為埃格蒙山，有「紐西蘭富士山」的別稱(圖／Jeff)❾普基庫拉公園中的噴泉湖及如詩如畫的美麗紅色詩橋，是市中心最佳賞景點(圖／Jeff)❿海邊礁岩組建而成的三姐妹岩(圖／Jeff)⓫白壁懸崖步道海岸邊，聳立的懸崖高達兩百多公尺(圖／Jeff)

Day **3** 北島

 行程A New Plymouth → Whangamomona → Tongariro National Park

由Stratford至Taumarunui間150公里長的SH43道路，崎嶇、單線隧道、蜿蜒峽谷、偏僻且其中還有一段15公里長的碎石子路面，被稱為「被遺忘的公路(Forgotten World Highway)」，是紐西蘭道路的經典縮影；此外，沿途還會經過一處極為特殊的紐西蘭境內的國中之國「旺格莫莫納共和國」。

> **銜接提示：**
>
> 後續的行程安排有三種選擇，行程A前往東佳里諾國家公園，可多花一日去走東佳里諾越嶺步道(《魔戒》取景點，全紐最著名的步道之一)或去滑雪；行程B則折往陶波，可轉回奧克蘭；至於行程C則繼續沿西岸南下，完成北島西區的主要景點。

目的地主要熱門景點活動

東佳里諾國家公園說明同「純北島6天經典精華遊」Day4~5行程B，另可參考「朝聖《魔戒》電影場景」與「觀光與健行：精華步道特輯」內容。

沿途主要景點

❋旺格莫莫納共和國(The Republic of Whanga-momona)：紐西蘭境內唯一一私立共和國，而且其好幾任的總統，竟然都非人類！來到此國可考慮買本純紀念性的護照，別忘了蓋個海關章留念。

❋塔法伊瀑布(Tawhai Falls)：抵達東佳里諾城堡旅館前約3~5分鐘的路段左側，設有瀑布的看板，步行約15分鐘即可見到瀑布。

♥夜宿城鎮的主要採買

拜訪東佳里諾國家公園，有四處住宿點可考慮：

1.**Ohakune**：即Ohakune(Ruapehu) i-SITE Visitor Information的所在，小村較熱鬧(有旅館、餐廳、購物中心及超市)，但距前往東佳里諾越嶺步道的出發及結束點車程需40分鐘左右，可請住宿點安排往返步道口之交通工具。

2.**National Park Village**：National Park火車站停靠點；但不如Ohakune附近那麼熱鬧。雖有幾間住宿點、餐廳及滑雪用品店，但只有一間附在加油站邊的小型超市；到步道的入口只需約20分鐘的車程，村內有往返步道口之交通工具。

3.**Whakapapa Village**：即法卡帕帕遊客中心的所在，當地有多家住宿點，其中東佳里諾城堡旅館為四星級，村區有餐廳及滑雪用品店，但無採購點；距步道出發點約20分鐘的車程。冬季如擬在法卡帕帕滑雪場滑雪，此處距雪場只有20分鐘車程(雪場接駁巴士的起站也在村內)，會較方便。

4.**Turangi**：坐落在陶波湖南側，住宿、購物中心、大型超市、加油站及各式餐廳應有盡有，非常方便；距步道的出發點約40分鐘車程，也有接駁小巴。

❶紐西蘭國中之國的旺格莫莫納共和國，除了第一任總統是人類外，其他幾任竟然都非人類(圖／Jeff)❷旺格莫莫納旅館是共和國的總統府兼行政機關，該國每兩年舉行共和日(Republic Day)(圖／Jeff)❸SH43路段是經典紐西蘭道路縮影，雖彎曲起伏，但沿途山巒起伏，景色寧靜幽美，被稱為「被遺忘的公路」(圖／Jeff)❹修築道路的犯人，因洗衣而無意間發現了諾克斯夫人泉(圖／老包)❺占地約兩個足球場大的東佳里諾國家鱒魚中心(圖／Jeff)

玩樂篇

行程規畫小提醒

■New Plymouth→Tongariro National Park車程為3.5小時(鄉村及山間道路,起伏多彎且部分狹窄);Tongariro National Park係指整座國家公園;而National Park則是該公園內的一座小村的名字,容易混淆,特提出說明。

■行走東佳里諾越嶺步道都是由Mangatepopo Carpark進,由另一端的Ketetahi Carpark出,兩停車場間車程約25分鐘。

行程B New Plymouth ➜ Whangamomona ➜ Taupo／Rotorua

同「純北島6天經典精華遊」Day4及Day4～5行程B。

▶ 史特拉福鐘樓(圖／Jeff)

行程C New Plymouth → Manaia → Hawera → Whanganui

旺格努伊(Whanganui)毛利語的意思是「大海灣(Big Bay)」，因290公里長的紐西蘭第三大河旺格努伊河(Whanganui River)貫穿市區，故有「河之城(River City)」的別稱；市中有四座橋梁橫跨河流；漫步於主街的維多利亞大道(Victoria Ave.)，成排老橡木樹與街道兩邊的裝飾藝術建築物，不論是瓦特噴泉(Watt Fountain)、舊郵政總局大樓(Post Office Building)、路旁的商鋪、燈飾、花架都有濃濃的英國風情，也透露出英國女皇的三子當初選擇在此工作原因；市區中的劇院、藝廊都頗具特色，值得一遊。

目的地主要熱門景點活動

❊ 皇家旺格努伊劇院(Royal Whanganui Opera House)：全紐碩果僅存的維多利亞式劇院，古希臘羅馬式建築的外觀及蒼穹的圓頂，搭配金碧輝煌的內裝。☞ 必玩

❊ 薩金特藝術畫廊(Sargeant Art Gallery)：白色大理石厚重造型的建築，圓頂蒼穹的屋頂，顯現出藝廊的品味，全館共藏有5,500件藝術品。

❊ 巴斯蒂亞丘水塔(Bastia Hill Water Tower)：全塔除主軸的直柱及橫向連接的四個橫面建築外，整座塔呈現鏤空的造型。

❊ 杜里丘(Durie Hill)：丘頂可一覽全鎮及河口景致，是該鎮必訪之景點，丘上包含：☞ 必玩

1. 戰爭紀念館塔(The War Memorial Tower)：為紀念大戰時為國捐軀的旺格努伊戰士而設，火箭型的石造塔樓，可攀191層階梯至頂，是鳥瞰全鎮最佳的觀景點。

2. 杜里丘電梯豎井(Durie Hill Elevator Shaft)：9.7公尺高的紅色電梯樓房，是由河畔登上丘頂的捷徑。

3. 杜里丘電梯隧道(Durie Hill Elevator Tunnel)：為解決丘頂電梯下降至丘底後，與連接路面仍有差距，故再挖掘一條205公尺的橫行步行隧道，世界少見。

❊ 維吉尼亞公園(Virginia Park)：湖畔的雕像，述說著毛利公主失去愛人，以淚灌滿維吉尼亞湖的淒美傳說；園中有步道、咖啡屋、花房、遊樂區及鳥屋畜養了超過400隻、32種不同的鳥類。☞ 必玩

❊ 旺格努伊科理俊高中(Whanganui Collegiate School)：古典高雅校舍、新穎設施(1999年該校已設當時全紐唯一之光纖電纜)、學風典雅及優良；最為人樂道的是英國女王的三子愛德華王子，於1982年曾在該校擔任過2年舍監。

❊ 不通之橋(Bridge to Nowhere)：在旺格努伊河下游附近，其知名度在紐西蘭僅次於奧克蘭港灣大橋，可搭船或經步道前往。

▲ 杜里丘頂鳥瞰旺格努伊市區景致(圖／Jeff)

沿途主要景點

史特拉福(Stratford)

✳史特拉福鐘樓(Stratford's Glockenspiel Clock Tower)：其木製人偶及鐵琴是紐西蘭唯一也最特殊的鐘樓，每日有四場搭配琴聲的莎翁名劇《羅密歐和茱麗葉》表演。 ☞ 必玩

馬納亞(Manaia)

✳紐西蘭麵包之都(Bread Capital of New Zealand)：以烘焙業為主要經濟活動的馬納亞，其鎮標就是「兩條烤得微黃的土司麵包」及寫有「紐西蘭麵包之都」字樣的看板。

哈威拉(Hawera)

✳塔菲蒂博物館(Tawhiti Museum)：建築物的本身就是座老乳酪廠，館內栩栩如生手工製作仿真蠟雕，塑造出各式各樣的縮小人物及物品。

✳奇異酪農旅遊中心(The Kiwi Dairies' Visitor Centre)：門前巨大的乳牛雕像，內設各種酪農相關資訊，其咖啡屋就設在擠牛奶的旋轉台上，緩緩旋轉中可緬懷牧牛人之辛勞，並可享受香郁的茶點。

✳哈威拉水塔(Hawera Water Tower)：過去常因大火毀了鎮區設施；保險公司要求在鎮中興建一個水塔，以強化消防功能，目前已成古蹟。

♥夜宿城鎮的主要採買

超級市場、便利商店、購物街、百貨公司、禮品店、加油站、多家旅館及餐廳。

行程規畫小提醒

■New Plymouth→Manaia→Hawera→Whanganui車程為2小時40分鐘～3小時(鄉村道路，窄狹多彎)。

❶杜里丘戰爭紀念館塔為紀念第一次世界大戰出征未歸的鎮民而建(圖／Jeff)❷旺格努伊河泛舟行程是紐西蘭十個大走步道活動之一，途經數十處激流險灘，刺激不已(圖／Jeff)❸一座真正無路可通之不通之橋是紐西蘭最特殊的一座橋(圖／Jeff)❹紐西蘭鄉村常看到這種在公路上趕羊的畫面，連龐大的運材車都需讓路(圖／Jeff)❺以莎士比亞出生地命名的史特拉福小鎮，其街道也多用莎翁劇中人物命名(圖／Jeff)

 行程**A** Tongariro National Park ➜ Palmerston North ➜ Levin ➜ Wellington

頗負盛名的東佳里諾越嶺步道走完全程約需7～8小時，一路蜿蜒上坡途經蘇打泉(Soda Springs)，再經South Crater(海拔1,660公尺)，繼續攀升至全線最高點Red Crater(海拔1,886公尺)，從山脊往下可看到山坳間，有三座大小不同，因火山爆發而形成的美麗火山湖翡翠湖(Emerald Lakes)，乳藍色的湖水，煞是秀美，此處亦為《魔戒》取景點；繼續下行由北端出口出步道，即抵46國道。東佳里諾越嶺步道的介紹請見「純北島6天經典精華遊」Day4～5行程B；北帕瑪斯頓簡介請看本日行程C。

目的地主要熱門景點活動

✽ **庫木托托廁所(Kumutoto Toilets)**：坐落在威靈頓碼頭區，一座雙頭蝸牛造型的公用廁所，曾獲得「世界第三最佳公用廁所」的獎杯。
✽ **市聯海橋(City to Sea Bridge)**：跨越Jervois Quay的一座設有裝飾藝術品的人行陸橋，連接了布置有戶外藝術品的市民廣場與休閒碼頭區。
✽ **市民廣場(Civic Square)**：坐落在威靈頓市圖書館(Wellington City Library)及威靈頓市藝廊(City Gallery Wellington)背後之戶外藝術廣場。

沿途主要景點

奧哈庫尼(Ohakune)

✽ **奧哈庫尼大紅蘿蔔(Ohakune Big Carrot)**：中國移民於此首栽紅蘿蔔，產量占全紐2/3，故以巨大紅蘿蔔為該鎮的鎮徽。

福克斯頓(Foxton)

✽ **荷蘭鐵水風車(De Molen Windmill)**：仿17世紀風格的風車及碾磨廠，邊上還設有荷蘭烤箱咖啡館(The Dutch Oven)。
✽ **亞麻剝取博物館(Flax Stripper Museum)**：19世紀末該鎮有50座亞麻廠，是其當時的經濟命脈，館中介紹亞麻抽取及製作的全套過程。
✽ **馬納瓦圖河口濕地(Manawatu Estuary)**：可發現皇家篦鷺及其他約37種候鳥。

行程規畫小提醒

東佳里諾越嶺步道的進出口不在同一點，必須事先安排好接駁巴士。另外，步道冬季寒凍且積雪，除非跟團由專業導遊帶領，並配備足夠裝備，否則不宜自行前往。

 行程**B** Taupo／Rotorua ➜ Tirau ➜ Hamilton ➜ Auckland

同「純北島6天經典精華遊」Day2～4。

❶熔岩冷卻後所形成20公尺高的塔拉納基瀑布，步道來回約2小時(圖／Jeff)❷法卡帕帕滑雪場是北島冬季最熱門的滑雪勝地(圖／Jeff)❸東佳里諾越嶺步道山間乳藍色湖水的翡翠湖(圖／Jeff)❹法卡帕帕遊客中心介紹東佳里諾國家公園的各種資訊(圖／Jeff)❺陡峭難行的東佳里諾越嶺步道，夏季布滿紅色的火山碎石(圖／Jeff)❻蒂勞鎮區無所不在的咖啡屋，其咖啡口感有一定的水準(圖／Jeff)❼近觀東佳里諾越嶺步道中的紅火山口 (圖／Jeff)❽蒂懷霍冷泉又稱藍泉，泉水湛藍清澈，是紐西蘭礦泉水重要的水源地(圖／Jeff)❾冬季時攀登魯阿佩胡山頂火山口(圖／Jeff)❿蒂勞全鎮充斥以浪板建材的造型建築及看板，素有「浪板之都」的別稱(圖／Jeff)⓫由魯阿佩胡火山頂遠眺瑙魯霍伊火山及東佳里諾火山(圖／Jeff)

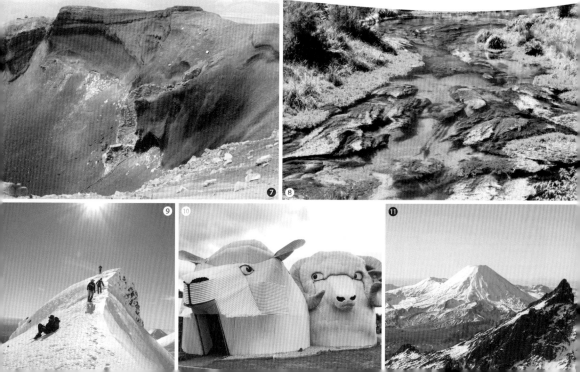

▶威靈頓市區隔海的翩卡
羅角及燈塔 (圖／Jeff)

行程C Whanganui ➡ Palmerston North ➡ Levin ➡ Wellington

同「純北島6天經典精華遊」Day5。

沿途主要景點

菲爾丁(Feilding)

✿科利頓鐘錶博物館(Colyton Clocks Museum)：南半球最大的鐘錶博物館，超過3,000種有關計時器的收集品。

北帕瑪斯頓(Palmerston North)

✿方形廣場公園(The Square)：市中心約7公頃的公園，內設有湖泊、花園、戰爭紀念碑及旅遊資訊中心等，包含：

1.鐘塔(Clock Tower)：30.5公尺高的四方型柱體燈塔，夜間彩色燈光與邊上的彩色噴泉相互爭輝。

2.城市戰爭紀念碑(City's War Memorial)：鐘塔邊上的雕塑是戰爭紀念碑。

3.蒂沛蒂蒂阿威阿威雕像(Statue of Te Peeti Te Awe Awe)：1865年同意將土地出售給政府的當地毛利酋長雕像。

✿塔拉魯阿及蒂阿皮蒂風力發電站(The Tararua & Te Apiti Wind Farms)：全紐三個風力發電站中最大的兩個，共設有118座風扇塔；觀光客可由路旁觀景台觀賞風扇塔群或跟團去發電站參觀。

✿紐西蘭橄欖球博物館(New Zealand Rugby Museum)：橄欖球是紐西蘭的全民運動，該館收集了超過37,000種與橄欖球相關物品。

✿蒂馬納瓦藝術科技歷史博物館(Te Manawa Museum Gallery Science Centre)：有55,000種展品，通過科學互動遊戲，觀查鯨魚化石和巨型的恐鳥模型。

✿梅西大學(Massey University)：由紐西蘭農業機具大亨梅西家族所創立，在奧克蘭設有分部。

✿維多利亞廣場花園(Victoria Esplanade Garden)：超過5,500種不同的玫瑰花，園中設有步道及迷你小火車設施。

❶毛利酋長蒂沛蒂蒂阿威阿威雕像(圖／Jeff)❷北帕瑪斯頓市中心最熱鬧的方形廣場公園(圖／Jeff)❸方形廣場公園內的四方形柱體鐘塔(圖／Jeff)❹位於方形廣場公園內的北帕瑪斯頓旅遊資訊中心(圖／Jeff)❺通過互動遊戲讓觀眾了解歷史的蒂馬納瓦藝術科技歷史博物館(圖／Jeff)❻北帕瑪斯頓市區方形廣場公園邊的街頭雕塑(圖／Jeff)❼塔拉阿魯及蒂阿皮蒂風力發電站 (圖／Jeff)❽紐西蘭國會大廈,其中行政部因外型與蜂窩相似,被暱稱為蜂巢(圖／Jeff)❾威靈頓的鋼纜車,在平均1:5.1的坡道上行駛,因車廂被錫鐵及玻璃包圍,又被謔稱為「玻璃棺材」(圖／Jeff)❿老聖保羅教堂被認為是威靈頓市區最古老的教堂(圖／Jeff)⓫每週日上午開市的威靈頓農夫市場(圖／Jeff)⓬紐西蘭首都威靈頓的市中心,擁有相當多古老英式建築(圖／Jeff)⓭紅色礁岩保護區,據毛利傳說是其先民採貝時受傷,因血染紅了礁岩所致;此外該區也是海豹的棲息地(圖／Jeff)⓮威靈頓植物園是該市最大的花園(圖／Jeff)⓯海水入侵火山口後形成的威靈頓港,毛利人傳說此為巨鳥的巢穴(圖／Jeff)

行程C補充包

行程C Wellington → Dannevirke → Hastings／Napier

銜接提示：
行程C結束後，如擬由威靈頓走北島東南區，經丹尼弗克到海斯汀斯／內皮爾接續「純北島6天經典精華遊」Day4，可參考本補充包資訊。

沿途主要景點

馬斯特頓(Masterton)

✲阿拉托伊─懷拉拉帕藝術和歷史博物館(Aratoi-Wairarapa Museum of Art & History)：懷拉拉帕地區最大的博物館，展示精緻的毛利物品、陶瓷、繪畫、攝影等。

▲已有150年歷史的聖路可聯合教堂，是馬斯特頓最古老的教堂之一(圖／Jeff)

◀馬斯特頓曾經贏得全紐最美社區的頭銜(圖／Jeff)

✲伊莉莎白女皇公園(Queen Elizabeth Park)：占地20公頃，園內有迷你高爾夫球、微型火車、天鵝造型的踏板船，並可穿越吊橋觀看鹿群。

✲剪羊毛棚(The Wool Shed)：兩座具歷史性的剪羊毛棚，並可觀賞160年來當地剪羊毛歷史的影片、模型、照片、羊毛處理和剪切設備。

布魯斯山(Mount Bruce)

✲普卡哈布魯斯山國家野生動物中心(Pukaha Mount Bruce National Wildlife Centre)：野生動物及水生物園，可用40分鐘～2小時的時間於林間步道觀賞各種鳥類及生物(包含奇異鳥、塔卡西鳥、斑點楔齒蜥蜴及鰻魚等)。

丹尼弗克(Dannevirke)

✲丹尼弗克鎮徽(Dannevirke Town Emblem) ：由丹麥、挪威和瑞典移民於 1872年建鎮，是紐西蘭唯一北歐風情的城鎮，其鎮徽具有濃厚的維京海盜風格。

✲丹尼弗克公園(Dannevirke Domain)：園內設有戰爭紀念碑、噴泉及兒童遊樂場。

✲丹尼弗克歷史畫廊(Dannevirke Gallery of History)：1906年的法院老屋改建而成的畫廊。

波朗加豪(Porangahau)

✲塔烏馬塔(Taumata)：Taumata是「Taumatawhakatangihangakoauauotamatea-urehaeaturipukapihimaungahoronukupokaiwhenuakitanatahu」(全長92個字母)的縮寫，擁有世界第一長地名的稱號。

行程規畫小提醒

■各段路線車程：

1. Wellington→Masterton車程為1小時40分鐘～2小時(其中Rimutaka Hill前約10分鐘開始至Featherston間共約30分鐘的山道，路況起伏窄狹、極為彎曲且有很多的髮夾彎)；途中可考慮順道拜訪Kaitoke Regional Park，為《魔戒》精靈族故鄉Rivendell的取景點。

2. Masterton→Dannevirke車程為1小時40分鐘(鄉村道路，大部分平坦易行)。

3. Dannevirke→Porangahau(Taumata)車程為1小時20分鐘(全程山道，彎曲窄狹)。

4. Porangahau→Hastings車程為1小時20分鐘～1小時40分鐘(鄉道平坦易行)。

■如果不彎去Taumata，可直接由Dannevirke→Hastings車程為1小時20分鐘～1小時40分鐘(鄉道且平坦易行)。

■如果計畫改道由Dannevirke西南行到Palmerston North轉接上北島中部或東岸，原可由SH2公路在Woodville轉SH3公路，但因SH3路段上的Manawatu Gorge經常發生坍塌，道路已永久封閉，需改走Saddle Road；該山道剛好會經過「蒂阿皮蒂風力發電站」，不妨至觀景台眺望風力發電的巨型風扇群。

▲1913年所建的卡斯特角燈塔，是全紐兩座僅存的旋轉光束燈塔之一(圖／Jeff)

▲丹尼弗克是全紐唯一以北歐移民為主的城鎮，鎮口兩端各設有維京海盜造型的鎮徽歡迎看板(圖／Jeff)

▲左／右：伊莉莎白女皇公園中花團錦簇的哈士金花園 (圖／Jeff)

特殊體驗活動

(圖／Irene曾)

噴射快艇

Jet Boat

　　噴射快艇由紐西蘭人「漢密爾頓爵士(C.W.F. Hamilton)」所發明，因居住南島中部的「麥肯西家園」，當地河川水淺多石，不利快艇航行，故研擬去除螺旋槳，改由船底吸入水，然後藉噴射引擎在船尾噴出水流，操控噴水角度，即可改變快艇的行進方向，並可在淺水或急流的環境高速行進。漢密爾頓爵士藉由操控噴水角度，快艇能隨意轉彎，更能呈現刺激360度大迴轉的動作，被取名為「漢密爾頓360度迴轉」，目前噴射快艇已發展成為一項世界級的熱門觀光活動。紐西蘭北島至少有32處，南島至少有31處地點設有噴射快艇活動。

http www.tourism.net.nz/attractions-and-activities/
adventure/jet-boatingand-jet-skiing

❶

❷

北島

Rotorua
Kawaraujet Rotorua、Agrodome Jet Boat，設有全紐西蘭最小的雙人座快艇，由於艇小，轉動力強，更為刺激。

Taupo
Hukafallsjet，快艇會上溯至「胡卡瀑布」底層，在翻騰的白色漩渦中挺進，讓你感受到急流沖擊的快感。

南島

Haast
Haast River Safari，提供紐西蘭最大且有玻璃罩的36人座噴射快艇，即使冬天乘坐也不畏寒風。

Lake Wanaka
Wanakajet

Hanmer Springs
Thrillseekers Jet Boat

Te Anau
Luxmore Jet

Lake Tekapo
Lake Tekapo Jetboating

Hokitika
Wild West Adventure Company

Queenstown
目前有3家Jet Boat公司，各以黃色(Kawarau Jet)、藍色(Skippers Canyon Jet)及紅色(Shotover Jet)標誌代表，分別從皇后鎮湖畔碼頭、沙特歐瓦河及卡瓦勞河之碼頭三個點出發，航行時間約1小時。由皇后鎮湖畔碼頭出發且全程行駛於寬闊湖上的行程較緩和不刺激；由沙特歐瓦河谷及卡瓦勞河谷出發的行程，因全程行駛於陡峭的岩壁河谷，噴射快艇在狹窄的河道中快速來回穿梭，船速最高可達每小時80公里，駕駛技術高超者，不時故意往山壁衝撞再來個急轉彎閃開，引起船上的旅客尖叫不已，十分刺激。

❶陶波的Hukafallsjet上溯至胡卡瀑布底層，甚為刺激(圖／老包)❷皇后鎮的Kawarau Jet奔馳於湖上(圖／老包)

高空彈跳
Bungy Jumping

紐西蘭人AJ Hackett在巴黎艾菲鐵塔一躍而下而名揚海外，1988年AJ Hackett回到紐西蘭，在皇后鎮「卡瓦勞橋(Kawarau Bridge)」開創全世界第一個商業高空彈跳活動，發展至今，目前光皇后鎮的高空彈跳活動，就有5種不同高度彈跳可供選擇，更遑論紐西蘭其他地區及世界各地的不同高度或形態，已多到不勝枚舉。

http www.newzealand.com/int/bungy

北島

Auckland

Auckland Bridge Bungy，由奧克蘭過港橋跳落。

SkyJump，由奧克蘭南半球最高的雲霄塔上跳落，全程11秒，是唯一定向式的跳法，即由塔頂採雙繩自由落體方式滑落，身體不會翻滾，到地面回收台後，也不會有一般彈跳時會出現類似橡皮筋上下彈動的動作。

Rotorua

Agrodome Bungy，站入彈跳袋中，採韆韆斜盪式跳法彈跳，並設有全紐西蘭同時容納最多彈跳人數的彈跳袋，可2～3人同時參與。

Taupo

Taupo Bungy，號稱紐西蘭直接由跳台至碰觸水面的最高彈跳點(47公尺)。

南島

Queenstown

卡瓦勞橋(Kawarau Bridge)，橋面距離卡瓦勞河面高度43公尺。許多人嘗試紐西蘭各地高空彈跳後，認為此地的彈跳感受最佳，最能體會原汁原味的感覺。

皇后鎮纜車(The Ledge)，位於皇后鎮纜車沿線頂端，距離地面400公尺。

內維斯(Nevis Highwire)，位於內維斯河纜車，距離內維斯河面高度134公尺。

船長峽谷橋(Skippers Canyon Bridge)，位於船長峽谷，橋面距離沙特歐瓦河面高度71公尺。

管線(Pipeline)，位於船長峽谷，管線步道距離沙特歐瓦河面102公尺。

❶卡瓦勞橋是全世界第一個商業高空彈跳場(圖／老包)❷皇后鎮纜車登頂後的高空彈跳(圖／Irene曾)❸陶波湖畔的彈跳塔距水面47公尺，彈跳時可用手觸碰水面(圖／老包)

高空跳傘
Skydive

跳傘對一個毫無經驗,且無足夠時間接受完整訓練的觀光客而言,簡直就是緣木求魚的幻想,但在紐西蘭,就讓這種不可能的想法化為可能!不僅訓練課程簡易好學,且不耗費太多時間,這種一蹴可及的跳傘方式,就是由資深教練把觀光客掛在胸前,同步跨出機門,翱翔於天際,全程關照直到降落地面為止。

北島

Auckland
Skydive Auckland,提供9,000、13,000及16,000英呎的跳傘活動,地點在奧克蘭西區的Helensville,距奧克蘭市區約40分鐘車程。

Tauranga
Tandem Skydiving Ltd,提供8,000及12,000英呎的跳傘活動,地點在北島中西部的Tauranga Airport,距奧克蘭約2.5~3小時車程。

Rotorua
Agroventures Adventure Park,提供風洞式的升降活動,雖非真正的跳傘,不過較不受氣候的影響且價格便宜,地點在北島中部Rotorua東北邊的Agroventures Adventure Park,距Rotorua市區約15分鐘車程。

Taupo
Taupo Tandem Skydiving,提供15,000英呎的跳傘活動,地點在北島中部的Taupo Airport,距Taupo鎮中心約10分鐘車程。

南島

Abel Tasman
Skydive Abel Tasman,提供16,500英呎的跳傘活動,地點在西北端的Motueka Airport,距Nelson約40分鐘車程;跳傘時可以見到Mt. Taranaki、Kaikoura ranges及Southern Alps。

Geraldine
Skydiving Kiwis Ltd,地點在基督城西南邊約1小時40分鐘車程處的Geraldine,也是由Ashburton到Tekapo必經之地。

Methven
Skydivingnz.com,地點在南島基督城西南邊約1小時15分鐘車程處的Methven,由Ashburton往西北方向約30分鐘車程。

Wanaka
Skydive Lake Wanaka Ltd,提供11,000及15,000英呎的跳傘活動,地點在西岸的Wanaka Airport;可見到Mt. Cook及Mt. Aspiring的景致。

Franz Josef Glacier
Skydive Franz,提供12,000、15,000及18,000(必須配帶氧氣)英呎的跳傘活動。

Skydive Franz Josef Glacier,提供18,000(必需配帶氧氣)英呎的跳傘活動。

Queenstown
Skydive Paradise,提供12,000及15,000英呎的跳傘活動;地點在皇后鎮西北的Glenorchy Airfield;可以見到Mt. Aspiring及Fiordland National Park的景致。

NZONE Skydive,提供15,000英呎的跳傘活動,地點在皇后鎮東北方的Queenstown Airport,距鎮區約20分鐘車程;可以見到Lake Wakatipu及周遭山脈的景致。

▲教練帶領由Queenstown Skyline山頂躍出的飛行傘(圖／Jeff)

玩樂篇

與羊駝同樂
Alpacas

羊駝(Alpacas)是群居動物,以家族群落生活,由1隻雄性及6～7隻雌性羊駝及小羊駝組成。牠們對付獵食者的最佳防禦利器為其速度,最快可到45公里／時。羊駝交談是用耳朵及尾巴搖動的肢體語言,若遭攻擊,除了會以叫聲來反抗外,更會吐口水來反擊。羊駝每年一胎,剛出生的小羊駝體重約16～20磅,大約90分鐘就可以自行吃奶。

紐西蘭自南美引進羊駝,養殖於海拔1,500～3,000公尺的高山區上,平均壽命18～20年;牠們屬於耐寒溫馴的可愛型動物,其頭部及脖子很像駱駝,身體卻像羊,以草為主食。羊駝的毛有白、淺灰、棕黃、黑褐等不同種類的色彩,在毛織品中屬於最高品質(可媲美貂毛),被用來作為床墊、毯子、毛衣等產品,其透氣性佳、不起靜電、不易沾灰塵又保暖;且由於其毛質中空,具有極佳的排溼防潮功能,又有「軟黃金」及「上帝的紗織品」之美稱。

北島

Hamilton

基石羊駝(Cornerstone Alpacas)坐落在漢窑爾頓東北處的羊駝牧場,除可零距離接觸各種顏色可愛的羊駝外,事先預約還可參加餵食羊駝及經典羊駝之旅的活動。

Rotorua

愛歌頓牧場(Agrodome Farm),需參加付費的活動,登上農場的耕耘車,來一趟農場之旅,包含參觀奇異果園、品嘗奇異果汁與純正奇異果蜂蜜、近身餵食牛、羊、紅鹿、及羊駝等。

天堂溪谷泉公園(Paradise Valley Springs),是一座野生動物及植物充斥的公園,園中除了可以見到鱒魚,還有小袋鼠、天堂鴨、果子狸、帶有中國血統的豬(Konikoni)、高齡八十幾歲的特大鰻魚及羊駝……

布倫諾羊駝(Brenor Alpaca)坐落在羅托魯瓦湖北側,距市中心約20多分鐘車程。

南島

Queenstown

高地牧場(High Country Farm),搭乘恩斯洛號蒸汽船至位於湖畔西側的華特峰(Walter Peak)的牧場,占地170,000英畝,養殖了40,000隻羊。紅頂白牆殖民時代老屋,面湖背山,風景迷人,觀光客可在此牧場觀賞剪羊毛秀,看羊駝及享受自助午餐。

Ashburton

牧場角(Farmscorner),在Ashburton鎮南約10分鐘車程處公路左側,有一大型禮品店牧場角(臺灣人經營,全紐最大的禮物店),禮品店內設有臺式餐廳及咖啡屋,屋後設有羊駝牧場,可免費參觀。

▲羊駝的毛色從白、淺灰、棕黃到黑褐都有(圖／老包)

滑雪

Ski

　　紐西蘭真正可以滑雪的地方相對比北半球少，但因為鄰近的澳洲滑雪場更少，而紐西蘭滑雪季較長，且有美麗的風景搭配，仍吸引相當多的滑雪愛好者來紐西蘭參加滑雪之旅。

北島中部

法卡帕帕滑雪場(Whakapapa Ski Area)

坐落在北島中部東佳里諾國家公園的法卡帕帕山北麓，雪場設有多段雪地登山纜椅(chairlift)，分至不同難度的滑雪場，此外廂式纜車(Sky Waka Gondola)亦已啟用，更增舒適度。

圖羅阿滑雪場(Turoa Ski Area)

坐落在北島中部東佳里諾國家公園的法卡帕帕山南麓，擁有全紐澳落差最大(達722公尺)及長4公里的滑道，適合滑板及滑雪。

南島皇后鎮

鳳冠峰(Coronet Peak)

1,649公尺高的鳳冠峰，設有4座纜車路線方便滑雪者登頂，由於多樣化的地形、美麗的景致、滑雪運動愛好者的推薦及距離紐西蘭第一大觀光城皇后鎮只有18公里等因素，致使該滑雪場成為南島最受歡迎的滑雪場，更是南半球排名第一的滑雪場，同時也是紐西蘭唯一設有夜間照明的滑雪場。

非凡山脈(The Remarkables)

坐落在皇后鎮的Lake Wakatipu湖畔，滑雪場區內最高點是2,319公尺高的「單錐(Single Cone)」，這是世界唯二的呈正北至正南走向的山巒，因此每當夕陽西下，在落日餘暉的照射下，會顯出「非同凡響」的美，這也是早期移民命名此山為「非凡」的原因，雪場中設有3座滑雪區及6座纜車系統，總含蓋面積為540英畝。

南島瓦那卡

南島僅次於皇后鎮的度假休閒聖地，更是紐西蘭人冬天滑雪優先考慮的地點之一。

卡德羅納滑雪場(Mt. Cadrona)

距離瓦那卡33公里，在紐西蘭是少數提供住宿的滑雪場，也有「滑雪板之都」的美名，其中有4座滑板公園，滑雪場垂直落差僅390公尺，有75%的滑雪道為初級與中級程度，坡度平緩是練習滑雪的好地方，適合與家人滑雪同樂。

三山錐滑雪場(Treble Cone)

該雪場是紐西蘭最大的滑雪場，占地500公頃，擁有紐西蘭唯一的六座式滑雪纜車，險峻的高山提供中級到高級滑雪的陡峭山坡，難度比較高，不過另外也附設適合初學的滑雪道。

懷奧勞越野滑雪場(Waiorau Snow Farm)

懷奧勞越野滑雪場是團體休閒活動的好地點，其中有一座大木屋Alpine Lodge附設餐廳，可提供團體100人住宿；越野滑雪則是在平緩起伏的碧沙高原(Pisa Plateau)進行，本地在夏季期間則是騎登山車及越野賽車(Car Rally Rides)的好地點。

南島基督城附近

哈特山(Mt. Hutt)

坐落在基督城西南方約80公里處的哈特山(Mt. Hutt)，屬於南阿爾卑斯山的一部分，最高峰約有2,190公尺，整座滑雪場占地約3.65平方公里，垂直高度為683公尺，是紐西蘭南島最廣的滑雪場。

▲ 法卡帕帕滑雪場的吊掛纜椅(圖／Jeff)

▲ 紐西蘭的滑雪場因雪季長、景致美、交通方便，吸引滑雪愛好者來此度假滑雪(圖／老包)

行家密技　滑雪必備器具

一般而言，在雪場租借器具費用會稍高，不過方便隨借隨還，輕鬆下山，常用的滑雪器具包含：

▲法卡帕帕滑雪場中的初學者場地「Happy Valley」(圖／老包)

■雪杖(pole)：滑雪時用來幫助身體平衡，選擇杖桿彎曲者，會較具彈性；手握雪杖把手，尖端朝下，當上手臂與下手臂呈90度垂直時，就是標準的雪杖長度，初學者可選擇稍長的雪杖以利支撐，一般雪場會將雪杖放置一堆，租用者可自己挑選，選擇時要注意左右對稱。

■雪鞋(ski boots)：由於雪鞋外層非常硬，故必須合腳，很多雪場有尺碼比照板，腳踏上尺碼比照板，即可知道所需尺寸；一般雪場設租用櫃檯，遞交自己穿的鞋子後報上所需雪鞋尺寸，工作人員會收下你的鞋子，給你雪鞋，如果不合腳可再更換。

■滑雪屐(ski)：初學者可選擇與身高相仿或減10公分的雪板；身高較高的人宜選較長的雪板；一般雪場會將滑雪屐放置在開放的滑雪屐架上，租用者可自己挑選，選擇時要注意左右對稱。

■雪鞋固定器(binding)：滑雪板上的雪鞋固定裝置，若受到外力撞擊會自動彈開，以保護滑雪者在摔倒時不受到雪板的牽累。一般是直接鎖在滑雪板上，其上有旋轉鈕，可配合雪鞋的長短調整卡楯的前後距離(穿妥雪鞋至雪地後，站立其上往下壓，雪鞋之頭及鞋跟即可卡入該固定裝置，調整固定裝置時鬆緊必須適度)。

■滑雪板(snowboard)：部分滑雪者喜歡穿著單隻的滑雪板滑雪，也是另類選擇。

至於個人行頭，雪場也有出租或出售(不過最好自備)，包含：

■雪鏡：避免風雪吹傷眼睛及抵擋紫外線。

■帽子：為了保暖，滑雪時可戴毛線帽，也可以讓小朋友配戴滑雪安全帽。

■手套：具防水功能的手套，要長過手腕以保護關節。

■厚毛襪：雪鞋外層非常硬，故宜穿著厚毛襪，除保護腳部，也有保溫的功能。

■衣服：外套以防風、防水的夾克為宜(千萬不要穿羽絨衣，會太熱)，外套內穿一件棉襯衫(怕冷者可加件穿脫方便的毛衣)、一件排汗內衣即可；褲子則要穿具透氣功能，並能防水的質料，不宜穿牛仔褲(易吸水)。切記千萬不要穿衛生衣褲(因為滑雪會熱到流汗，衛生衣褲穿脫非常不方便)。

拜訪企鵝

Penguin

依據科學家考證，企鵝是上億年前由鳥類演化而成，牠們的腳由腹部下移到尾端，翅膀及羽毛都退化，以方便游泳。全世界只有在南半球才看得到企鵝，對於我們這些由北半球來的華人朋友們而言，如果有機會來到南半球，當然更應該找機會看看這些只生活在南半球的動物。

企鵝是一種不會飛翔而擅長潛水的海鳥，屬於鳥綱；企鵝目；企鵝科共分為6類18種，總數達1.2億隻之多，其中87%均生活在南極大陸，但該地企鵝品種卻不多；目前世界最大的企鵝為生長在南極大陸的「帝王企鵝」，高與重分別可達約115公分與40公斤，而雄帝王企鵝更是唯一可在南極大陸過冬的溫血高等動物。由於企鵝皮下有厚厚的脂肪保護層，能抵禦嚴寒，所以大部分企鵝都能生活在南極寒冷水域，但「加拉帕戈斯企鵝」卻生活在赤道附近的「加拉帕戈斯群島」，牠們可適應攝氏38度的氣溫。

紐西蘭毛利人將企鵝稱為「科羅拉(korora)」，意思是「噪音的製造者」。生長在紐西蘭海域的主要有小藍企鵝、黃眼企鵝及峽灣冠羽企鵝；至於在博物館見到的國王企鵝和紳士企鵝，則屬於外來品種。

▲ 但尼丁東北角頂端泰亞羅阿角(Taiaroa Head)上的黃眼企鵝棲息地(圖／Irene曾)

生長在紐西蘭海域的企鵝

❀ 小藍企鵝(Blue Penguin)：又稱神仙企鵝(Fairy Penguins)，背上長有深藍色或鐵灰色的羽毛且深得發亮，身高大約只有41公分，體重約1公斤，是世界最小的企鵝，通常只在黎明前出巢，天黑後歸巢，目前全世界約有100萬隻。

❀ 黃眼企鵝(Yellow Eyed Penguin)：有一雙黃色的眼睛，頭上有條黃色條紋，其毛色白棕相間，與一般黑白毛色分明的企鵝不同，身高大約70公分，體重約5～6公斤，體型僅次於帝王企鵝與國王企鵝，目前全世界約只有5,000隻。

❀ 峽灣冠羽企鵝(Fiordland Crested Penguin)：頭上或眼睛旁都有彩色的冠毛，同時在眼睛下方有白斑，身高大約50～55公分，體重約3～4公斤，目前全世界約有1,000對。

北島

❀ 奧克蘭：凱利塔頓南極世界的國王企鵝及紳士企鵝。

❀ 內皮爾：國家水族館(National Aquarium)的小藍企鵝。

南島

❀ 基督城：國際南極中心的小藍企鵝。

❀ 奧瑪魯：黃眼企鵝及小藍企鵝。奧瑪魯的Bushy Beach可見到黃眼企鵝，通常以草叢為棲息地，沿著Grave's Walkway步道步行可來到Bushy Beach；若開車則可沿著Tyne St. 轉入Bushy Beach Road，一般而言，黃眼企鵝會在天黑前約2小時上岸。

❀ 但尼丁：泰亞羅阿角的黃眼企鵝及小藍企鵝。

❀ 奧塔哥半島：奧塔哥半島尖端的Okia Reserve健行至Victory Beach，沙灘非常寬廣，這裡也有機會看到黃眼企鵝。

✽卡特林斯海岸線：紐西蘭南島最南的卡特林斯海岸線上，有一個小半島庫力歐灣(Curio Bay)，傍晚時分也可見到由海上歸巢，沿沙灘走回樹叢中巢穴的黃眼企鵝。

✽哈斯特河口：哈斯特河口附近的溫帶雨林區，每年6～11月，小企鵝誕生季節的清晨或傍晚，於Monro Beach海岸邊的沙灘樹叢中可見到峽灣冠羽企鵝。

貼心 小提醒

拜訪企鵝注意事項

■觀賞企鵝歸巢的時間

任何季節都可以觀企鵝歸巢，只是黃眼企鵝需在太陽下山前1～2小時左右觀看，小藍企鵝在天黑透後才觀看。因此如計畫盛夏時看黃眼企鵝歸巢，必須等到晚上8點左右；如計畫嚴冬時看企鵝歸巢，雖然等到下午3點半後即可，但此時風寒且氣溫極低，應注意保暖。

■勿阻擋企鵝歸巢之路

企鵝每天早晨天未全亮前就會出海，全天在海中覓食，一直到黃昏或天暗後才上岸，再搖搖擺擺地走回巢中，幾乎終生不變(除了生病)。由於從巢穴到海邊尚有段距離，有些甚至要走上1公里左右的路程，且其路徑亦是終身不變的，因此觀賞者尤應注意，除主動與企鵝保持適當距離、放低聲音、更忌使用閃光燈照相、同時勿阻礙牠們的歸巢之路。

❶奧瑪魯海灘旁正在脫換新羽的黃眼企鵝(圖／Jeff)❷在礁岩上休憩的野生企鵝(圖／Irene曾)❸企鵝的地上天敵是老鷹、狗及貓，故都早出晚歸，巢穴甚為隱密(圖／Irene曾)

冰河探險

Glacier

在紐西蘭最主要冰河共有五座，均發源於庫克山(Mt. Cook)，觀光客較常去拜訪之冰河計有三座：福克斯冰河(Fox Glacier)、法蘭士約瑟夫冰河(Franz Josef Glacier)及塔斯曼冰河(Tasman Glacier)。前兩者一般採徒步及搭直昇機鳥瞰，並降落冰河源頭之方式進行；但塔斯曼冰河因離主路過遠，搭直昇機成本較高，且塔斯曼冰河湖在冰河末端，可以乘冰湖船進入，更為刺激多變。

乾式

多數人以為冰河面像河面平坦，但實際踏上冰河後，才知道冰面是極為崎嶇不平的。在1～2公尺的距離中，常會出現2～3個深溝，溝谷落差可達3～4層樓高，溝中又充斥有大小洞穴；況且冰川上常有看似冰厚如數尺，實際上僅薄如寸分之情況，因此旅行社在安全與時間的考量下，只會安排「冰河前緣賞景」。至於自由行的人，可考慮參加半～1日(含直昇機)的行程，這種行程體力耗費稍大，此類行程歸納為「乾式」，即福克斯冰河及法蘭士約瑟夫冰河所進行的活動。

❋冰河前緣賞景(Terminal Face Walk)

來回約1.5～2小時，這種行程摸不到冰，只能於冰河下游的河床谷中徒步至冰河的前緣照相覽勝；除非大雨，否則較少受天候影響。

❋直昇機冰河攀爬(Heli-Hikes)

搭乘直昇機起降冰河中段冰面，換穿冰爪鞋，由專業導遊帶領攀走冰河，全程約4小時(含冰河攀爬約3小時)，是最吸引人的活動之一，但直昇機較受天候影響。

❋全日行(All Day Heli-Hikes)

搭乘直昇機起降冰河中段冰面，換穿冰爪鞋，由專業導遊帶領攀走冰河至6,000英尺高度，全程約8～9小時(含冰河攀爬約6小時)，需較多體力，但毋須專業攀爬技巧，同樣，直昇機較受天候影響。

❋全日冰河攀爬(Heli-Ice Climbing)

來回約8～9小時，由直昇機接送至冰河首段，直接踏上冰川攀爬；必須換穿登山靴、長筒及攜帶冰斧，並了解攀爬及垂降技術，全程接受陡峭甚至垂直冰壁的挑戰。直昇機較受天候影響。

❋Mt Cook區的冰河行活動

一般在Mt Cook區搭直昇機賞冰河，主要是去Hooker Glacier或Mueller Glacier或Tasman Glacier(多數直昇機公司圖省油，通常會去較近的Hooker Glacier或Mueller Glacier，簡介上會寫明拜訪的冰河名稱，價碼也因飛行距離而不同)。不論是20多～30多分鐘的直昇機鳥瞰活動(含約5分鐘的降落冰河發源地)；或是4～5小時的直昇機送上冰河，攀走冰河主體活動，由於每趟須坐滿4人才得起飛，但是南島中部地區如Tekapo、Twizel及Mt Cook區，觀光客較少，此外，前述中部地區的直昇機場距冰河點較遠，飛行時間稍長，故費用對比在西海岸搭乘直昇機覽冰河高出甚多。而從空中鳥瞰哪座冰河或降落到哪座冰河的源頭，其實看起來差不多，一般是分辨不出來的。從成團率及費用高低看來，宜優先考慮在西海岸參加此類活動較合算。

乾濕式

❋塔斯曼冰河船團體行程(Glacier Explorers)

一趟約3～3.5小時之行程(含徒步及搭接駁車，實際坐船時間約1小時)新奇刺激，頗為老、中及青三代的觀光客稱道。先搭接駁車約15～20分鐘至停車場，再徒步約20分鐘抵達碼頭口，登船後，船老大會依浮冰分布情況，決定船行方向；船於浮冰中穿梭，行約10～30分鐘，即可見到塔斯曼冰河的廬山真面目！如浮冰情況允許，有機會登浮冰而曉天下；回程時船老大喜開高速蛇行返

航,甚獲乘員讚賞。不過夏末以後因浮冰較少,景觀稍遜。

✿ 自行走塔斯曼冰河湖步道
(Tasman Glacier Lake Track)

由隱士旅館(The Hermitage Hotel)自行開車出發→Terrace Rd.→Mount Cook Rd.(SH80)→Tasman-Valley Rd.→停車場(車程約20分鐘)。沿停車場邊的洗手間左側步道行走約20分鐘(沿途有明顯的路標,步道為河川碎石子路面,除了尾段最後2~

3分鐘的上坡路段,及進入湖畔的一小段下坡路段外,其他坡度都不大),即可抵塔斯曼冰河湖畔。Mt. Cook區的7條步道中,有3條步道的尾端都能見冰河湖或冰河主體,但這條步道尾端景色最為壯觀。如果體力及時間許可,還可考慮去走Kea Point Walk,在其終點看台上,可鳥瞰米勒冰河(Mueller Glacier)及其下游米勒冰河湖(Mueller Lake)中的浮冰,這是一條易行的步道(只有尾端約5分鐘的坡地),來回步行時間約2小時。

❶❷

❸❹

行家密技 冰河、峽灣,一次滿足!

紐西蘭最佳搭乘直昇機賞冰河景的地點在「米佛峽灣」,一次可同時觀賞冰河及峽灣雙景,對拍攝及觀賞風景有興趣者,不可不知!不可不試!

❶塔斯曼冰河湖中的浮冰,透出寶藍光芒,像似顆未經打磨的鑽石(圖╱老包)❷塔斯曼冰河船的船老大於回程時,常加快速度奔馳,以提高活動的刺激度(圖╱老包)❸福克斯冰河前緣的步道中出現的小型「冰磧池」,池畔後側突出似岩石的物體,其實是覆蓋著沙石的冰層(圖╱老包)❹塔斯曼冰河的冰湖船靠攏巨型浮冰,讓觀光客登浮冰而曉天下(圖╱老包)

尋找螢火蟲

Glowworm

紐西蘭有多處地方可見到螢火蟲，最著名的螢火蟲洞穴就是「懷托摩」及「蒂阿瑙」。但是，紐西蘭的螢火蟲與臺灣的螢火蟲其實是兩種不同的生物！北半球的螢火蟲，在夜間閃爍尾燈繞著飛行，是一種甲蟲；而紐西蘭的螢火蟲，其實是一種不會飛的蠕蟲，常見於紐西蘭及澳洲。北半球的螢火蟲是一閃一閃亮晶晶、飛來飛去，紐澳的螢火蟲則是不閃不閃亮晶晶，也不會飛；兩者發光原理也不同。

北島

✲懷托摩螢火蟲洞(Waitomo Glowworm Caves)

約形成在30多萬年前，洞內可分為兩個參觀區塊，上層區塊較為乾燥，包括洞穴、鐘乳石洞穴、大教堂及觀螢看台；下層區塊則是以地下河流及碼頭為主，目前開放的地底河流約100～150公尺長，觀光客由下層的碼頭登船，每船可載25～28人。在洞穴遊船上觀賞成千上萬，布滿穴頂的螢光，最後於懷托摩河口出洞，在洞外碼頭下船，結束這1個多小時的驚奇之旅。

為保護成千上萬的螢火蟲及洞穴內的鐘乳石，洞內設置了先進自動化的監測系統，除了檢查空氣質量、岩石和空氣的溫度、濕度和二氧化碳，並將資料下載到中央電腦，由專業人員24小時監控，使洞內溫度長年保持在15～20℃，也決定何時應改變洞穴內空氣流動速度，和每一天洞穴能接受多少觀光客造訪。

- **最深洞穴(The Deepest Hole in the Waitomo Glowworm Caves)**：16公尺高的垂直石灰石圓軸洞穴，由上層入口處垂直插入下層的碼頭，據考據，這個圓軸的洞是一個古老的瀑布，上層雨水長期沖蝕貫穿了洞壁，使雨水垂直流至地下河流中；如果仔細觀看，圓軸洞穴中仍可在石灰石壁面上顯示出波浪形水紋。
- **大教堂(The Cathedral)**：是螢火蟲洞內最高且最寬敞的洞穴，高度達到18公尺，洞壁上鐘乳石形成一個極似教堂手風琴的造型，因此取名為「大教堂」。由於這封閉的洞穴和粗糙的壁面，造就了一個不具迴音效果的特殊環境，是一間渾然天成的錄音室。

✲失落的世界(Lost World Tour)

在懷托摩螢火蟲洞再下去約5分鐘車程處，有4及7小時兩種行程，靠繩索垂降至地下100公尺深之洞穴，坐在軟軟的泥岩河床上靜靜的欣賞螢火蟲。

✲懷托摩黑水漂(Waitomo Black Water Rafting)

在懷托摩螢火蟲洞之前約5～8分鐘車程處，參加3小時的洞穴漂流活動，帶著大型黑色的救生

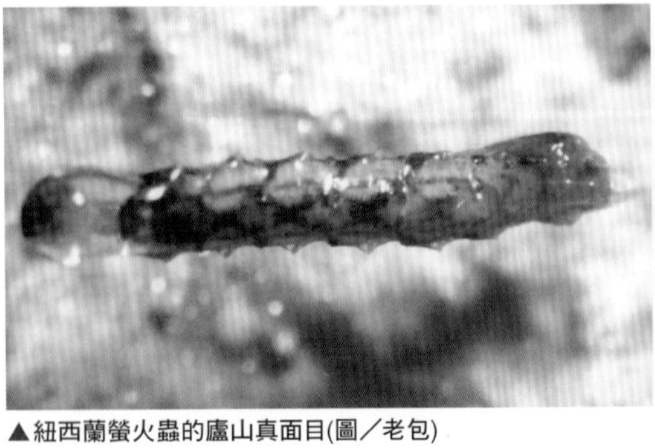

▲紐西蘭螢火蟲的廬山真面目(圖／老包)

▲懷托摩螢火蟲洞的地底河道出口(圖／老包)

圈,翻山到洞口,經過涉水、匍匐前進、游泳、懸崖縱跳、滑水梯;或坐於救生圈上,以腳勾住前面隊員臂下,接成長龍,漂浮過河。可在黑漆漆的洞穴中看到石壁或洞頂上觸手可及的螢火蟲。

✤ 懷馬利諾螢火蟲之旅
（Waimarino Glowworm Tour）

在紐西蘭北島奧克蘭東南方的陶朗加,由市區往懷羅阿河約10分鐘即可抵達懷馬利諾,參加1.5個小時的夜間划獨木舟(kayak)賞螢火蟲之旅,兩人一船的獨木舟徜徉於麥克拉倫湖(Lake McLaren)上,仰望岸邊崖壁凹槽,從水面向上延伸0.5公尺處,布滿了螢火蟲的螢光。

▌南島

✤ 蒂阿瑙螢火蟲洞(Te Anau Glowworm Caves)

洞穴總長雖有6.7公里,但目前只開放約200公尺的一小段讓觀光客參觀,需先向蒂阿瑙湖畔的Real Journeye公司人員報到並取得登船證,搭乘快船約20～25分鐘抵達遊客中心,工作人員會先以影片為大家簡單介紹,然後分批由專人導引入洞參觀。

沿鐘乳石洞穴內緩坡上升的步道前進,側邊則為地下溪流和小型瀑布,於洞底碼頭換搭12人座小船,觀賞螢光滿壁頂的奇景。

✤ 格雷茅斯的黑水漂
（Greymouth Blackwater Cave Rafting）

可於後火車站對面的辦公室預約繳費。先步行15分鐘經過一段雨林到達洞口,進入洞口後攀爬石頭及涉水,有點像溯溪攀岩,雖然實際漂流的時間並不長,漂流時即可仰望壁頂的螢火蟲。

✤ 伍茲溪谷步道(Woods Creek Track)

在南島西海岸格雷茅斯南邊仙蒂鎮以東11公里處,森林步道全程45分鐘來回,這裡以前是採金的地方,最特別的是有幾條黑漆漆的隧道,洞內

黑得伸手不見五指,舉頭可以看到洞頂螢火蟲的微弱光點。

✤ 霍基蒂卡的螢火蟲森林谷地
（The Hokitika Glowworm Del）

由格雷茅斯往南快進入霍基蒂卡鎮前,在Shining Star Beachfront Accommodation旅館的對面,步行約2分鐘即可抵達此一森林谷地,路邊入口處設有一個介紹螢火蟲的看板,免費入內但要自備手電筒,螢火蟲分布在林間步道,但夜間人少,注意安全,不宜深入。

✤ 梯台步道(Terrace Walk)

太陽下山後由法蘭士約瑟夫冰河鎮區沿公路朝北走,過公路左側的教堂後,左轉進入森林步道小徑,小徑兩側樹叢中,即可見到螢光點點,20～40分鐘來回,但夜間人少,注意安全,不宜深入。

✤ 米尼哈哈步道(Minnehaha Walk)

太陽下山後由福克斯冰河鎮區沿公路朝南走,過加油站後約50公尺,在公路左側穿過1～2公尺的步道小徑,可進入一塊小區塊(夜間人少),區塊邊緣土坡及樹叢中,即可見到螢光點點(免費)。

▲懷托摩螢火蟲洞區的Ruakuri Walk步道,途中會穿越魯阿庫里天然隧道,洞中可見到螢火蟲(圖/Jeff)

行家密技　還有這些地方可看螢火蟲

北島

■艾口山谷(Eco Valley)：北地的凱塔亞(Kaitaia)鎮東北方。

南島

■卡拉米亞(Karamea)：西海岸區經過北方小港西港再往北100公里的小鎮，可在鎮區的旅客中心詢問有關奧帕拉拉盆地拱門(The Oparara Basin Arches)的「地下河流之旅(Natural River Tunnels Tour)」行程。

■克利夫登(Clifden)：位於蒂阿瑙以南約1小時車程處的克利夫登洞穴(Clifden Caves)，提供免費自助螢火蟲洞穴探險，超過1公里的石灰岩洞穴，可看到螢火蟲及數百個石筍和鐘乳石景觀！

豆知識

懷托摩螢火蟲洞vs蒂阿瑙螢火蟲洞

	懷托摩螢火蟲洞	蒂阿瑙螢火蟲洞
入出洞及進行方式	由小丘上小徑入洞，沿鐘乳石洞一路階梯而下，抵達地下河流登船賞螢，由低地河谷碼頭出洞	登遊船渡湖，進入鐘乳石洞至地下河流碼頭，登小船賞螢，原路折返
洞穴長度	上層鐘乳石洞約250～300公尺。下層地底河流約100～150公尺	鐘乳石洞約200公尺，地底河流與鐘乳石洞平行，但行船的部分約只有10公尺
地底河流遊船	洞穴遊船較大，可搭載約25～28人	洞穴遊船較小，可搭載約12人
觀賞內容	上層鐘乳石洞可以觀賞擬人形及擬物形之鐘乳石；地底河流上可以賞螢光，洞穴河流上則呈現出靜悄悄的無聲環境	遊船渡湖時可欣賞湖光山色；鐘乳石洞穴雖較平淡，但地底河流及奔騰的瀑布讓人難忘

▲懷托摩螢火蟲洞入口(圖／Martin Yeh)

▲蒂阿瑙螢火蟲洞的碼頭及渡湖船舶(圖／老包)

朝聖《魔戒》電影場景
The Lord of the Rings

《魔戒》中的外景點約有四十多處，遍布紐西蘭南、北島，其中最主要的取景點在北島中部的東佳里諾國家公園及威靈頓周邊地區，南島則以皇后鎮周遭為主；影迷們不妨來一趟特別的《魔戒》之旅！

北島中部

✽馬塔馬塔(Matamata-Hobbiton)

此為小哈比人居住的哈比屯所在地，該鎮特別在鎮北入口處設立一塊木製綠色的招牌，上書「Welcome to Hobbiton」(歡迎抵達哈比屯村莊)的字樣，且該地的旅遊資訊中心也建成哈比屯小屋造型，相當吸引觀光客注意。可上網報名參加哈比屯之旅。

▶ Auckland City→SH1→Hinuera Road(SH27)→Matamata，全部車程1小時45分鐘
http www.hobbitontours.com/index.html

✽東佳里諾城堡旅館(Chateau Tongariro Hotel)

於東佳里諾國家公園拍片時，演員所居住之旅館。五層樓高的歐式豪邸建築，藍色的屋頂上有數支白色煙囪點綴；古宮殿式造型的旅館大廳，

▲馬塔馬塔旅遊資訊中心是了解當地魔戒活動的最佳探詢處(圖／Jeff)

仿古絲絨沙發包圍著一架演奏型鋼琴，大廳四壁雍容華貴的絲絨窗簾間，吊掛起一幅幅巨大的西洋油畫，落地窗面對高爾夫球場，令人陶醉其中。(旅館雖暫時休業，但仍可從外觀賞。)

▶ Taupo→SH1→SH46→SH47→SH48(Bruce Rd.)，全部車程1小時20分鐘

✽法卡帕帕山滑雪場(Whakapapa Village)

法卡帕帕山滑雪場周遭有多處魔戒的取景點。

■魔戒鑄造地「末日山脈」：由雪場遠眺東佳里諾火山。

▶ The Grand Chateau Hotel→SH48→Iwikau Valley→Car park of Whakapapa Ski area，單趟車程約10分鐘

■佛羅多一行人途經山坳中的火山湖：翡翠湖(Emerald Lakes)，詳細說明請見「北島西岸3～4天之旅」Day4行程A。

■咕嚕人於谷中抓魚，安都因河(**River Anduin**)：莽佳費羅瀑布(**Mangawhero Falls**)，一個幾乎四面環山的瀑布。

▶ Iwikau Valley(Car park of Whakapapa Ski area)→SH48→SH47→SH4→SH49→Ohakune Mountain Rd.(13Km of SH49)→Mangawhero Falls，單趟車程約1小時15分鐘

貼心 小提醒

這些場景目前無路可通

■黑暗魔君居住地「魔都國」：法卡帕帕山滑雪場中的Happy Valley(快樂谷)下坡谷底附近的碎石子路。該路是當初為方便拍攝《魔戒》所開發之路，當地人戲稱為「半獸人路」。但電影拍攝結束後就已回復原狀，此地既無門牌，目前也無路可通。

■咕嚕人於溪中捉魚：快樂谷谷底的無名小溪，同前述說明，目前亦無路可通。

威靈頓周遭

❋ 汐塘之舵瑟要塞(Fort Dorset-Seatoun)

影片中布理小鎮(Bree)的拍攝現場,佛羅多出夏爾後被黑袍戒靈追殺,逃入跳馬酒店,該酒店即位於布理小鎮。目前原址已改建為汐塘小學(Seatoun School)。

➡ Wellington Airport→Broadway→Ferry St.→Dundas St.→Hector St.→Burnham→Seatoun School,全部車程約7～10分鐘

❋ 威塔工作室(Weta Workshop)

《魔戒》、《阿凡達》、《金剛》電影拍攝之主要工作處所。

✉ 21 Camperdown Rd, Miramar, Wellington

❋ 維多利亞山(Mt. Victoria)

電影開鏡處,也是佛羅多離開哈比屯,遇見好友山姆、梅里及皮聘後,為躲避黑袍戒靈的追殺,而躲入大樹幹底部之取景點。

✉ Mt. Victoria

❋ 大使電影院(Embassy Theatre)

魔戒首映之電影院。

✉ 10 Kent Terrace City, Mt. Victoria, Wellington

❋ 下哈特區(Lower Hutt)

Melling Bridge之河床。佛羅多一行人離開精靈族故鄉,擬前往魔戒之原鑄造地,企圖消毀魔戒,途中經過之河床取景點。

➡ Highway1→Highway2→繞過Lower Hutt路口→在Block Rd.路口右轉,全部車程約25～30分鐘

❋ Helm's Deep

洛翰國的古堡聖盔谷之取景點。

➡ Block Rd.→Highway 2→在Manor Park Rd. 路口右轉或在Haywards Hill Rd. 路口左轉,全部車程約15～20分鐘

❋ Akatarawa River

安都因河(River Anduin)之取景處。

➡ Manor Park Rd.→Highway 2→Akatarawa River Rd.,全部車程約25～27分鐘

❶「魔戒哈比屯之旅」集合點之一的The Shire's Rest(圖/Jeff)❷哈比屯的接駁巴士及牧場入口(圖/Jeff)❸以《魔戒》取景點著稱的格連諾基(圖/Jeff)

玩樂篇

❀ Kaitoke Regional Park

精靈族故鄉Rivendell的拍攝現場，公園管理處特別標示了拍片現場並放置劇照，以利遊客遊覽對照，會讓旅客更有身歷其境之感。

➡ Akatarawa River Rd.→Highway 2→ Waterworks Rd.→Kaitoke Regional Park，全部車程約17～20分鐘

皇后鎮周遭

❀ The River Anduin及Pillars of the King之取景點

卡哇魯河谷(Kawarau River Gorge)是紐西蘭最著名的觀賞彈跳之河谷，影片中一行人划獨木舟經過兩個巨大石像的河谷取景點。但片中的兩座巨大石，即剛鐸國開國之君的雕像係電腦合成圖，現場見不到片中景象。

➡ Queenstown→ Cormwell段公路下方河谷

❀ The Arrow River

佛羅多為黑袍戒靈所傷，精靈族的公主亞玟抱住佛羅多快馬進入精靈國度之界河(Ford of Bruinen)，駐馬並施以法術帶來巨浪，襲捲一路追殺來之黑袍戒靈的取景點。

➡ Arrowtown停車場後方河谷

❀ Closeburn

波羅莫受魔戒誘惑，擬搶佛羅多身上之魔戒未果，後為黑袍戒靈所殺之取景處，是波羅莫之故鄉—阿蒙漢(Amon Hen)。

➡ 皇后鎮沿湖北岸往北行約8公里，抵達一個叫Closeburn Bay之處，沿公路往下坡走，在左側一個名為Seven Mile Point的半島上

❀ Glenorchy及Paradise小村

白袍巫師薩魯曼的雙塔之取景點。

➡ 駕車由皇后鎮沿湖東岸的Glenorchy-Queenstown Rd.西北行約50分鐘抵達Glenorchy，續北走Glenorchy-Paradise Rd.約30分鐘後即抵達Paradise(碎石子路面)

❹哈比屯門口的路標牌(圖／Jeff) ❺哈比屯內哈比人的居所(圖／Jeff) ❻陶波湖南的沙漠公路中段，可遠眺《魔戒》中的「落日山脈」(圖／Jeff) ❼裝飾古典高貴的東佳里諾城堡旅館大廳，當初是《魔戒》片組休憩空間(圖／老包)

賞秋季黃葉特輯

(本章節照片提供／Jeff)

　　紐西蘭秋天最美麗的景色是在中奧塔哥(Central Otago)及其鄰近區內,這些區域主要包括蒂卡波湖、瓦那卡湖、皇后鎮、箭鎮、克倫威爾、亞歷山卓附近。樹種主要有柳樹、懸鈴木、白楊木、白樺木、紅樺木、楓樹;而箭鎮老街兩側則有很多色彩豐富且蒼老的橡樹。

　　這些景點大多已於「純南島12天經典精華遊」中提及或經過,讀者可以在行程中選擇就近之景區順道拜訪。下列所提之賞秋季黃葉景點中,又以箭鎮為推薦之首,除秋黃景致最美外,也是旅遊必經之點;次之的瓦那卡湖及亞歷山卓鎮鄰近區域也值得推薦,這些景點都很接近,如於秋季拜訪(約在4月中旬前後),自當多預留些時間。

Diamond Lake湖濱柳樹

鑽石湖Diamond Lake

鄰近:瓦那卡

由瓦那卡鎮中心往西北Mount Aspiring Road前行,約19公里右側即為鑽石湖停車場。該湖由其上方的觀景平台俯視,型如鑽石而得名。

Lake Wanaka湖畔高聳的白楊樹

瓦那卡湖Lake Wanaka

鄰近：瓦那卡

整排位於瓦那卡湖及鎮西南角的湖濱白楊樹及滿地落葉，秋天時是旅客與攝影者的最愛之一。湖畔其他點如Glendhu Bay、Eely Point、Beacon Point、Outlet Track等，都有相當可觀的黃葉。每年4月會舉辦瓦那卡黃葉節(Wanaka Festival of Colours)，以廣招徠。

Lake Tekapo湖濱柳樹及白楊樹

蒂卡波湖Lake Tekapo

鄰近：蒂卡波

蒂卡波湖湖畔春、夏之季以魯冰花吸引超高人氣，秋天則以黃葉聞名。主要的位置在鎮內湖濱及靠東側的Pines Beach周圍。

Lake Alexandrina湖濱白楊樹及柳樹

亞歷山卓那湖 Lake Alexandrina

鄰近：蒂卡波

亞歷山卓那湖是蒂卡波湖西邊的一個小湖，由鎮中心湖口橋沿8號國道西行2.3公里，右轉入Godley Peaks Road，前行8.8公里，左轉入Lake Alexandrina Road，前行不遠即可達亞歷山卓那湖湖畔。

Lake McGregor湖濱柳樹

麥克哥里格湖 Lake McGregor

鄰近：蒂卡波

麥克哥里格湖就在上述亞歷山卓那湖旁，其實它是亞歷山卓那湖流入蒂卡波湖中間的一個小湖，到亞歷山卓那湖就順道到此賞景。

Lake Ruataniwha湖心島柳樹

魯阿塔尼法湖 Lake Ruataniwha

鄰近：特威澤爾

由蒂卡波鎮中心湖口橋沿8號國道西行轉南行，約60公里抵達高地鄉村鮭魚養殖場(High Country Salmon)之前右側湖泊，即為魯阿塔尼法湖。在湖濱和Lake Ruataniwha Holiday Park附近有許多柳樹黃葉。

Queenstown湖濱白楊樹及柳樹

皇后鎮Queenstown

皇后鎮中心南側瓦卡蒂普湖(Lake Wakatipu)湖濱的Queenstown Bay是旅客雲集之處。其他湖畔的Bobs Cove、Twelve Mile Delta、Kelvin Peninsula等，也都有可觀的黃葉。

箭鎮的Arrow River楓紅柳黃

Cromwell公路旁白楊樹

箭鎮Arrowtown

鄰近：皇后鎮

箭鎮秋天景色馳名世界，楓紅柳黃之美堪稱紐西蘭第一，更是攝影愛好者口耳相傳的好地方，每年秋季都有許多人專門組團到此取景；屆時不論鎮中心及周遭山坡上，均可欣賞到秋葉美景。其中尤以Arrow River及其上游的Arrow River Gorge，還有Bush Creek及其上游的Sawpit Gully，更是色彩斑爛；每年4月會舉辦箭鎮秋季節(Akarua Arrowtown Autumn Festival)，也是吸引觀光客的活動之一。

克倫威爾Cromwell

由皇后鎮鎮中心沿6A及6號國道，往東行約60公里，即到達克倫威爾。這裡是南島水果之鄉，四周平原河邊湖濱等，到處都有秋黃景致，尤其滿山遍野的葡萄園及果園，秋天黃葉更是壯觀。

- -

Lake Hayes環湖濱柳樹

Glenorchy Lagoon湖濱秋色

Bannockburn秋日鄉野風光

黑斯湖Lake Hayes

鄰近：皇后鎮、箭鎮

黑斯湖位於皇后鎮和箭鎮間的6號國道旁，整個湖四周都長滿柳樹，環湖步道簡單易行，頗受歡迎。此外，湖濱老教堂也是名著《我買了一座教堂》的真實發生地點。

格連諾基Glenorchy

鄰近：皇后鎮

由皇后鎮鎮中心沿湖邊公路，往西轉北約46公里，到達格連諾基鎮鎮中心或碼頭。這裡是瓦卡蒂普湖的主要入水河口。碼頭及河口濕地Glenorchy Lagoon是有名的秋季賞黃葉區域。

班諾克本Bannockburn

鄰近：克倫威爾

由克倫威爾鎮鎮中心沿6號國道，往西約3公里，左轉入Sandflat Road及Bannockburn Road，續行4公里過Kawarau River，即到達昔日興盛的淘金小鎮班諾克本。在附近鄉野裡隨意晃晃，必大有收穫。

Cromwell Gorge白楊樹

Alexandra鎮的Clutha River河邊柳樹

鄧斯坦湖Lake Dunstan & 克倫威爾峽谷Cromwell Gorge

鄰近：克倫威爾

克倫威爾北邊面臨鄧斯坦湖，湖四周山坡有不少的白楊樹，湖北端的河流入口有大片的柳樹。由克倫威爾鎮鎮中心往東走8B國道，再往南走9號國道，克倫威爾峽谷兩側河邊及山坡上，亦散布著許多白楊樹。

克盧薩河Clutha River & 亞歷山卓橋Alexandra Bridge

鄰近：亞歷山卓

亞歷山卓鎮南側為克盧薩河，8號國道旁的歷史古橋，襯托著兩岸黃色的白楊樹及柳樹，饒富秋日風情。

Lake Roxburgh Walkway山上俯瞰河邊白楊樹及柳樹

洛克斯堡湖步道 Lake Roxburgh Walkway

鄰近：亞歷山卓

由亞歷山卓鎮鎮中心東邊的85號國道(Tarbert St)，向東轉入Little Valley Road，過橋不遠右轉入Graveyard Gully Road，續前行不遠看到Lake Roxburgh Walkway標示牌的停車場。由停車場可沿河邊散步或登上山頭俯瞰克盧薩河邊白楊樹及柳樹。

Butchers Dam湖邊白楊樹及柳樹

布求斯壩Butchers Dam & 平頂丘Flat Top Hill

鄰近：亞歷山卓

由亞歷山卓鎮往西南走8號國道，過亞歷山卓橋後前行約6公里，左轉入Flat Top Hill停車場。由此走入Butchers Dam、Butchers Gully及Flat Top Hill。

St Bathans的Blue Lake湖邊秋色

聖貝森斯St Bathans & 藍湖Blue Lake

由亞歷山卓鎮往東北走85號國道，約43公里，左轉入Loop Road，續前行17公里。這裡有一處昔日淘金留下來的藍湖及廢棄小鎮聖貝森斯。

3

2

1

4

5

7

8

觀光與健行：精華步道特輯

（本章節照片提供／Jeff）

　　紐西蘭環境自然、幽美、靜謐且祥和，對國外訪客一向就極具吸引力；再加以官方網站提供相當完整的觀光旅遊及健行登山步道資訊，故常吸引大批健行及登山者，特意來參與此類活動。

　　只需數小時至半天的短程觀光旅遊步道，適合一般觀光客納入行程；至於中程的健行步道或長程多日登山步道，雖需規畫專屬時間及季節，但也讓國內外的健腳者趨之若鶩，專程拜訪。

　　本特輯主要針對紐西蘭的觀光旅遊及健行登山精華步道條列說明，讓遊客對紐西蘭步道系統有初步的認識；至於每一步道的詳細訊息，讀者可直接上官網搜尋。

http 紐西蘭保育部：www.doc.govt.nz/walks

紐西蘭南北縱走大步道Te Araroa Trail

貫穿紐西蘭南北島，由北島最北端的Cape Reinga，往南延伸至南島最南端的Bluff，總長3,000公里，全程走完約需3～5個月，可以分段來走。

http www.teararoa.org.nz

紐西蘭大走步道New Zealand Great Walks

紐西蘭共有十條多天行程大走步道，以Milford Track、Routeburn Track、Kepler Track和Abel Tasman Coast Track最受歡迎，其中又以Milford Track最為熱門。這些大走步道也可以選擇只走前後段，或走中間部分步道作半～1天行程。

http www.doc.govt.nz/great-walks

(1) **Tongariro Northern Circuit**：總長43公里，步行3～4天，在北島Tongariro 國家公園內。

(2) **Lake Waikaremoana Track**：總長46公里，步行3～4天，在北島Te Urewera國家公園內。

9

10

南北縱走大步道Te Araroa Trail標示牌

(3) **Whanganui Journey**：泛舟3天87公里或5天145公里的獨木舟／橡皮艇，在北島Whanganui國家公園內。

(4) **Abel Tasman Coast Track**：總長60公里，步行3～5天，在南島Abel Tasman國家公園內。

(5) **Heaphy Track**：總長78公里，步行4～6天，在南島Kahurangi國家公園內。

(6) **Paparoa Track and Pike29 Memorial Track**：總長55公里，步行2～3天，在南島Paparoa國家公園內。

(7) **Routeburn Track**：總長32公里，步行2～3天，在南島Fiordland和Mount Aspiring國家公園內。

(8) **Kepler Track**：總長60公里，步行3～4天，在南島Fiordland國家公園內。

(9) **Milford Track**：總長54公里，步行4天，在南島Fiordland國家公園內。

(10) **Rakiura Track**：總長32公里，步行2～3天，在史督華島Rakiura國家公園內。

熱門多日健行登山步道

(A) **Cape Brett Track**：總長33公里，步行2天，在北島的Whangamumu區內。

(B) **Hillary Trail**：總長77公里，步行3～4天，在北島Auckland西郊的Waitakere Ranges區域公園內。

(C) **Pinnacles Walk&Hut**：總長14公里，步行1～2天(共8小時)，在北島Coromandel森林公園內。

(D) **Tongariro Round the Mountain**：總長66公里，步行4～6天，在北島Tongariro國家公園內。http www.doc.govt.nz/roundthemountain

(E) **Around the Mountain Circuit**：總長52公里，步行4～5天，在北島Egmont國家公園內。

(F) **Pouakai Circuit**：總長25公里，步行2～3天，在北島Egmont國家公園內。

(G) **Queen Charlotte Track**：總長71公里，步行3～5天，在南島Queen Charlotte峽灣。http www.qctrack.co.nz

(H) **Angelus Hut**：總長24公里，步行2天，在南島Nelson Lakes國家公園內。

(I) **Hollyford Track**：總長56公里，步行4～5天，在南島Fiordland國家公園及Hollyford山谷內。http www.doc.govt.nz/hollyfordtrack

(J) **Hump Ridge Track**：總長61公里，步行3天，在南島Fiordland國家公園及Tuatapere區內。http www.humpridgetrack.co.nz

熱門一日健行登山步道

(A) Twilight–Te Werahi Loop Track：長16公里，步行5小時，在北島Cape Reinga附近。

(B) Coromandel Walkway：長10公里，步行5小時，在北島Coromandel半島上。

(C) Tongariro Alpine Crossing：長20公里，步行7小時，在北島Tongariro國家公園內，為最熱門的一日健行登山步道。
http www.doc.govt.nz/tongariroalpinecrossing

(D) Mt Ruapehu Crater Lake：長7～10公里，步行5～7小時，在北島Tongariro國家公園內。

(E) Cape Kidnappers：長19公里，步行5小時，在北島Cape Kidnappers區。

(F) Mt Taranaki Summit Track：長13公里，步行8～10小時，在北島Egmont國家公園內。

(G) Mt Robert Circuit：長9公里，步行5小時，在南島Nelson Lakes國家公園內。

(H) Mueller Hut Route & Mt Ollivier：長11公里，步行7小時，在南島Mt. Cook國家公園內。

(I) Charming Creek Walkway：長19公里，步行6小時，在南島Charming Creek區內。

(J) Ben Lomond Track：長10～14公里，步行4～6小時，在南島Queenstown區內。

熱門景點短程休閒步道

(1) Cape Reinga Headlands：長3～10公里，步行1～3小時，在北島Cape Reinga區。

(2) Abbey Caves：長2公里，步行1小時，在北島Whangarei郊區。

(3) Whatipu Coast&Pararaha Valley：長16公里，步行4小時，在北島Auckland郊區Waitakere山脈。

(4) Rangitoto Summit Track：長7公里，步行2小時，在北島Auckland的Rangitoto島上。

(5) Karangahake Gorge Windows Walk：長3公里，步行1小時，在北島Kaimai Mamaku森林公園的Karangahake峽谷內。

(6) Cathedral Cove：長5公里，步行2小時，在北島Coromandel半島上。

(7) Mt Maunganui：長5～8公里，步行2～3小時，在北島Tauranga近郊。
http www.mountmaunganui.org.nz/walks

(8) Ruakuri Natural Tunnel&Mangapohue Natural Bridge, Fossil Walk：長4公里，步行2小時，在北島Waitomo Caves區內

(9) Taranaki Falls：長6公里，步行2小時，在北島Tongariro國家公園內。

(10) Bridge to Nowhere：長3公里，步行1.5小時，在北島Whanganui國家公園內。

(11) White Cliffs：長2～22公里，步行1～8小時，在北島White Cliffs保護區內。

(12) Dawson Falls&Wilkies Pools：長2～5公里，步行1～3小時，在北島Egmont國家公園內。

(13) Castle Point：長2～4公里，步行1～2小時，在北島Castle Point保護區內。

(14) Mt Victoria Trails：長5公里，步行2.5小時，在北島Wellington市區。

(15) Putangirua Pinnacles：長4～6公里，步行2～3小時，在北島Putangirua Pinnacles保護區。

(16) Harwoods Holes：長6公里，步行1.5小時，在南島Abel Tasman國家公園內。

(17) Oparara Arches：長2～6公里，步行1～3小時，在南島Kahurangi國家公園內。

(18) Kaikoura Peninsula Walkway：長0.5～11.7公里，步行0.5～3小時，在南島Kaikoura半島上。

(19) Lewis Pass Tops&Alpine Natural Walk：長8公里，步行4小時，在南島Lewis Pass保護區內。

(20) Temple Basin&Dobson Nature Walk：長10公里，步行3.5小時，在南島Arthur's Pass國家公園內。

(21) Cape Foulwind：長0.5～7公里，步行0.5～2.5小時，在南島Cape Foulwind區內。

(22) Castle Hill：長4公里，步行2小時，在南島Castle Hill保護區內。

(23) Tunnel Beach：長2公里，步行1小時，在南島Dunedin近郊。

(24) Hooker Valley Track：長10公里，步行3小時，在南島Mt. Cook國家公園內。

(25) Kea Point & Sealy Tarns：長3～8公里，步行1～4.5小時，在南島Mt. Cook國家公園內。

(26) Clay Cliffs：長200公尺，步行10分鐘，在南島Omarama近郊私人農場內。

(27) Rob Roy Glacier：長10公里，步行3.5小時，在南島Mt. Aspiring國家公園及Matukituki山谷內。

(28) Lake Alta：長4公里，步行2小時，在南島Remarkables保護區內。

(29) Lake Gunn&Cascade Creek：長1～3公里，步行0.5～1小時，在南島Fiordland國家公園內。

(30) Key Summit：長7公里，步行3小時，在南島Fiordland國家公園內。

通訊篇
Communication

來到紐西蘭，該如何上網、打電話、寄明信片呢？

可上網的3C手機是通訊與查找資料的利器，幾乎取代了郵寄和一般電話的功能。出國旅遊者頂多寄風景明信片給親友，其他像是公用電話、越洋電話使用的機率也降低了許多。不過，要考量紐西蘭的行動網路費用並不便宜，且山區和小鄉鎮外圍、超過60%以上的道路沿途都沒有手機訊號(北島的情況比南島稍微好一點)，網路重度使用者要仔細評估電信費率方案才是。

行動上網

各類型上網方式大評比

■國際電話漫遊

紐西蘭費用太高，不建議使用。

■租用Wi-Fi機

如果多人共同分攤費用是可行的，不過使用者要集體行動是其缺點，可在機場借、還機器。

■購買紐西蘭當地電話卡並確認網路流量

這是個省錢的做法。機場還有推出針對觀光客、憑護照購買的「限期優惠電信、網路預付卡」，可以向機場的Spark(紐西蘭最大的電信公司)、One NZ或2degree電信公司櫃檯洽詢。購買後如果人潮不多，建議在現場請服務人員協助開通卡片。觀光客的優惠電信SIM卡是已經充好值

▲購買紐西蘭當地電信公司的預付卡，流量使用完之後，可以在超商、百貨公司的專櫃加值。不過，紐西蘭的行動網路是沒有「吃到飽」這種電信方案的喔！

的，後續若需加值，要注意加值的規定，是否可以保留並累加原卡殘餘的費用；如果不能，就要等原卡片的額度用完後再加值，才不會造成損失。

Skinny是Spark的子公司，但是購買前要記得先確認旅行地點是否在Skinny的網路覆蓋範圍之內。提供預付卡，沒有實體店面，可以在網路，或者當地超市、雜貨店購買SIM卡。可上網查看Skinny的手機相容性：www.skinny.co.nz/help/compatibility

▲Skinny提供的SIM卡

http One NZ：one.nz
http Spark：www.sparknz.co.nz
http 2degree：www.2degreesmobile.co.nz
http Skinny：www.skinny.co.nz

■購買上網專用SIM卡

不需撥打電話的人，可以在網上購買在紐西蘭上網的SIM卡。但是要注意，不同公司發售的SIM卡功能不盡相同：有的包含打電話的功能、有的必須另行加購充值包才能撥打電話；有的可以分享熱點、有的不行；還有開卡後有使用天數限制……細節各異。購買前請看清楚網頁上的說明，避免買到與自己預期功能不符的SIM卡。

建議把購買的SIM卡和手機、護照套放在一起，等飛機抵達紐西蘭後，再依照說明書操作開卡。

通訊篇

旅館的網速超慢怎麼辦

旅館明明提供了客房可使用的無線網路密碼，有時卻偏偏房間網路訊號微弱、網速超慢，因此可以考慮攜帶強波器，只要房間有一般網路線的插孔就可以使用。另一個方法就是，乖乖地到旅館的交誼廳或者商務廳上網，這些地方的訊號一定比房間更強些。

◀ 在旅館的交誼廳或者餐廳網路上網，網速通常比較快

預先下載離線電子地圖

開車進入山區時，有可能因為缺乏基地台的而造成電訊、網路中斷或訊號微弱。可以使用Google導航事先下載離線地圖，即使在無法上網或開啟飛航模式(節省使用上網流量)的狀態下，也可以無礙地搜尋地點、進行導航任務。不過如果沒有網路，是無法規畫大眾運輸、單車或步行路線的，而且無法提供即時路況資訊、替代路線或車道指引，也無法修改路線。

「離線區域」功能只能將地圖資料保留30天，超過之後就必須重新下載。

市話、手機通訊

公共電話可以使用硬幣、信用卡或電話卡付費，郵局、書店或是超級市場可以購買不同面額的電話卡。「111」緊急電話及紐西蘭電信公司「123」服務電話，兩者皆是免付費電話。

從紐西蘭打電話、傳簡訊回臺灣

國際冠碼「00」+臺灣國碼「886」+區域碼(去0)+電話號碼

撥打方式	國際冠碼	臺灣國碼	區域號碼	電話號碼
市話打市話	00	886	2 (臺北，去0)	市話8碼或7碼
市話打手機			-	手機號碼(去0)
手機打市話	+(按+號)		2 (臺北，去0)	市話8碼或7碼
手機打手機			-	手機號碼(去0)

小提醒：手機撥打國際電話，均可按「+」號代替國際冠碼。

從臺灣打電話、傳簡訊到紐西蘭

國際冠碼「00」+紐西蘭國碼「64」+區域碼(去0)+電話號碼

撥打方式	國際冠碼	紐西蘭國碼	區域號碼	電話號碼
市話打市話	002	64	9 (奧克蘭，去0)	市話8碼
市話打手機	00		-	手機號碼(去0)
手機打市話	+(按+號)		9 (奧克蘭，去0)	市話8碼
手機打手機			-	手機號碼(去0)

小提醒：005、006、007、009、016、017、019是國內各電信公司的國際直撥電話冠碼，可能會依據不同促銷活動，不定時進行國際電話費率優惠措施。但是這些冠碼只能撥打國際電話，不開放國際簡訊。

在紐西蘭打當地電話

直接撥打市話、手機號碼即可。

▶ 青年旅館附近有公共電話,但投幣式電話不常見,如有需要可購買V8 Asia、梅花卡、talk4less、Eazycall等國際電話卡

♥ 貼心 小提醒

出國前記得關閉漫遊功能

智慧型手機的漫遊功能不需申請就可以使用,但是費用驚人,萬一在沒注意的狀態下開啟了,回國付帳單時可是會欲哭無淚的。不打算使用臺灣的電信卡打國際電話或上網的人,除了可在出國前通知電信單位停止漫遊功能外,也可以關閉手機內設定的漫遊功能、開啟飛航模式,或者直接卸除手機晶片卡(但是一定要保管好,牢記擺放位置)。

寄信、寄包裹

購買、寄出明信片可透過i-SITE一次完成。

郵局(Post Shop)提供郵寄(Postage)、快遞(Courier)和包裹寄送(Packaging)服務,每週一～五09:00～17:00營業。郵局和郵政中心(Post Centre)也出售各種郵票、文具用品、包裝材料、郵資已付信封、雜誌及其他與郵政相關的產品。

除了郵局,你也可以在許多雜貨鋪、超級市場、書報商店和加油站買到郵票,並且將信件投在郵局和路旁的紅白黑色郵箱中。如果要寄包裹或者快捷郵件,可至紐西蘭郵政局網頁查詢寄送進度。

紐西蘭有三家郵務系統,New Zealand Mail(國營郵局),寄件收信速度最快;Universal Mail和DX Mail只收航空信件,郵資憑證是輸出的貼紙,沒有郵票,也不會蓋郵戳。三家的郵筒服務的對象不同,要買相對應的郵票投進對的郵筒裡,看好別投錯了!

另外,如果要買明信片寄回家,也可以在i-SITE遊客中心購買明信片和郵票,然後交由i-SITE櫃檯寄出。

http 紐西蘭郵政局:www.nzpost.co.nz

❶左下方的兩個郵筒，藍色郵筒只能寄航空郵件，紅色的復古信箱則是平信的郵筒❷羅托魯阿i-SITE提供的郵筒，是給遊客投遞明信片用的❸紅色、白色的郵筒是紐西蘭國營的郵局，寄國內平信請投standard，寄航空郵件請投international❹藍色郵筒是DXmail的郵筒，要買專屬的郵票，只能寄航空郵件

指指點點英語 ABC

實用單字

sim card／SIM卡
roaming／漫遊
prepaid phone card／預付卡
power bank／行動電源
top up／儲值
plan／(此處指)電信方案
signal coverage／涵蓋率訊號
nationwide／全國
data／網路流量
postage／郵資

courier／快遞
postcard／明信片
parcel／包裹
stamp／郵票
mail／郵件
mailbox／信箱
postmark／郵戳
small package／小包
international mail／國際郵件
international express mail／國際快捷郵件
express mail service(EMS)／快捷郵件服務

極短對話

Vodafone／Spark 20 dollars top up, please. ／Vodafone／Spark(電信業者)加值20元。
40 dollars gets you 8 GB. ／8 GB[gigs]40元。
(小提醒：電信套餐方案的一種，只有臺灣會念作8「G」，在西方國家還是得說8 gigs，對方才聽得懂)
Out of data／Out of minutes. ／沒流量了／沒話費了。
I'm a heavy Internet user. ／我是重度網路使用者。
Could you help me activate the SIM card? ／你可以幫我開通卡片嗎？
How much does it cost to send this letter to Taiwan by EMS? ／請問用快捷郵件服務寄這封信到臺灣要多少錢呢？

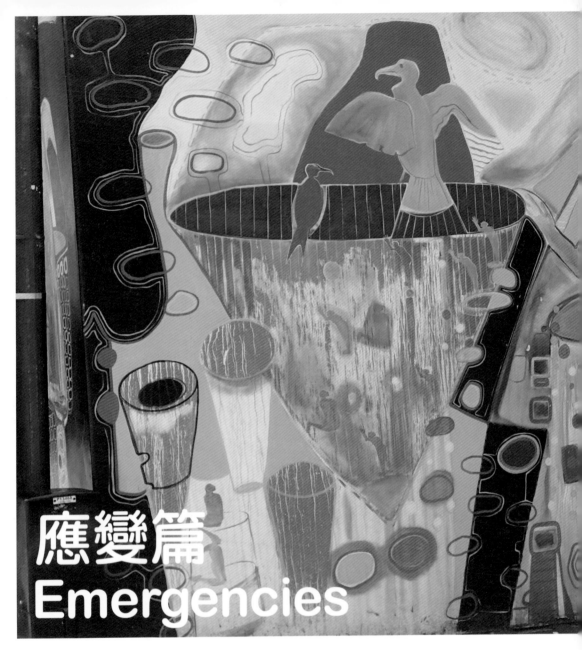

應變篇
Emergencies

遇到意外狀況怎麼辦？

凡事小心、態度低調、財不露白，保持警覺心，眼觀四面耳聽八方，不要邊走路(開車)邊滑手機；

遇事鎮定、找到對的人(單位)請求協助，第一步先求自身安全、保留退路，其他一切都好解決。

TOILET OPENING HOURS

OPEN
6.00am to
9.00pm ONLY

遇到緊急狀況怎麼辦

培養危機意識、背包和行李箱不離眼、重要財物證件不離身、結伴同行、安全第一。

物品遺失、損壞或延誤

行李箱在機場損壞

建議行李箱送託運之前，先在機場拍一張行李箱的完整照片，以證明行李箱在飛機起飛前完好無損。若行李箱不幸在機場遭航空公司損壞，可申請賠償，步驟如下：

1. 請航空公司開立損壞證明。
2. 保留登機證及行李條。
3. 拍攝行李箱損壞照片2張(1張行李箱全照、1張損壞細節照片)。
4. 保留購買新行李箱或修理行李箱費用的收據。
5. 回國後持上述資料向航空公司申請賠償。

行李遺失

1. 提出申報

出海關前向機場行李服務櫃檯(Baggage Service)提出申報——將「託運行李回執聯」及行李箱相關資料(行李箱款式、品牌、顏色、尺寸)告知工作人員，搭乘班機的航空公司會盡快協尋。(服務台一般設在海關大廳，靠近行李認領區。)

2. 保留文件

保留行李服務辦公室發的行李遺失登記編號回條或「託運行李回執聯」，這個編號可以用來進行後續追蹤。如果有因為緊急或更換物品花費的收據、相關的機票、行李收據和超重行李優惠券(如果你有購買，或航空公司有贈送的話)，都要保留。

各機場行李服務處聯繫方式類似，以紐西蘭航空公司的網頁內容為例，可藉此追蹤遺失行李的進度、聯繫損壞賠償等問題。

http goo.gl/8kYV8r

貼心 小提醒

應於21天內提出行李遺失申報

搭乘國際航班遺失行李者，若無法在出海關前立即向行李服務辦公室申報遺失行李，最慢也要在21天(國內航班為30天)內補申報，行李服務辦公室會透過你留下的電子郵件或電話號碼連絡你。

行李延誤

建議在行李箱明顯處貼上醒目的貼紙、繫上鮮明的綁帶，增加辨識度。萬一行李延誤了，申報步驟如下：

1. 準備護照、登機證、行李收據，到機場「Lost & Found」申報遺失。
2. 填寫PIR表(Pro Irregularity Peport)，並留下後

續聯絡方式(接下來幾天的住宿地址、住宿處電話,以及個人連絡電話)

3.拿取一聯表單,並且記下承辦人員的姓名與電話號碼。

信用卡遺失

 Step **電話掛失**

電話聯絡信用卡公司申請掛失,以防被冒用。

 Step **報案**

到警察局登記信用卡遺失,取得報案證明。

 Step **補發**

定點居留時間長的人,可請信用卡公司把補發的卡片寄到紐西蘭的指定地址,辦理工作通常需要1個星期以上(出國前須事先記下發卡銀行的客戶服務專線、信用卡卡號等基本資訊,並且跟信用卡分別放置)。

信用卡掛失電話看這裡

Visa card
📞 0508-600-300
　 國際免付費專線:+1-303-967-1090

Master Card
📞 0800-449-140
　 國際免付費專線:+1-636-722-7111

American Express card
📞 886-2-2100-1266
🔗 goo.gl/EDEPuj

Diners
📞 0800-657-373,+64-9-359-7796

＊以上資料時有異動,以官方最新公告為準。

護照遺失

 Step **報案**

報警,並申請報案證明書(Lost Property Report)。

 Step **準備資料**

備齊補發護照的相關證件:與護照相同的2吋照片2張、可證明國籍的身分證明(最好是身分證或者護照影本)、護照規費紐幣60元。其他詳細資料請見駐紐西蘭台北經濟文化代表處網頁。

 Step **補發**

最好能親自前往辦理,若要郵寄辦理請寄支票,抬頭寫「Taipei Economic & Cultural Office」並附足夠郵資的掛號回郵信封,填好地址、電話和收件人。建議郵寄時購買紅色快遞信封,選擇必須簽名的Signature Required掛號信封袋。

🔗 駐紐西蘭台北經濟文化代表處:www.roc-taiwan.org/nz

治安

紐西蘭看起來是個100%樸實醇厚的鄉城國家,很容易讓人卸下心防。但其實就如同任何一個觀光大國一樣,隨時可能有宵小在暗中窺伺著──尤其是華人,長年以來給人「習慣隨身攜帶許多現金」的印象,更容易成為被覬覦的對象。所以,不論住宿旅館或租車遊玩,貴重物品務必隨身攜帶,切勿離開視線。

此外,也要謹記出門在外的安全原則:提防過度熱心的陌生人,避免搭便車、錢財露白,夜間出

遊應結伴而行。裝扮、購物、言行……不要過於高調招搖，引來他人側目或者不必要的挑釁。尤其體型較為瘦小的亞洲人，很容易成為被不法之徒鎖定的目標，一邊走路一邊滑手機特別容易遭竊、遇搶。請務必提高警覺，多多觀察四周環境，小心門戶。

不過，到紐西蘭旅遊最常引發的糾紛，應該是駕車。紐西蘭人在駕車時特別不耐煩，如果遇到不熟悉交通規則的亞洲駕駛人，有時候會以按喇叭來表達不滿。奉勸到紐西蘭旅遊的讀者，入境隨俗，以自身安全為重，也注意當地用路人的安全。

▲藥局的十字標誌很容易辨認(圖／Nicole Wong)

除了成藥之外，大部分藥品必須有醫師處方箋(Prescription)才能購買，建議出國前攜帶常備藥品，以備不時之需。城鎮中看到十字標誌的地方，通常就是藥局。

被偷、被搶

Step 1 報案

打報警電話111，說明案發地點、時間、損失物品。

Step 2 尋求協助

聯繫駐紐西蘭台北經濟文化代表處、保險公司、親友等，請求協助。

生病、受傷、車禍

紐西蘭的醫院不像臺灣那麼多且診療費用昂貴，出國前建議購買旅平險、醫療險和意外險，並記下保險公司的海外緊急救難電話。在旅行途中就醫，記得要保留相關資料、醫療費用收據、寫明病因的診斷證明書、收費明細、請救護車開立收費收據，以便回到臺灣可以申請理賠。

貼心 小提醒

善用意外傷害保險

由紐西蘭意外事故傷害保險局(Accident Compensation Corporation，簡稱ACC)辦理。於紐西蘭境內，若因意外所致之人身傷害，該保險即自動生效。在合法醫院看病，醫生會主動幫忙申請，賠償傷者在紐西蘭境內的治療與復健費用，獲賠的傷者日後不可以再起訴任何人或要求獲得個人賠償(no-fault cover)。

求助電話看這裡

- 報案電話：111
- CAB紐西蘭公民諮詢局：
  0800-367-222、+64-9-624-2550#702(可說中文)
- 駐紐西蘭台北經濟文化辦事處：
  +64 4-473 6474、+64 4-473 6475
- 旅外國人急難救助全球免付費專線：
  00-800-0885-0885(以市內電話撥打)
- 旅外國人緊急服務專線：
  00 +886-800-085-095(全年無休，國外撥打需自行付費)

＊以上資料時有異動，以官方最新公告為準。

內急找廁所

除了偏僻的山區簡易廁所外，紐西蘭的廁所幾乎都很乾淨衛生，也提供衛生紙、冷熱水和放置女性衛生用品的垃圾桶。有的公廁甚至還有付費的淋浴設備。絕大部分的公共廁所都不收費。

一般來說，購物商場、百貨公司、電影院劇院的廁所皆可直接進入；咖啡店或餐廳的廁所，若打招呼借用，通常是會被允許的(高速公路行經咖啡廳的廁所可直接進入)；社區圖書館、公園、渡輪、火車站、公車站、觀光區附設公廁也可直接進入；有的加油站的廁所會上鎖，但是可以跟加油站的人員或附設的便利商店借鑰匙使用。

❶威靈頓古巴街的開放式公共廁所❷❸以電子控制的封閉式公廁有限定開放時間，操作時請留意開關門的方式(電子開關操作方式類似臺灣的某些身障公廁)

指指點點英語 ABC

 實用單字

police station／警察局　　hospital／醫院　　　　headache／頭痛　　　dizziness／暈眩
robbed／被搶　　　　　　pharmacy／藥局　　　　stomachache／胃痛　　toothache／牙痛
theft／lost／失竊、遺失　prescription／處方箋　cold／感冒　　　　　　pain killer／止痛藥
ambulance／救護車　　　emergency／急診　　　fever／發燒　　　　　sprain／扭傷

 極短對話

Fire! Call 111! ／失火了！快打111！
Call the police! ／叫警察！
Call the ambulance! ／叫救護車！
I feel not good. ／我身體不舒服。
Stop him! He stole my bag／wallet！／阻止他(逃走)！他偷了我的包包／皮夾！
I lost my passport／wallet／money／credit card／traveler's cheque. ／
我遺失了護照／錢包／錢／信用卡。
Could you reissue it right now? Please. ／請問可以馬上補發嗎？
I've got scam by that guy. ／我被那個人詐騙了！
I was robbed／stolen／rapped by that guy! ／我被那人搶劫／偷竊／強姦了！
My car was hit by that truck／car! ／我的車子被那輛卡車／車子撞到了。
I have a stomachache／headache／toothache. ／我肚子痛／頭痛／牙痛。
He has nausea and vomiting.／他有噁心和嘔吐的症狀。
I'm feeling a bit weak and dizzy／cold.／我覺得頭暈想吐／冷。

救命小紙條

個人緊急連絡卡
Personal Emergency Contact Information

姓名Name：

年齡Age：

血型Blood Type：

宿疾Exiting Physical Problem：

過敏藥物Medicine that Causes Allergy：

護照號碼Passport No：

信用卡號碼：

緊急連絡人Emergency Contact (1)：

聯絡電話Tel：

聯絡地址Address：

緊急連絡人Emergency Contact (2)：

聯絡電話Tel：

聯絡地址Address：

臺灣地址Home Add：(英文地址，填寫退稅單時需要)

投宿旅館：

旅館電話：

其他備註：

報案電話　111

駐紐西蘭台北經濟文化辦事處
地址：Level 23, 100 Willis Street, Majestic Centre, Wellington
電話：+64 4-473 6474、+64 4-473 6475
時間：週一～五09:00～17:00

CAB紐西蘭公民諮詢局
紐西蘭境內任何身分的遊客需要幫助時，可打電話求助，尋求中文服務(I want to talk to someone can speak Chinese.)。
電話：0800-788-877(中文)、0800-367-222(英文)、+64-9-624-2550#702(可說中文)
網站：www.cab.org.nz

旅行計劃&重點筆記

So
Easy